위대한 부흥의 불꽃, 이스라엘의 사사들

제3권 **하나님이 쓰신** 의외의 사람들

위대한 부흥의 불꽃, 이스라엘의 사사들
제3권 하나님이 쓰신 의외의 사람들

글쓴이 김서택
펴낸이 정애주

출판제작국
편집팀 송승호 한미영 김기민 김준표 오은숙 정한나
디자인팀 김진성 박세정
제작팀 윤태웅 유진실 임승철
사업총괄본부
마케팅팀 차길환 국효숙 박상신 오형탁 송민영
경영지원팀 오민택 마명진 윤진숙

펴낸날 2001. 10. 24. 초판 발행 2012. 12. 10. 6쇄 발행

펴낸곳 주식회사 홍성사
 1977. 8. 1. 등록 / 제 1-499호
 121-883 서울시 마포구 합정동 196-1
 TEL. 02)333-5161 FAX. 02)333-5165
 http//www.hsbooks.com E-mail: hsbooks@hsbooks.com

 ⓒ 김서택, 2001

ISBN 978-89-365-0613-1
ISBN 978-89-365-0526-4(전4권)

값 9,500원 ※잘못된 책은 바꿔 드립니다.

위대한 부흥의 불꽃, 이스라엘의 사사들
제3권 하나님이 쓰신 의외의 사람들

김서택 지음

위대한 부흥의 불꽃, 이스라엘의 사사들

제3권 하나님이 쓰신 의외의 사람들

1. 왜 변하지 않는가? 10:1-16 7
   사사 체제로 돌아가다●조금도 변하지 않은 이스라엘●
   하나님의 질문●회개를 주도하는 작은 목소리들

2. 입다의 등장 10:17-11:28 31
   입다의 등장●길르앗 장로들이 입다를 찾아오다●입다의 설명

3. 입다의 서원 11:29-40 56
   입다의 서원●서원의 바른 의미●승리 이후●딸의 죽음

4. 입다와 에브라임의 전쟁 12:1-15 81
   에브라임의 억지 주장●입다의 전쟁●이스라엘 사사들의 세계화

5. 삼손의 출생 예고 13:1-14 106
   초강력 수단의 필요성●고난 중에 있는 한 여성을 보신 하나님●
   성령의 사람에게 필요한 조건●마노아 부부의 반응

6. **임재의 경험** 13:15-25 135
   마노아의 요구가 거절되다 ● 임재의 경험 ● 영광 그 이후

7. **삼손의 결혼식** 14:1-20 163
   결혼 준비 ● 사자와 꿀 ● 삼손의 수수께끼 ● 실패한 결혼 작전

8. **삼손의 전쟁** 15:1-20 188
   블레셋 사람들이 무리수를 두다 ● 300마리 여우 작전 ●
   유다 사람들의 배반 ● 삼손의 놀라운 승리

9. **삼손의 위험한 장난** 16:1-17 214
   위험한 시도 ● 두번째 실수 ● 영혼의 아킬레스건을 지키라

10. **마지막 전쟁** 16:18-31 240
    신화가 깨지다 ● 삼손의 몰락 ● 마지막 전쟁

    부록 ● 차례에 따른 성경본문 267

1
왜 변하지 않는가?

> ······너희가 내게 부르짖으므로 내가 너희를 그들의 손에서 구원하였거늘 너희가 나를 버리고 다른 신들을 섬기니 그러므로 내가 다시는 너희를 구원치 아니하리라······
>
> 사사기 10:1 - 16

한때 우리나라 사람들은 군사 독재 정권 아래 신음하면서 '군사 독재가 무너지고 민주주의가 뿌리내리기만 한다면 모든 사람이 아무 걱정 없이 살 수 있는 행복한 나라가 될 텐데'라는 소망을 품었던 적이 있었습니다. 그래서 그야말로 "타는 목마름으로" 민주 정치를 애타게 기다렸습니다.

그런데 막상 정치적으로 민주주의가 실현된 지금의 상황은 어떻습니까? 거의 아무것도 달라진 것이 없습니다. 가장 놀라운 점은, 오랫동안 탄압을 받아 온 야당 정치인이 정권을 잡으면 없어질 줄 알았던 노동자의 데모가 지금도 여전히 계속되고 있다는 것입니다.

노동자들이 거리로 뛰쳐나오고 화염병과 최루탄이 난무하는 광경 앞에, 신앙 없는 사람들의 입에서도 "도대체 달라진 게 뭔가?"라는 이야기가 나오고 있습니다. 민주주의 시대가 왔지만 공무원들은 여전히 복지부동입니다. 더욱이 경제 사정은 예전보다 훨씬 더 어려워져서, 실업자의 수가 앞으로 얼마나 더 늘어날지 아무도 예측할 수 없는 형편입니다. 대통령이 기업의 돈을 뜯어내지 않고 칼국수를 먹으면 기업이 잘 운영될 줄 알았더니, 이제는 큰 기업들까지 흔들리고 있고 증권 시장은 완전히 바닥을 기고 있습니다.

우리가 그동안 잘살아 보려고 얼마나 몸부림치면서 일해 왔습니까? 회사를 위해서라면 가정을 팽개치는 것은 물론이고 신앙 양심까지 제쳐 놓고 온갖 짓을 다 하지 않았습니까? 세계를 알아야 한다고 해서 해외여행이나 유학은 또 얼마나 많이 다녀왔습니까? 그런데 지금 우리의 모습은 어떻습니까? IMF가 닥치면서 한순간에 모든 상황이 10년 전으로 되돌아가 버리고 말았습니다.

이제 우리는 가장 중요한 질문을 던져야 합니다. 그것은 "과연 무엇이 문제인가?"라는 질문입니다. 그렇게 민주주의를 위해 투쟁했고 그렇게 잘살아 보려고 몸부림을 쳤음에도 불구하고 왜 달라진 것이 하나도 없는가, 과연 무엇이 문제인가를 물어야 합니다. 얼마 전 월드컵 본선에서 우리나라 대표팀이 네덜란드에 5대 0이라는 엄청난 점수 차로 참패했을 때, "오히려 잘됐다"고 말하는 사람이 있었습니다. 지금 우리나라는 한가하게 월드컵이나 보고 있을 때가 아니라는 것입니다. 우리 자신에 대해 정직하게 질문해야 할 이 시점에 월드컵 경기에 열광함으로써 본질적인 문제를 비껴가려고 해서는 안 된다는 것입니다. 그렇다면 우리의 본질적인 문제는 무엇입니까? 그렇게 잘살아 보려고 몸부림을 쳤는데도 왜 아무것도 남은 것이 없습니까?

아비멜렉의 통치는 이스라엘 역사상 아무도 예상치 못했던 돌연변이적 사건이었습니다. 마치 우리나라에서 군인들이 돌연 쿠데타를 일으켜 정권을 잡은 일과 같습니다. 그러나 다행히도 아비멜렉의 통치 기간은 그리 길지 못했습니다. 만일 아비멜렉의 통치 기간이 길었다면 이스라엘 백성들은 모든 어려움의 원인을 그에게서 찾으려 했을 것입니다. 그러나 아비멜렉의 군사 통치는 짧게 끝나고 이스라엘 백성들은 다시 사사들의 통치를 받게 되었습니다. 가나안 본토는 돌라라는 사사가 23년 동안 다스렸습니다. 그리고 요단 서편 길르앗 땅은 야일이라는 사사가 22년 동안 다스렸습니다.

그런데 문제가 무엇입니까? 예전이나 지금이나 달라진 것은 하나도 없다는 사실입니다. 이스라엘 백성들은 과거 실패의 역사를 그대로 답습하고 있었습니다. 그들은 여전히 바알과 아스다롯 같은 우상을 섬겼을 뿐 아니라 오히려 더 많은 우상들을 외국에서 끌어들였고, 여전히 주위 나라들로부터 압제와 약탈을 당했습니다. 그리고 상황이 어려워지자 여전히 과거와 똑같은 방식으로 하나님께 부르짖었습니다.

하나님은 이러한 부르짖음에 무엇이라고 대답하고 계십니까? "너희는 왜 이리도 달라진 데가 없느냐?"는 것입니다. 과거에도 하나님은 이와 비슷한 상황에서 수없이 그들을 건져 주셨습니다. 그렇다면 뭔가 배운 것이 있어야 하고, 깨달은 것이 있어야 하고, 달라진 것이 있어야 하지 않습니까? 그런데 이스라엘 백성들은 그 많은 구원과 은혜를 체험하고서도 하나도 달라진 데가 없었습니다. 모든 것이 똑같았습니다. 그들에게 하나님이 던지시는 질문이 무엇입니까? "너희는 왜 변하지 않는가?" 하는 것입니다.

이것은 바로 우리가 우리 자신에게 던져야 할 질문이기도 합니다. 우리도 과거에 하나님의 은혜를 체험하고 기뻐했던 경험이 있습니다. 그러나 시간이 흐른 지금 우리의 모습을 볼 때, 과거에 은혜 받은 흔적은 간 곳 없이 좋지 못한 모습만 고스란히 남아 있는 것을 발견하게 됩니다. 침체되어 있었던 사람은 여전히 침체되어 있고, 몸이 아팠던 사람은 여전히 아프며, 죄짓던 사람은 여전히 죄를 짓고 있습니다. 우리를 절망하고 탄식하게 만드는 것이 무엇입니까? "우리는 왜 변하지 않는가?" 하는 것입니다.

사사 체제로 돌아가다

아비멜렉이 죽은 후 이스라엘은 다시 사사 체제로 돌아갑니다. "아비멜렉의 후에 잇사갈 사람 도도의 손자 부아의 아들 돌라가 일어나서 이스라엘을 구원하니라. 그가 에브라임 산지 사밀에 거하여 이스라엘의 사사가 된 지 23년 만에 죽으매 사밀에 장사되었더라"(10:1-2).

아비멜렉은 이스라엘 역사상 처음으로 왕이 된 자였습니다. 물론 성경은 아비멜렉을 이스라엘 최초의 왕으로 인정하지 않습니다. 그러나 어찌 되었든 간에 이스라엘에서 최초로 왕 노릇을 했던 사람은 아비멜렉입니다. 그는 이스라엘 역사의 흐름을 단절시킨 장본인이었습니다. 이스라엘의 기본 정치 체제는 부족 단위의 연합체로 이루어져 있었습니다. 각 지파마다 독특한 역할이 있었고 그 나름대로의 자치 제도가 있었습니다. 단지 사사라는 평신도가 있어서 성령의 능력으로 사람들의 어려움을 상담해 주고 해결해 주는 역할을 했을 뿐입니다.

10장 1절에 나오는 사사 돌라는 바로 그런 사람이었습니다. 성경은 돌라의 치적에 대해 거의 기록하고 있는 바가 없습니다. 그저 아비멜렉 이후에 이스라엘을 구원했다는 내용이 전부입니다. 우리가 이미 살펴본 드보라나 기드온의 경우에는 길고도 자세한 기록이 나옵니다. 그러나 돌라에 대해서는 그가 사사로 일했다는 사실 외에는 기록된 바가 없습니다. 그래서 성경학자들은 드보라나 기드온 같은 사사를 '대사사', 돌라나 야일 같은 사사를 '소사사'라고 부르기도 합니다.

아마 대사사들에 대한 기록이 자세한 것은 왕도 아닌 평신도들이 오직 성령의 능력으로 이스라엘 백성들을 위기에서 구원한 것이 너무나도 크고 엄청난 일이었기 때문인 것 같습니다. 반면에 소사사들은 위기에서 백성들을 구원하는 일보다는 상담이나 사소한 분쟁의 해결 같은 일상적인 일에 종사했기 때문에 기록이 간단해진 것이 아닐까 생각합니다. 그렇다고 해서 이스라엘을 위기에서 구원하는 일에 비해 진리의 등불을 꺼뜨리지 않고 지속적으로 백성들을 일깨우는 일이 덜 중요하다고는 결코 말할 수 없습니다.

사사기 10장 1절부터 5절까지는 이런 일을 했던 두 사사의 활동이 기록되어 있습니다. 그 두 사사 중 하나는 잇사갈 사람 돌라였고, 다른 하나는 돌라가 죽은 후 요단 동편 길르앗에서 사사 활동을 한 야일이었습니다. 야일은 일종의 제자 훈련 방식으로 이스라엘을 다스렸던 것 같습니다. "그 후에 길르앗 사람 야일이 일어나서 22년 동안 이스라엘의 사사가 되니라. 그에게 아들 30이 있어 어린 나귀 30을 탔고 성읍 30을 두었었는데 그 성들은 길르앗 땅에 있고 오늘까지 '하봇 야일'이라 칭하더라"(10:3-4).

야일이 아들을 30명이나 둔 것이 잘한 일이냐 잘못한 일이냐 하는 것은 따로 따져 보아야 할 문제입니다. 그러나 여기에서 일단 눈에 띄는 사실은, 그가 아들 30명을 다 사사처럼 만들어서 나귀를 타고 다니며 길르앗 지방을 말씀으로 다스리게 했다는 것입니다. "하봇 야일"이란 '야일의 거주지'라는 뜻입니다. 그는 자기 아들들을 제자로 삼아 길르앗의 성읍 30군데를 집중적으로 양육했습니다.

돌라는 아비멜렉이라는 군사 독재의 후유증에서 이스라엘 백성들을 치료하고 고치는 역할을 잘 감당했습니다. 아비멜렉이 가한 충격은 23년에 걸친 돌라의 통치를 거치면서 완전히 사라진 것으로 보입니다. 그리고 야일은 22년 동안 요단 동편 길르앗 땅에서 아들들을 통해 열심히 제자 훈련을 시켰습니다. 이스라엘 백성들은 이제 정치적으로 완전히 정상적인 상태를 회복했습니다.

그런데 문제가 무엇입니까? 정치적인 면은 회복되었지만 영적인 상태나 생활은 조금도 달라지지 않았다는 것입니다. 돌라나 야일의 사역으로 겉모습은 치료되었을지 몰라도, 그들의 마음속 깊은 곳에 있는 불신앙과 타락한 본성은 조금도 치료되지 못했습니다.

조금도 변하지 않은 이스라엘

사사기에 나타나는 이스라엘 백성들의 고질적인 병폐가 무엇입니까? 그것은 우상 숭배였습니다. 오직 여호와 하나님 한 분만 섬겨야 할 이스라엘 백성들이 자꾸 바알 같은 다른 신들을 끌어와 섬긴 것입니다. 우리는 이 점이 잘 이해되지 않습니다. 우리는 신앙이 하나밖에 없는데도 그렇게 벅찰 수가 없습니다. 일주일에 한 번씩 예배드리는 일만으로도 너무 힘들어요. 그런데 이스라엘 백성들은 무슨 힘이 남아돌아서 하나님 한 분만 섬기는 것으로도 모자라 또 다른 신들을 섬기는 것입니까?

10장 6절과 7절을 보면 아비멜렉 이후에 이들이 섬긴 신들의 숫자가 엄청나게 늘어난 것을 알 수 있습니다. "이스라엘 자손이 다시 여호와의 목전에 악을 행하여 바알들과 아스다롯과 아람의 신들과 시돈의 신들과 모압의 신들과 암몬 자손의 신들과 블레셋 사람의 신들을 섬기고 여호와를 버려 그를 섬기지 아니하므로 여호와께서 이스라엘에게 진노하사 블레셋 사람의 손과 암몬 자손의 손에 파시매." 이스라엘 백성들은 이때 무려 일곱 종류에 달하는 잡신을 섬기고 있었습니다.

우리는 이해가 안 됩니다. 하나님이 우상을 섬기지 말라고 하셨으면 섬기지 않으면 그만이지, 무엇 때문에 굳이 우상들을 끌어들여서 어려움을 자초합니까? 그러나 고질병이라는 것은 생각만큼 쉽게 떨쳐지지 않는 법입니다. 조금 고쳐졌는가 싶으면 어느새 재발해서 다시 자리에 눕게 만드는 게 고질병이에요. 어떤 것에든 한번 중독되면 그렇게 쉽게 벗어날 수가 없습니다.

예를 들어 어떤 사람이 불륜의 관계에 빠졌다고 합시다. 상식적으로 생각하면 아내도 있고 자식이 있는 사람이 뭐가 부족해서 다른 여자와 불륜을 저지르는지 이해가 안 됩니다. 또 대개의 경우 상대방 여자가 특별히 예쁜 것도 아닙니다. 그런데도 이상하게 눈에 뭐가 덮인 것처럼 그 여자 말고는 어떤 여자도 보이지 않고 그 여자 없이는 도저히 못 살 것 같은 상태에 빠지개 되는 것이 바로 고질병의 증상입니다.

요즘 현대인은 텔레비전 없이 못 삽니다. 그만큼 텔레비전이 현대인의 생활에 미치는 힘은 대단합니다. 그런데 어느 날 한 그리스도인이 하나님의 말씀을 묵상하는 가운데, 텔레비전 시청이 자기 영성에 좋지 않은 영향을 준다는 결론을 내렸다고 합시다. 그래서 "하나님, 앞으로는 절대로 텔레비전 보지 않겠습니다. 제가 또 텔레비전을 보면 사람이 아닙니다"라고 기도했습니다. 그런데 그 사람이 외출했다 돌아오면서 가장 먼저 집어드는 것이 무엇일 것 같습니까? 텔레비전 리모콘입니다. 리모콘부터 집어들고 이 채널 저 채널 돌리기 시작합니다. 누가 리모콘을 뺏으려 들면 아예 품에 끌어안고 드러누워 버려요. 얼마나 무서운지 모릅니다.

술을 좋아하는 사람은 몇 번씩 창피를 당하고서도 술병을 놓지 못합니다. 노름을 좋아하는 사람은 손가락을 자르고도 노름을 그만두지 못합니다. 남의 돈을 잘 빌리는 사람은 무슨 일이 있어도 남의 돈을 빌려야 삽니다. 이처럼 고질병이라는 것은 뼛속 깊이 스며들어 있어서, 평소에는 다 해결된 것 같고 정상적인 상태로 회복된 것 같아도 한번 충동이 발동되면 이겨 낼 수 없는 것이 특징입니다. 쏟아지는 빗물에 휩쓸려 큰 강으로 빨려 들어가듯이 아무리 몸부림을 치면서 저항하려 해도 결국은 죄의 강까지 빨려 들어가고 맙니다.

우리는 사사 시대와 너무 먼 시대에 살고 있기 때문에 왜 우상 숭배가 그들에게 이토록 무서운 고질병이 되었는지 생생하게 느끼기가 어렵습니다. 일단 쉽게 생각할 수 있는 이유 한 가지는, 그 당시에 전체 사회를 지배했던 존재가 신이었다는 사실에서 찾아볼 수 있습니다. 그 당시에 어떤 부족과 거래를 하거나 결혼을 하려면 그 부족의 신을 인정해야만 했습니다. 물론 한두 번 접촉할 때에야 별 상관이 없지만 계속해서 좋은 관계를 맺으려면 서로의 신을 인정해 주는 것이 필수적인 절차였습니다. 예를 들어 현대 자동차에 부품을 납품하러 가면서 대우 차를 타고 가면 현대 차 사람들이 좋아하겠습니까? 그러니까 현대에 납품을 하려면 현대 차를 또 한 대 사야 하는 것과 같습니다. 이스라엘 백성들은 가나안 땅에서 살아남기 위해 그들의 신을 인정해야만 했습니다.

그들이 가나안 땅에 살면서 가장 두려워했던 것은 정치적인 고립이었습니다. 어쩌면 가나안 사람들은 이스라엘의 가장 좋은 고객이었을지도 모릅니다. 그들은 얼마든지 여호와를 인정할 용의가 있었습니다. 따라서 이스라엘 백성들도 당연히 자기들의 신을 인정해 주기를 기대했습니다. 여느 부족들은 다 다른 부족의 신들을 인정합니다. 그래서 신들을 몇 종류씩 섬깁니다. 그런데 유독 이스라엘만 다른 신을 인정하지 않는다는 것이 말이 됩니까? 상황이 이렇다 보니 하나님의 말씀에 순종하려면 가나안 땅에서 계속 떠돌이처럼 지내든지 늘 종교적인 논쟁이나 전쟁을 치를 각오를 해야 했습니다. 그러나 사람이 어떻게 그런 식으로 계속 살 수 있겠습니까? 그러니까 어쩔 수 없이 가나안 사람들의 신을 인정했던 것입니다.

더욱이 이방 신들을 섬기는 일에는 여호와 종교에서 찾아볼 수 없는 재미와 매력이 있었습니다. 물론 1부 순서로 공식적인 의식이 있기는 했지만, 2부 순서는 완전히 자유 시간이었습니다. 체면이나 위신을 생각할 필요가 없었어요. 마음대로 먹고 마시며 성관계를 즐기면 그만이었습니다. 물론 이런 일을 한 번도 경험해 보지 못한 사람이 보기에는 여간 망측한 짓이 아닙니다. 그러나 이것은 늘 엄격한 금기를 지켜야 했던 이스라엘 백성들의 호기심을 대단히 자극하는 일이기도 했습니다.

하나님의 백성들에게 가장 무서운 유혹이 무엇입니까? 한 번도 경험해 보지 못한 죄에 대한 호기심입니다. 실제로 경험해 보면 별 것도 아닙니다. 그런데 금지되어 있기 때문에 더 병적인 관심을 느낍니다. 예를 들어 그리스도인들은 포르노 영화에 강한 호기심을 가지고 있습니다. 겉으로는 "아이구, 망측해라! 무슨 배우가 그렇게 벗어제친대?" 하며 손사래를 치지만, 속으로는 '그래도 한 번은 보고 싶다'는 생각을 가지고 있습니다. 술을 실컷 마시면 과연 기분이 어떨까, 누드모델은 과연 어떤 모습을 하고 있을까 하는 호기심을 가지고 있어요. 물론 정상적인 상태에 있을 때는 이런 호기심이나 유혹을 말도 안 되는 것으로 생각합니다. 그러나 우리 안에는 성숙하지 못한 유치한 기질들이 있어서, 혼자 있게 되거나 자기를 알아보는 사람이 아무도 없는 곳에 가게 되면 이런 금기를 깨뜨리고 싶은 엄청난 유혹을 받게 됩니다.

이스라엘 백성들이 섬기는 이방 신들의 종류가 이렇게 많이 늘어났다는 것은 무엇을 의미합니까? 그들의 활동 범위가 예전보다 넓어졌다는 것입니다. 이제 그들은 시돈 사람들과도 거래하고 암몬과 모압 사람들과도 자유롭게 내왕하는 관계가 되었습니다. 그러니까 자연스럽게 그들의 삶의 방식도 받아들이고 그들의 신도 인정하게 된 것입니다.

이스라엘 백성들이 보기에 하나님은 마치 대원군 같은 분이었습니다. 세상은 분명히 변하고 있고, 외국인이나 외국 문물과 교류해야 할 필요성 또한 점점 더 절실해지고 있습니다. 그런데 하나님은 완전히 문을 닫아걸고 외국을 인정하지 말라는 것입니다. 하나님이 그들에게 요구하신 것은 일종의 쇄국정책이었습니다. 그 당시에 다른 나라의 신을 인정하지 말라는 것은 다른 나라의 존재를 인정하지 말라는 말과 같습니다. 문을 닫아걸고 이스라엘 백성들끼리만 살라는 거예요. 하지만 다른 나라와 인접해 살면서, 또 그들과 무역을 하면서 어떻게 그들의 존재를 인정하지 않을 수 있습니까?

6절 끝부분은 "여호와를 버려 그를 섬기지 아니하므로"라고 말씀하고 있습니다. 이스라엘이 다른 신들을 끌어들이게 되면서 오히려 자신들이 섬기던 여호와는 버렸다는 말입니다. 왜 버렸습니까? 여호와는 사람을 너무나 답답하게 만드는 분이었기 때문입니다. 여호와는 현실을 현실로 인정하지 못하게 하셨습니다. 다른 나라에는 본받을 만한 훌륭한 것들이 많이 있었고, 그들의 문명은 이스라엘의 문명보다 뛰어났습니다. 사실 이스라엘 백성이 가진 것이라고는 율법이 전부 아닙니까? 지금 그들은 유학생들을 보내서 할 수 있는 대로 많은 것들을 배워 와야 할 형편이에요. 그런데 여호와는 쇄국 정책을 써서 철저하게 문을 닫아걸고 다른 나라를 인정하지 말라는 것입니다. 이 세상에는 이스라엘밖에 없고 여호와 한 분밖에 없다는 거예요.

요즘 외국 교회의 여러 가지 프로그램들을 부지런히 배워 오는 교회들이 있습니다. 그래서 교회 안에 각자의 은사를 개발할 수 있는 통로가 많이 마련되어 있습니다. 남성을 위해서는 남성만의 프로그램이 있고, 여성을 위해서는 여성만의 프로그램이 있습니다. 부부를 위한 프로그램도 있고, 독신자를 위한 프로그램도 있습니다. 과거에 상처가 있는 사람들을 위해서는 상한 감정을 치유해 주는 프로그램이 있고, 노래하기 좋아하는 사람을 위해서는 찬양 프로그램이 있습니다. 물론 이런 것들이 나쁘다는 말은 아닙니다. 사람들은 새롭고 신선한 것을 좋아하며 어떻게 해서든지 자기에게 필요한 것을 배우고 싶어합니다. 그런데 문제가 무엇입니까? 그런 여러 가지 프로그램으로 사람이 변하지 않더라는 것입니다.

지금 이스라엘 백성들의 문제가 무엇입니까? 그렇게 현실에 적응하려고 애를 썼음에도 불구하고 그들의 삶은 조금도 나아지지 않았고, 그들의 도덕적인 수준 또한 조금도 나아지지 않았다는 것입니다. 정신을 차리고 보면 늘 원래 그 자리로 돌아가 있습니다. 자기들도 싫어하는 그 고질병에 다시 빠져 있습니다.

이에 대해 성경은 무엇이라고 말씀하고 있습니까? "여호와께서 이스라엘에게 진노하사 블레셋 사람의 손과 암몬 자손의 손에 파시매 그들이 그 해부터 이스라엘 자손을 학대하니 요단 저편 길르앗 아모리 사람의 땅에 거한 이스라엘 자손이 18년 동안 학대를 당하였고 암몬 자손이 또 요단을 건너서 유다와 베냐민과 에브라임 족속을 치므로 이스라엘의 곤고가 심하였더라"(10:7-9).

이것이 성경의 평가입니다. 이스라엘 백성들이 이렇게 여러 나라와 교류하고 새로운 것을 배우고 우상을 인정했음에도 불구하고 생활이 나아지기는커녕 오히려 더 어려워진 것은, 하나님이 이들의 우상 숭배에 진노하셔서 다른 부족에게 넘기셨기 때문이라는 것입니다.

그러나 실제로 이스라엘 백성들은 이렇게 생각하지 않았습니다. 단지 '지금까지 이 세상에서 잘살아 보려고 할 짓 못할 짓 다 해 가면서 애를 썼는데, 어쩌면 이렇게도 철저하게 일이 안 풀리는 걸까?'라고만 생각했을 뿐입니다. 그들은 자기들의 고통과 핍박의 원인이 어디에 있는지 몰랐습니다. 하나님의 눈에서 보면 우상 숭배가 원인이었지만, 정작 본인들은 '이상하게도 되는 일이 하나도 없다'라고만 생각했습니다.

이스라엘은 전체적으로 어려움을 겪고 있었습니다. 지금까지는 부분적으로만 어려웠습니다. 그러나 이제는 요단 동편은 암몬 족속에게, 서편은 블레셋 사람에게 탄압당하는 형편이 되었습니다. 특히 그동안 평안했던 요단 동편은 암몬 사람들에게 무려 18년 동안이나 착취를 당하고 있었습니다.

이스라엘 백성들이 하나님의 눈으로 자신들의 문제를 보았다면 얼마나 좋았겠습니까? 그러나 그들은 그렇게 하지 못했습니다. 성경은 하나님이 그들을 '파셨다'고 말씀하고 있습니다. 무슨 뜻입니까? 아무 가치가 없어서 헐값으로 넘기셨다는 뜻입니다. 어떻게 해서든지 잘살아 보려고 했던 이스라엘 백성들의 노력은 하나님이 보시기에 전혀 가치가 없었습니다.

오늘 우리는 우리의 문제를 어떻게 보고 있습니까? '왜 나는 하는 일마다 되는 게 없을까? 왜 하나님은 나의 앞길을 틀어막고 계시는 걸까? 그렇게 죽자고 회사에 충성했는데 왜 하필 내가 퇴직 대상이 되게 하시는 걸까?'라고만 생각하고 있지 않습니까? 이런 문제는 하나님이 보시는 눈으로 볼 때 비로소 풀리기 시작합니다. 우리는 무엇보다 먼저 '왜 나는 10년, 20년씩 믿었으면서도 이 모양 이 꼴인가? 왜 내 눈에는 내 안에 있는 죄성을 극복하는 일보다 이 세상에 적응하는 일이 더 크게 보이는가? 왜 나는 그토록 말씀을 들었음에도 불구하고 또 고질적인 문제에 빠지고 말았는가? 나는 왜 변하지 않는가?'를 생각해야 합니다.

하나님의 질문

하나님은 이스라엘 백성들이 너무나도 변하지 않는다는 것을 놀랍게 여기셨습니다. 이스라엘 백성들은 그동안 이와 비슷한 과정을 수없이 반복했습니다. 하나님께 불순종해서 어려움을 당하다가 기적적인 도우심으로 놀라운 승리와 구원을 얻고서도 또 원래의 상태로 되돌아가곤 했습니다. 그들은 과거의 경험으로부터 아무것도 배우지 못했습니다. 하나님의 은혜를 전혀 경험하지 못한 사람들과 하나도 다를 바가 없었습니다.

그들은 이번에도 하나님께 부르짖었습니다. "이스라엘 자손이 여호와께 부르짖어 가로되 '우리가 우리 하나님을 버리고 바알들을 섬김으로 주께 범죄하였나이다'"(10:10). 이것은 놀라운 회개의 기도였고, 하나님이 원하시는 기도였습니다. 누군가 이스라엘 백성들을 대신해서 이런 기도를 할 수 있었다는 것은 그들 가운데 자신들의 문제를 명확하게 보는 사람들이 있었다는 사실을 보여 줍니다. 즉 이스라엘에서 말씀의 등불이 완전히 꺼진 것은 아니었으며, 자신들의 문제를 말씀에 비추어 볼 수 있는 사람들이 있었다는 것입니다.

그러나 하나님은 이 기도를 외면하고 듣지 않으셨습니다. "여호와께서 이스라엘 자손에게 이르시되 '내가 애굽 사람과 아모리 사람과 암몬 자손과 블레셋 사람에게서 너희를 구원하지 아니하였느냐? 또 시돈 사람과 아말렉 사람과 마온 사람이 너희를 압제할 때에 너희가 내게 부르짖으므로 내가 너희를 그들의 손에서 구원하였거늘 너희가 나를 버리고 다른 신들을 섬기니 그러므로 내가 다시는 너희를 구원치 아니하리라. 가서 너희가 택한 신들에게 부르짖어서 너희 환난 때에 그들로 너희를 구원하게 하라'"(10:11-14).

이스라엘 백성들이 어려움 속에서 하나님께 돌아와 자신들의 죄를 자복하고 회개한 것은 잘한 일이었습니다. 그러나 하나님은 우상한테나 가서 기도하라고 하면서 그들의 기도를 듣지 않으셨습니다. 그 이유가 무엇입니까? 그들이 정말 우상한테 가기를 바라서 이렇게 말씀하신 것입니까?

결코 그렇지 않습니다. 하나님은 이 회개가 이스라엘 백성 전체의 의사가 아니라 아주 작은 소리에 불과하다는 것을 아셨습니다. 그뿐 아니라 이번만큼은 그들의 고질병을 고치기를 바라셨습니다. 상황이 어려우면 하나님께 돌아와 회개했다가 조금만 형편이 나아지면 다시 세상으로 달려가 예전의 은혜를 다 잊어버리는 이 악의 고리를 이번만큼은 끊을 수 있기를 바라셨습니다.

하나님은 먼저 과거의 역사를 말씀하십니다. 그가 애굽과 아모리 사람들의 손에서 그들을 구원하셨다는 것은 출애굽 때와 가나안 정복 때의 일을 가리키는 말입니다. 또 블레셋에게서 건지셨다는 것은 삼갈을 통해 구원하신 일을 가리킵니다. 하나님은 드보라를 통해 시돈 사람인 시스라의 손에서 그들을 구하셨고, 기드온을 통해 마온 사람, 즉 미디안 사람에게서 그들을 건지셨습니다.

하나님이 이런 이야기들을 하면서 질문하시는 것이 무엇입니까? 이렇게 여러 차례 놀라운 구원을 경험했다면 무언가 달라진 것이 있어야 하지 않느냐는 것입니다. 그런데 어떻게 이처럼 변하지 않을 수 있느냐, 어떻게 이처럼 철저하게 똑같을 수 있느냐는 것입니다. 왜 과거의 은혜로부터 아무것도 배우지 못한 채 꼭 바닥까지 떨어져야만 와서 부르짖느냐는 거예요. 바닥까지 떨어지기 전에 돌이킬 수는 없느냐는 것입니다.

우리에게 악의 고리는 너무나도 강력하게 느껴집니다. 꼭 무슨 공식 같습니다. 힘들 때는 하나님 앞에 좀 겸허해지는 것처럼 보입니다. 그런데 편안한 삶이 회복되면 그때 받았던 은혜를 그렇게 놀랍게 잊어버릴 수가 없습니다. 하나님이 베풀어 주신 은혜는 특별한 은혜였고 분명한 기도의 응답이었습니다. 그런데도 생활이 좀 편안해지면 옛날 그 자리를 정확하게 돌아가 버리는 거예요. 은혜 받지 않은 사람과 하나도 다를 바가 없습니다. 술을 좋아하던 사람은 또 술을 마시고, 음란한 것을 좋아하던 사람은 또 비디오 가게에 가서 "더 야한 걸로 주세요" 합니다. 세상 사람들과 어울려 놀기를 좋아하던 사람은 또 그들과 어울려 놀고 있고, 우울증이 있던 사람은 또 우울증이 도져 있습니다.

한때 제가 자신에게 던졌던 질문도 바로 이것이었습니다. "왜 나는 이렇게 변하지 않는 것인가?" 이 질문을 던지기 전까지 우리는 스스로 어떤 상태에 있는지 전혀 깨달을 수 없습니다. 자신의 죄성에 철저하게 환멸을 느끼고 실망하기 전에는 진정한 회개가 나오지 않는 법입니다.

왜 우리는 변하지 않습니까? 몸을 가진 인간이기 때문에 죄에 빠질 수밖에 없는 것입니까? 아니면 너무 건망증이 심해서 시간이 지나면 자동적으로 그 은혜를 잊어버리는 것입니까? 인간은 본질적으로 편할 때는 죄를 짓다가 급하면 하나님께 부르짖게 되어 있는 존재입니까?

하나님이 이스라엘 백성들의 부르짖음을 거부하신 것은 이번에야말로 정말 한번 변해 보라는 뜻입니다. 이번에야말로 악의 고리를 끊어 보라는 것입니다. 형편이 어려워지면 하나님 앞에 울고불고하다가 그 어려움만 없어지면 옛날 상태로 돌아가고 마는 이 고리를 끊어서, 마치 독수리가 날개 치며 올라가듯이 하나님이 기뻐하시는 삶을 지속적으로 살아 보라는 것입니다.

회개를 주도하는 작은 목소리들

이처럼 하나님은 이스라엘 백성들의 회개를 거절하셨습니다. 그러나 그럼에도 불구하고 낙심하지 않고 계속 하나님께 나아간 사람들이 있었습니다. "이스라엘 자손이 여호와께 여짜오되 '우리가 범죄하였사오니 주의 보시기에 좋은 대로 우리에게 행하시려니와 오직 주께 구하옵나니 오늘날 우리를 건져 내옵소서' 하고 자기 가운데서 이방 신들을 제하여 버리고 여호와를 섬기매"(10:15-16 상).

이스라엘 백성들은 하나님이 자신들의 기도를 거절하셨다는 것을 알았습니다. 느낌을 통해서 알았는지, 제사 자체가 거부당했는지, 아니면 어떤 사람을 통해 말씀하셨는지 모르겠지만, 여하튼 하나님이 자신들의 기도를 거절하셨다는 것을 알았습니다. 그런데 이렇게 기도가 거절당했음에도 불구하고 물러가지 않고 계속 기도로 나아간 소수의 무리가 있었습니다. 15절에는 "이스라엘 자손"이라고 되어 있지만, 분명히 다수는 아니었던 것 같습니다.

이스라엘 안에는 자신들의 문제를 영적으로 꿰뚫어 보는 소수의 사람들이 있었습니다. 그들은 하나님의 거절을 거절로 생각하지 않았습니다. 오히려 더 전심으로 나아오라는 초청으로 여겼습니다. "가서 너희가 택한 신들에게 부르짖어서"라는 말을 '이번에야말로 한번 악의 고리를 끊어 보라'는 뜻으로 올바로 해석했습니다.

오늘 말씀은 이들이 누구였는지 명시하지 않고 있습니다. 그들은 선지자도 아니고 사사도 아니었습니다. 그러나 이스라엘의 문제를 하나님과의 관계에서 보는 자들, 아무리 하나님이 거절하셔도 하나님 외에는 답이 없다는 믿음으로 결코 그 앞에서 물러나지 않은 자들이 있었습니다. 그들은 하나님이 우상한테 가라 하셨다고 해서 진짜로 그들에게 가면 안 된다는 것을 알았습니다. 그래서 "우리를 살리든 죽이든 하나님이 알아서 하십시오. 그러나 우리의 죄는 용서해 주십시오" 하고 기도하면서 자신들 가운데 있는 우상들을 제

거하기 시작했습니다. 하나님이 응답하지 않으셔도 자신들의 삶 속에서 그가 기뻐하지 않으시는 것들을 정리한 이 소수의 사람들이 있었다는 것은 이스라엘에게 아주 다행스러운 일이었습니다.

하나님은 비로소 이들을 불쌍히 여기기 시작하십니다. "여호와께서 이스라엘의 곤고를 인하여 마음에 근심하시니라"(10:16 하). 하나님은 이스라엘의 고통에 대해 근심하기 시작하셨습니다. 이것은 하나님이 그들의 고통에 함께하기 시작하셨으며, 그들의 몸은 아직도 고통 가운데 있었지만 마음에는 하나님의 위로가 임하기 시작했다는 뜻입니다.

오늘 말씀이 우리에게 묻는 것은 단 하나, "왜 변하지 않는가?"입니다. 왜 우리 상황이 변하지 않고 형편이 나아지지 않느냐는 문제가 안 됩니다. 왜 우리의 신앙이 이토록 변하지 않느냐가 문제입니다. 그렇게 많은 설교를 듣고서도, 그렇게 많은 성경의 기록을 읽고서도, 그토록 여러 번 하나님이 나와 함께하시는 체험을 했으면서도 왜 똑같은 문제로 세 번, 네 번 넘어지느냐는 것입니다. 왜 영성이 밑바닥까지 떨어져서 하나님의 징계를 받아야만 비로소 위기의식을 느끼느냐는 것입니다. 왜 악의 고리를 미리 끊지 못하고 꼭 갈 데까지 가야 정신을 차리고 돌아오느냐는 것입니다.

우리는 정말 엄청나게 미련한 자들입니다. 세상적으로 보면 똑똑한 것 같지만 영적으로 보면 거의 백치에 가까울 정도로 미련한 사람들이에요. 하나님이 몸을 치시거나 집안을 완전히 뒤집어 놓으시기 전까지는 전혀 문제의식을 못 느낍니다. 완전히 망하게 하시기 전까지는 절대 회개하지 않아요. 일이 좀 안 풀리는 것 같아도 '교회에도 잘 다니는데 왜 이럴까? 헌금도 꼬박꼬박 내고 있는데 왜 이럴까?' 하면서 이상하게 생각할 뿐, 자신에게 무슨 문제가 있다고는 생각지 못합니다. 왜 하나님의 은혜를 받았던 과거의 경험에서 죄를 이기는 힘을 얻지 못합니까? 왜 똑같은 짓을 수십 번씩 반복합니까? 왜 꼭 바닥까지 내려가서 한 대 얻어맞아야 겨우 기도하러 나아옵니까?

이 세상에 대한 욕심 때문입니다. 이스라엘 백성들처럼 이 세상에서 잘살고 싶은 욕심 때문입니다. 아니 꼭 잘살지는 못해도 남들에게 싫은 소리 들을 만큼은 되지 않겠다는 거예요. 그러나 하나님을 알았다는 것 하나로 만족하고 죽을 수는 없습니까? 꼭 잘살아야 하고 싫은 소리 듣지 않아야 하고 결혼 잘해야 하고 가족들에게 성공한 모습을 보여 줘야 합니까? 하나님 한 분 안 것으로 만족하고 사람들한테는 그냥 이대로 무능하다는 욕을 먹으면서 살면 안 됩니까?

우리가 변하지 않는 것은 자신의 죄성에 충격을 받지 않았기 때문입니다. 우리 중에 마음 놓고 믿을 수 있는 사람은 아무도 없습니다. 자기 자신도 절대로 믿으면 안 돼요. "믿는 도끼에 발등 찍힌다"거나 "얌전한 강아지가 부뚜막에 먼저 올라간다"는 것은 나 자신에게 먼저 적용해야 할 말입니다. 얌전한 강아지가 누군지 가슴에 손을 얹고 생각해 보십시오. 다른 사람이 보기에는 얌전하고 순수한 사람 같을지 모르지만 실제로는 얼마나 자주 고질병에 빠지고 있습니까? 우리는 자신에게 충격을 받아야 합니다. 절대로 자신을 믿어서는 안 됩니다. 그리고 살든지 죽든지 하나님 한 분 만난 것으로 만족하고, 나머지는 하나님이 인도하시도록 맡겨야 합니다. 절대로 잘살려고 들면 안 됩니다.

그나마 이스라엘 백성들에게 다행스러웠던 일은 그들의 문제를 영적으로 볼 수 있는 소수의 무리가 신앙을 이끌고 있었다는 것입니다. 하나님은 기도를 거절하셨지만 그들은 그것을 거절로 생각하지 않았습니다. "가서 너희가 택한 신들에게 부르짖어서"라는 것이 자신들을 하나님의 존전에서 쫓아내는 말이 아니라 어떻게 해서든지 악의 고리를 끊으라는 말이라는 것을 알았습니다. 이 사람들이 이스라엘의 회개를 주도했기 때문에 하나님이 다시 한 번 그들을 불쌍히 여기시게 된 것입니다. 실제로 하나님은 10장 이후에서 드보라나 기드온 때와는 비교도 되지 않는 놀라운 일을 행하십니다.

왜 우리나라에 민주주의가 왔는데도 변한 것이 없을까요? 죄 때문입니다. 우리 민족은 죄를 죄로 여기지 않습니다. 교회 안에서도 죄에 대한 설교를 들을 수가 없습니다. 사람들은 자기를 축복해 주거나 알아주는 설교를 좋아하며 여러 프로그램을 통해 자신들의 욕망을 채우고 싶어합니다. 그 결과가 무엇입니까? 하나님이 우리 민족을 보따리째 싸서 헐값으로 팔아넘기신 것입니다. 지금 우리나라 공장들이나 회사들을 보십시오. 다른 나라가 아주 싼 값에 사들이고 있지 않습니까? 주식은 종이조각만도 못한데 이자는 얼마나 높습니까?

우리가 다시 살아날 수 있는 길은 우리의 문제를 영적으로 볼 수 있는 소수의 무리가 지속적으로 하나님 앞에서 부르짖는 것입니다. 절대 물러서거나 포기해서는 안 됩니다. 어떻게 해서든지 악순환의 고리를 끊어야 합니다. 개인적으로나 사회적으로나 이 고리를 끊어야 합니다. 그러려면 어떻게 해야 합니까? 편안할 때 겁을 낼 줄 알아야 합니다. 돈이 있을 때 겁을 낼 줄 알아야 하고, 원하는 대로 일이 잘 풀릴 때 무릎 꿇고 기도할 줄 알아야 합니다. 그렇게 하지 않으면 블레셋과 암몬 족속이 또 밀려올 것입니다.

하나님 앞에 바로 서기를 중단하지 맙시다. 잘될 때 통곡하면서 기도하는 사람, 일이 뜻대로 잘 풀리고 있을 때 하나님 앞에 나아가 부르짖는 사람이야말로 지혜로운 사람입니다. 취직되었을 때, 승진했을 때, 일이 잘되었을 때 모든 일을 다 제쳐 두고 하나님 앞에 나아가 "어째서 이 죄인에게 이런 큰 은혜를 베푸십니까? 저는 도저히 믿을 수 없는 사람입니다. 오, 주여! 저를 불쌍히 여기소서" 하고 기도하는 소수의 무리야말로 하나님의 관심을 다시 이 민족에게로 이끌고 오며, 다시 이 민족의 고통을 놓고 근심하시게 만들 수 있는 사람들입니다.

2
입다의 등장

······길르앗 사람 큰 용사 입다는 기생이 길르앗에게 낳은 아들이었고······
사사기 10:17 - 11:28

얼마 전 월드컵 본선 경기에서 벨기에 대표팀과 비긴 후에 경기장에서 걸어나오던 우리나라 선수들은 운동경기를 하고 나오는 사람들이 아니라 마치 전쟁을 치르고 나오는 사람들 같았습니다. 머리에 피투성이가 된 붕대를 감고 있는 선수도 있었고, 다리에 붕대를 감고 있는 선수도 있었습니다. 그들은 그야말로 죽기를 각오하고 뛴 끝에 벨기에와 겨우 비길 수 있었습니다.

우리가 이 세상에서 사는 것은 이처럼 엄청나게 실력 차이가 나는 상대와 목숨을 건 경기를 펼치는 일과 같습니다. 사람들은 이 세상에서 살아남기 위해 마치 전쟁을 치르듯이 매사에 목숨을 걸고 덤벼듭니다. 공부도 전쟁하듯이 합니다. 직장생활도 전쟁하듯이 합니다. 어떤 경우에는 결혼도 전쟁하듯이 남의 애인을 빼앗아서 합니다. 그래야 세상에서 겨우 살아남을 수 있기 때문입니다.

그러나 하나님의 백성들은 어떻습니까? 그들은 왜 이 세상에서 목숨을 걸고 공부해야 하며 목숨을 걸고 직장생활 해야 하는지를 모르는 사람들입니다. 그들이 만난 하나님이 너무 크신 분이다 보니, 그분을 알고 난 후에는 인생의 목표가 전부 없어져 버렸습니다. 그런데 다른 사람들은 죽도록 뛰어야 겨우 살 수 있는 이 세상에서 이렇게 하나님을 섬기는 사람들이 과연 성공할 수 있을까요?

오늘 말씀은 이스라엘을 구원한 위대한 사사 입다의 등장을 기록하고 있습니다. 이스라엘은 총체적으로 부패했습니다. 그래서 하나님은 암몬 족속에게 요단 동쪽을, 블레셋 족속에게 요단 서쪽을 넘겨 주셨습니다. 그런데 다행스럽게도 이스라엘 안에는 자신들의 문제를 하나님의 시각으로 바로 보는 몇몇 사람들이 있었습니다. 지난번에 살펴본 부분에서는 그들이 누구인지 구체적으로 나타나지 않았습니다. 그런데 오늘 말씀을 보면 그들이 바로 요단 동편 길르앗의 장로들이었다는 사실을 알 수 있습니다. 이 장로들이 하나님 앞에서 회개했을 때 하나님은 전혀 상상하지도 못했던 두 구원자를 준비해 주셨습니다. 요단 동편 길르앗 땅에는 입다를, 요단 서편 본토에는 삼손을 세우신 것입니다.

입다는 기생의 아들이었습니다. 여기서 기생이란 창녀를 의미합니다. 입다는 창녀의 아들이었습니다. 그는 불행히도 본부인의 아들들에게 쫓겨나 멀리 외국 땅에서 살아야 했습니다. 그런데 놀라운 사실은, 정작 이스라엘에 있던 사람들은 이방 신들을 섬긴 반면 쫓겨난 창녀의 아들 입다는 여호와 신앙을 지키고 있었다는 것입니다. 그는 시리아 땅 돕에서 살았는데, 억울한 일을 당한 이들이 많이 그를 찾아가 함께 지냈습니다.

그 후 길르앗 땅에는 아주 큰 위기가 닥쳤습니다. 암몬 족속이 쳐들어와 이스라엘 자손들을 다 쫓아내려고 한 것입니다. 그들은 삶의 근거를 빼앗길 위험에 처했습니다. 그때 길르앗 장로들의 눈에 입다가 보였습니다. 마침내 그들은 입다를 찾아가 도움을 청합니다.

입다의 등장

입다를 등장시킨 계기는 암몬의 초토화 작전이었습니다. "그때에 암몬 자손이 모여서 길르앗에 진쳤으므로 이스라엘 자손도 모여서 미스바에 진치고 길르앗 백성과 방백들이 서로 이르되 '누가 먼저 나가서 암몬 자손들과 싸움을 시작할꼬? 그가 길르앗 모든 거민의 머리가 되리라' 하니라"(10:17-18).

이번에 암몬 족속들이 몰려온 것은 지금까지 몰려온 것과 그 성격이 완전히 달랐습니다. 그들은 지금까지 무려 18년 동안이나 요단 동편 사람들을 약탈했고, 사람과 물건과 가축을 빼앗아 갔습니다. 그러나 이번에는 사람이나 물건이나 가축을 빼앗으려고 몰려온 것이 아닙니다. 아예 길르앗 땅 자체를 빼앗으려고 온 것입니다. 이 땅은 자기들의 것이니 정해진 때까지 한 명도 남김 없이 다 떠나라는 것입니다.

"길르앗 백성"이란 요단 동편의 이스라엘 사람들을 가리키는 말입니다. 이 길르앗 백성들이 함께 모이긴 했지만, 그들은 오합지졸에 불과했습니다. 그들 가운데에는 전쟁을 이끌 만한 지도자가 없었습니다. 이제는 선택의 여지가 없었습니다. 조상 대대로 살아온 길르앗 땅을 포기하든지, 아니면 누군가를 대장으로 내세워 싸우든지 둘 중에 하나를 택해야만 했습니다. 그런데 이때 그들의 눈에 들어온 용사가 한 사람 있었습니다. 그는 자신들이 미워해서 쫓아냈던 창녀의 아들 입다였습니다. "길르앗 사람 큰 용사 입다는 기생이 길르앗에게 낳은 아들이었고 길르앗의 아내도 아들들을 낳았더라. 아내의 아들들이 자라매 입다를 쫓아내며 그에게 이르되 '너는 다른 여인의 자식이니 우리 아버지 집 기업을 잇지 못하리라' 한지라. 이에 입다가 그 형제를 피하여 돕 땅에 거하매 잡류가 그에게로 모여와서 그와 함께 출입하였더라"(11:1-3).

입다의 아버지 이름은 길르앗이었습니다. 아마도 지명에서 따온 이름이었던 것 같습니다. 길르앗 땅에서 오래오래 살려고 이런 이름을 지었는지도 모르겠습니다. 그런데 이 길르앗은 행실이 그리 모범적인 사람이 아니었습니다. 그는 창녀에게서 아들을 하나 낳았습니다. 이것을 보면 아마도 이 창녀와 지속적인 관계를 가졌던 것으로 보입니다. 물론 그의 본부인도 아들을 여럿 낳았습니다. 그들은 장성한 후에 길르앗 장로들과 의논하여 입다를 영구히 추방해 버렸습니다. 그들이 입다를 내쫓은 이유는 간단했습니다. 입다 같은 창녀의 아들이 이스라엘 안에 있으면 이스라엘의 물을 흐린다는 것입니다.

입다는 단지 아버지 집에서만 쫓겨난 것이 아니라 길르앗 땅 자체에서 쫓겨나 다시는 돌아올 수 없는 처지가 되었습니다. 그는 창녀의 아들이라는 이유로 성장 과정에서 깊은 마음의 상처를 입어야 했습니다. 그는 돕이라는 곳에 가서 살았는데, 돕은 이스라엘보다 좀더 북쪽에 있는 시리아 땅에 속했던 곳으로 보입니다. 입다는 그곳에서도 특출했습니다. 그래서 많은 잡류들이 그에게 모여들어 공동체 비슷한 것을 형성하게 되었습니다. 여기에서 "잡류"란 '불량배'라는 뜻이 아닙니다. 입다처럼 사회법의 보호를 받지 못했던 가난하고 형편이 어려운 자들을 가리키는 말입니다.

여기까지만 보면 전혀 특이할 것이 없습니다. 본부인의 아들들이 서출을 미워해서 내쫓는 일은 얼마든지 있을 수 있는 일입니다. 더욱이 입다는 서출도 아닌 창녀의 아들이었습니다. 그러니까 그런 아들을 집안에 두지 않고 내쫓은 것은 얼마든지 이해할 수 있어요. 그런데 이 문제를 완전히 다른 시각에서 바라보게 만드는 사실이 하나 있습니다. 그것은 그 당시 이스라엘 백성들은 거의 대부분 우상을 숭배하고 있었던 반면 입다는 분명한 여호와 신앙을 가지고 있었다는 점입니다. 그의 신앙은 암몬이 왜 길르앗 땅을 빼앗으려 해서는 안 되는지를 설명하는 긴 연설에 잘 나타나고 있습니다.

그 당시 길르앗에 살던 이스라엘 백성들은 바알과 아스다롯으로도 부족해서 시돈과 블레셋과 모압과 암몬 사람들의 신까지 끌어와 섬기고 있었습니다. 입다의 아버지 길르앗이 관계를 맺었던 창녀도 아마 이 이방 신전들 중 한 곳에 속했던 여자가 아니었나 싶습니다. 이처럼 이스라엘 백성들 전체가 엄청난 우상 숭배와 음란에 빠져 있었던 이때, 어떻게 입다만 여호와 신앙을 붙들 수 있었으며 그렇게 분명한 성경적 지식을 가질 수 있었을까요?

입다가 원래부터 이런 신앙을 가졌던 것 같지는 않습니다. 아마 그는 성장 과정에서 많은 괄시와 천대를 받았을 것입니다. 그 와중에서 다른 형제들은 교만하여 거들떠보지도 않는 여호와 신앙을 누군가에게서 전도받았고, 고난 중에 그 신앙을 철저하게 붙든 것이 아닌가 합니다. 다시 말해서 평안하게 살던 사람들은 여호와 신앙에 전혀 관심이 없었지만, 창녀의 아들로서 어떤 특혜도 누리지 못한 채 고난을 받던 입다는 여호와 신앙을 소개받자마자 그것을 붙들었다는 것입니다. 그렇지 않았다면 암몬 왕 앞에서 그렇게 성경적인 진술을 할 수도 없었을 것이고, 우리가 이후에 보게 되는 것처럼 모든 일을 철저히 하나님 앞에서 하는 모습을 보이지도 못했을 것입니다.

이처럼 어머니는 이방 신전의 창녀였고 아버지는 그 신전에 출입하던 사람이었음에도 불구하고, 입다는 고난을 통해 하나님을 만났으며 어려서부터 여호와 신앙으로 무장된 채 자라난 것으로 보입니다. 이런 경우를 우리는 '하나님께 직접 양육받았다'고 표현합니다. 주변 상황을 보면 제대로 된 신앙을 가질 수 없을 것 같은데, 고난과 시련 때문에 오히려 더 철저하게 하나님을 붙들게 되는 사람들이 있습니다. 상황을 보면 도저히 바른 신앙을 가질 수가 없어요. 그럼에도 불구하고 고난과 시련 속에서 혼자 성경 읽고 혼자 울며 기도하다가 놀라운 신앙을 가지게 되는 사람들이 있습니다.

만일 이것이 사실이라면 우리는 입다의 추방을 다른 시각에서 볼 필요가 있습니다. 형제들이 입다를 추방한 이유가 무엇입니까? 표면적인 핑계는 사생아인 그를 내쫓음으로써 이스라엘을 도덕적으로 정결하게 하겠다는 것이었습니다. 그러나 실제 이유는 시기심과 질투심에 있었습니다. 다시 말해서 자기들 같은 정통 이스라엘 백성들도 바알이나 다른 이방 신들을 섬기고 있는데 창녀의 아들에 불과한 입다가 철저한 여호와 신앙을 가지고 있다는 점을 시기한 것입니다.

이것은 정통 교회가 타락할 때 자주 나타나는 현상입니다. 교회 지도자들은 타락했는데 평신도이면서도 철저하게 복음적이며 성경적인 사람이 있을 때, 지도자들은 그를 두려워하게 되어 있습니다. 그래서 나중에는 자신들의 위치가 흔들리까 봐 말도 안 되는 오명을 뒤집어 씌워서 내쫓아 버리는 경우가 많습니다.

이렇게 보면 입다가 왜 돕 땅에서 사람들의 인정을 받았는지가 분명해집니다. 그는 돕에서 정말 성경적인 공동체를 이루었던 것입니다. 그 집단은 정상적인 교회나 나라의 형태를 갖추고 있지 않았고 사회의 공인을 받지도 못했지만, 그 안에 있는 공의와 진실과 믿음은 여러 사람들의 입에서 입으로 퍼져 나갔습니다. 그리하여 사회에서 법으로 보호받지 못하는 가난한 자, 추방당한 자들이 입다를 찾아와 그의 그늘 아래 안식을 찾았습니다. 이를테면 입다의 무리는 정식으로 인정받지 못한 평신도 교회 내지는 공동체였던 것입니다.

길르앗 사람들이 입다를 내쫓은 진짜 이유는 그가 창녀의 아들이라는 데 있지 않았습니다. 그것은 핑계였을 뿐입니다. 그들이 입다를 내쫓은 진짜 이유는 그의 바른 신앙에 있었습니다. 기생의 아들인 주제에 여호와를 섬기는 것에 시기심을 느껴서 내쫓은 것입니다.

앞서 말했듯이 이것은 교회사를 통해 여러 번 반복된 일이기도 합니다. 교회가 타락해서 하나님의 말씀을 버리고 온갖 더러운 우상을 끌어들이거나 인간의 자랑과 공로로 그리스도의 십자가에 먹칠을 하고 있을 때, 교회에서 추방되어 가정이나 지하실에서 예배를 드린 소수의 무리들이 있었습니다. 그들에게는 제도도, 직분도 없었습니다. 그러나 하나님은 그들을 일으켜 교회를 갱신하셨습니다. 마틴 루터나 칼빈도 그런 사람들 중에 하나였습니다.

오늘날도 신앙 때문에 어려움을 겪는 사람들이 많이 있습니다. 세상 사람들은 어떤 사람을 좋아합니까? 자기 집단의 이익을 위해 목숨을 걸고 뛰어 주는 사람들을 좋아합니다. 직장을 신앙처럼 생각하는 사람, 가문의 일을 위해 만사 제쳐 놓고 뛰어 주는 사람을 좋아해요. 그러나 신앙을 가지고 나면 그렇게 해야 할 이유가 없어져 버립니다. 물론 그리스도인들도 신앙을 가지기 전에는 분명한 목표가 있었습니다. 목숨 걸고 공부해서 학위를 따거나 목숨 걸고 일해서 승진하겠다는 식의 목표가 있었습니다. 그런데 예수를 믿고 보니 이제는 그런 일들이 다 가치 없게 느껴집니다. 성경이나 경건 서적은 재미있어도 전공서적은 재미가 없습니다. 회사 일도 그리 중요하게 느껴지지가 않습니다. 그래서 결국 어떻게 됩니까? 세상에서 도태되고 맙니다. 세상 사람들은 이런 사람들을 좋아하지 않습니다.

그리스도인의 고민은 '이런 내가 과연 세상에 다시 복귀해서 정상적인 삶을 살 수 있을까?' 하는 것입니다. 하나님을 붙들게 된 것은 좋습니다. 그러나 그렇게 되기까지 너무 많은 시간이 들었습니다. 친구들은 벌써 학위를 따고 돌아와 교수가 되었거나, 직장에서 승진해서 높은 자리를 차지하고 있습니다. 그런데 내가 가진 것이라고는 오로지 신앙밖에 없습니다. 그러니까 '내가 다시 세상에 복귀해서 정상적인 삶을 살 수 있을까? 남은 삶을 다른 사람을 위해 봉사하면서 정말 가치 있게 살 수 있을까?'를 고민하며 불안해하는 것입니다. 그러나 여러분, 하나님은 할 수 있다고 하십니다. 이 세상에서 얼마든지 멋지게 살면서 봉사할 수 있다고 하십니다.

암몬 족속들의 공격은 입다에게 다시 세상에 복귀하여 멋지게 봉사할 수 있는 기회가 되었습니다. 이것은 그를 세상으로 불러내시는 하나님의 부르심이었습니다. 이 세상에서 일어나고 있는 수많은 위기들은 준비된 백성들을 불러내시는 하나님의 부르심입니다.

길르앗 장로들이 입다를 찾아오다

만약 모든 상황이 정상적으로 흘러갔다면 입다는 돕 땅에서 잡류들과 한평생 어울려 살다가 인생을 끝마쳤을 것입니다. 그러나 하나님은 입다를 끄집어내서 하나님의 백성들을 위해 위대한 봉사를 하게 하셨습니다.

11장 4절부터 6절까지는 이렇게 기록되어 있습니다. "얼마 후에 암몬 자손이 이스라엘을 치려 하니라. 암몬 자손이 이스라엘을 치려 할 때에 길르앗 장로들이 입다를 데려오려고 돕 땅에 가서 입다에게 이르되 '우리가 암몬 자손과 싸우려 하나니 당신은 와서 우리의 장관이 되라.'"

하나님은 위기 가운데서 길르앗 사람들에게 은총을 주셨습니다. 그 은총이란 길르앗 장로들이 무언가 바른 생각을 하기 시작했다는 것입니다. 그들이 이 어려운 때 하나님께 계속 기도하고 회개한 결과가 무엇입니까? 사고의 대전환이 일어난 것입니다. 평소 상황 같았으면 입다를 떠올렸을 리가 없습니다. 그런데 하나님이 그들의 생각에 은혜를 주셨고, 그들의 마음속에 믿음이 발동하게 하셨습니다.

그 믿음의 내용이 무엇입니까? 과거를 돌이켜 보니 하나님이 세우신 사람은 어떤 전쟁이든 승리로 이끌더라는 것입니다. 기드온은 하나님의 전쟁이 사람의 수에 달린 것이 아니라 하나님이 세우신 사람에 달려 있다는 사실을 보여 주었습니다. 하나님이 세우시면 300명만으로도 십수만 명을 이기더라는 거예요. 길르앗의 장로들은 '지금 이 전쟁은 우리의 전쟁이 아니라 하나님의 전쟁이다. 우리가 이 전쟁에 이길 수 있는 유일한 길은 하나님이 세우신 사람을 찾는 것인데, 길르앗에는 그럴 만한 사람이 없다'는 사실을 깨달았습니다.

그들이 어떻게 돕까지 입다를 찾아갈 생각을 하게 되었는지는 알 수 없습니다. 아마도 입다의 소문이 길르앗까지 퍼졌던 것이 아닌가 합니다. 입다는 돕 땅에서 이미 장수가 되어 있었습니다. 그는 아무도 알아주지 않는 장수였고 아무도 임명하지 않은 장수였습니다. 그러나 하나님의 역사가 그를 통해 나타나고 있다는 사실만큼은 아무도 부인할 수 없었습니다. 길르앗 장로들의 머릿속에 이 입다가 생각난 것은 엄청난 축복이었습니다.

우리가 기도할 때에도 이런 일이 일어납니다. 상황은 하나도 변한 것이 없습니다. 그런데 생각이 바뀝니다. 즉 똑같은 상황을 다른 시각에서 보게 되는 것입니다. 그러면 입다라는 생각지도 못한 해결책이 눈에 들어옵니다.

7절을 보면 길르앗 장로들의 방문이 입다에게 얼마나 의외의 일이었으며 충격적인 일이었는지 알 수 있습니다. "입다가 길르앗 장로들에게 이르되 '너희가 전에 나를 미워하여 내 아버지 집에서 쫓아내지 아니하였느냐? 이제 너희가 환난을 당하였다고 어찌하여 내게 왔느냐?'"

사실 길르앗 장로들이 찾아와 다시 이스라엘 백성으로 받아 준다고만 해도 대단한 일입니다. 그런데 한술 더 떠서 자신들의 장관이 되어 달라는 것입니다. 이 말을 어떻게 믿을 수 있습니까? 도대체 어떻게 이런 일이 일어날 수 있습니까?

이 한순간, 지난 세월이 마치 파노라마처럼 입다의 눈앞을 스치고 지나갔을 것입니다. 그는 어렸을 때부터 창녀의 아들이라는 놀림을 받으며 자랐습니다. 그때는 오직 복수해야겠다는 생각밖에 없었을 것입니다. 어쩌면 만만한 아이들을 두들겨 패면서 분노를 풀었을지도 모릅니다. 그런데 어느 순간, 그는 인격적인 하나님을 알게 되었습니다. 그때부터 핍박이 더욱 심해졌습니다. 급기야 길르앗 장로들이 부르더니 장로들의 결정이라고 하면서 길르앗 땅을 떠나 다시는 돌아오면 안 된다고 했습니다. 이스라엘에서 자신의 편을 들어 준 사람은 아무도 없었습니다. 그는 그렇게 맨손으로 쫓겨나 돕 땅에 와서 온갖 고생을 하면서 살아왔습니다.

그런데 지금, 자기를 쫓아냈던 바로 그 장로들이 찾아와서 자신들의 장관이 되어 달라고 애원하고 있는 것입니다. 그들이 자신에게 얼마나 깊은 상처를 주었습니까? 그들은 암몬 족속의 손에 망해 마땅한 사람들입니다. 그러나 입다는 그들을 사랑했습니다. 그들은 하나님의 백성이었기 때문입니다.

입다는 상황이 어떻게 되었길래 그들이 한번 쫓아냈던 자신을 찾아와 이런 제안을 하는지 그 이유를 물었습니다. 그들의 대답은 앞서 한 말과 동일했습니다. "길르앗 장로들이 입다에게 대답하되 '이제 우리가 당신을 찾아온 것은 우리와 함께 가서 암몬 자손과 싸우게 하려 함이니 그리하면 우리 길르앗 모든 거민의 머리가 되리라'"(11:8). 여기에서 과거를 길게 이야기하거나 잘잘못을 따질 수 없고, 어쨌든 중요한 것은 암몬과 싸우는 것이니 그들과 싸우기만 해 준다면 길르앗의 머리로 삼겠다는 것입니다.

사실 입다는 길르앗에 대해 할 말이 많습니다. 풀어야 할 감정도 있습니다. 그러나 불행히도 길르앗의 장로들은 그런 이야기를 할 시간이 없었습니다. 그들이 당면한 문제는 당장 암몬 족속과 싸워야 하는데 싸울 사람이 없다는 것입니다.

입다는 다시 그들에게 묻습니다. "입다가 길르앗 장로들에게 이르되 '너희가 나를 데리고 본향으로 돌아가서 암몬 자손과 싸우게 할 때에 만일 여호와께서 그들을 내게 붙이시면 내가 과연 너희의 머리가 되겠느냐?'"(11:9)

입다는 왜 자꾸 묻고 있습니까? 물론 일차적으로는 이것이 정말 믿어지지 않는 제안이었기 때문일 것입니다. '내가 길르앗으로 돌아가게 된 것이 정말 사실인가? 그것도 장로들의 부탁으로 장관이 되어 그들을 돕기 위해 가는 것이 맞는가?' 선뜻 믿을 수가 없었을 것입니다. 그러나 더 중요한 이유는 이렇게 거듭 질문함으로써 이것이 정말 하나님의 부르심인지, 아니면 장로들이 그냥 일시적인 감정으로 와서 하는 말인지 확인하려는 데 있었습니다. 만약 이것이 진정한 하나님의 부르심이라면 그는 암몬 사람을 이길 수 있을 것입니다. 그러나 길르앗 장로들이 단순히 자신을 이용하려는 것이라면 따라갈 필요가 없습니다. "정말 전쟁이 끝나면 나를 장관으로 삼겠느냐?"는 그의 질문에 그들이 "일단 이기고 난 후에 이야기하자"거나 "일이 다 끝난 후에 생각해 보자"고 한다면, 이것은 사람의 부름일 것입니다. 그러나 자신의 비천한 출생에도 불구하고 정말 지도자로 세울 각오를 하고 온 것이 분명하다면, 하나님의 부르심으로 보아도 될 것입니다.

장로들은 이 질문에 확실한 대답을 합니다. "길르앗 장로들이 입다에게 이르되 '여호와는 우리 사이의 증인이시니 당신의 말대로 우리가 반드시 행하리이다'"(11:10). 이 말을 들은 입다는 한때 자기를 쫓아냈던 장로들을 하나님이 보내심으로써, 다시 한 번 이스라엘 백성들을 섬길 수 있도록 자신을 부르신다는 사실을 확인했습니다.

하나님은 말씀으로 준비된 입다를 단순히 이국에서 잡류들과 함께 머물게 하지 않으셨습니다. 오해 마시기 바랍니다. 이것은 잡류들은 소중하지 않다는 말이 아닙니다. 하나님이 잡류들로 이루어진 이 작은 공동체를 통해 우상 숭배와 음란에 빠져 있는 이스라엘 백성 전체를 살리고자 하셨다는 것입니다. 그는 입다를 제도권 안에 다시 불러들이심으로써 제도권 전체를 개혁하고자 하셨습니다.

이번에 길르앗 장로들이 잘한 것이 무엇입니까? 자신들의 체면이나 위선을 다 버리고 하나님이 준비해 놓으신 사람 입다를 붙든 것입니다. 이것은 기도의 열매였습니다. 만약 그들이 기도하지 않았다면 입다라는 이 히든 카드를 볼 수 없었을 것입니다. 그들은 입다를 무조건 자신들의 머리로 삼는다는 데 뜻을 같이했습니다.

장로들이 해야 할 일이 바로 이런 것입니다. 현실을 있는 그대로 인정하고, 그 어려운 현실 속에서 하나님이 준비해 두신 사람을 찾아내야 합니다. 그리고 일단 그를 찾아낸 후에는 그에게 전권을 위임해야 합니다. 그래야 그가 일을 할 수 있습니다. 나중에 "급해서 부르긴 했지만 좀 찝찝하다"고 한다든지 옛날 일을 들추어내서 문제를 삼는다든지 하면 길르앗은 다시 혼란에 빠질 것입니다. 입다가 묻는 바가 바로 이것입니다. "일단 내가 머리가 되고 난 후에 엉뚱한 소리 하지 않고 무조건 따라오겠느냐?"는 거예요. 장로들은 그렇게 하겠다고 약속합니다.

마침내 입다는 그들을 따라나섭니다. "이에 입다가 길르앗 장로들과 함께 가니 백성이 그로 자기들의 머리와 장관을 삼은지라. 입다가 미스바에서 자기의 말을 다 여호와 앞에 고하니라"(11:11). 여기 나오는 "미스바"는 요단 서편 본토에 있는 미스바가 아닙니다. 미스바는 요단 동편에도 있었습니다. 입다는 거기에서 하나님 앞에 자기의 말을 다 고했습니다. 무슨 말을 고했을까요? 아마 감사의 기도를 드렸을 것입니다. "제가 이곳에서 쫓겨날 때는 살아서 다시 돌아오리라 생각지 못했는데 이렇게 돌아오게 하시는군요! 그것도 평범한 사람이 아니라 길르앗의 머리로 돌아오게 하시니 너무나 감사합니다. 이것은 당신이 하신 일입니다. 당신이 아니시라면 누가 이런 일을 행하겠습니까!" 그는 눈물을 흘리면서 하나님께 감사의 기도를 드렸을 것입니다.

하나님은 자기 백성을 다시 세상으로 돌아가게 하십니다. 그것도 그냥 돌아가게 하시는 것이 아니라 가장 존귀한 모습으로, 그들을 도와줄 수 있는 유일한 사람으로, 그들의 머리로 돌아가게 하십니다. 흩어진 가족이나 친구나 공동체와 하나 되는 길은 일일이 그들을 찾아다니면서 비위를 맞추는 것이 아닙니다. 하나님께 더 나아가는 것만이 그들과 하나 되는 길입니다. 하나님의 말씀을 더 깊이 알고 붙드는 것만이, 하나님을 더 사랑하고 가까이하는 것만이 찢어진 모든 관계를 회복하는 길입니다. 그러면 하나님이 다 다시 만나게 하시고 화해하게 하십니다. 그것도 그냥 다시 만나게 하시는 것이 아닙니다. 그들에게 내가 너무 필요하기 때문에 그들이 나를 찾아오지 않으면 안 되게 만드심으로써 다시 만나게 하십니다.

입다의 설명

입다는 암몬 사람들과 싸우기 전에 사신을 보내서, 왜 그들이 길르앗 땅을 빼앗으려고 해서는 안 되는지에 대해 길게 설명합니다. 이 입다의 설명을 들어 보면 그의 신앙과 인격을 잘 알 수 있습니다. 이 긴 설교는 입다의 사역에서 절정을 이루는 부분입니다.

그는 먼저 암몬 왕을 책망합니다. "입다가 암몬 자손의 왕에게 사자를 보내어 이르되 '네가 나와 무슨 상관이 있기에 내 땅을 치러 내게 왔느냐?'"(11:12). 여기에서 입다는 길르앗과 자신을 동일시하고 있습니다. 이것은 지금까지 외국에서 살다 온 사람이 하는 말 같지가 않습니다. 그는 이스라엘을 대표해서 암몬 왕을 향해 무슨 권리로 이 땅을 빼앗으러 왔느냐고 책망했습니다.

그러자 암몬 왕이 아주 품위 있게 대답했습니다. "암몬 자손의 왕이 입다의 사자에게 대답하되 '이스라엘이 애굽에서 올라올 때에 아르논에서부터 얍복과 요단까지 내 땅을 취한 연고니 이제 그것을 화평히 다시 돌리라'"(11:13). 이스라엘 백성들이 애굽에서 올라올 때 자기 땅인 길르앗 땅 아르논에서부터 얍복까지의 땅을 가져갔으니 이제 내놓으라는 것입니다. 다시 말해서 이스라엘은 애굽에서 올라온 사람들이고 자신들은 원래부터 여기에서 오래 살아온 사람들이니만큼 이스라엘 소유의 땅이 없는 게 정상이라는 거예요. 그러니 좋게 말할 때 순순히 내놓으라는 것입니다.

암몬 왕은 입다를 잘못 건드렸습니다. 입다는 성경에 정통한 사람이었습니다. 이스라엘의 역사에 대해 입다만큼 정확하게 알고 있는 사람이 없었습니다. 그는 출애굽의 모든 과정을 소상히 알고 있었습니다. 그는 15절부터 몇 가지 근거를 들어 암몬 왕의 주장을 반박하고 있습니다.

입다는 우선 이스라엘 백성들이 애굽에서 나와 광야의 경계선인 가데스까지 왔을 때의 이야기를 꺼냅니다. 그들은 가나안 땅에 들어가기 위해 에돔과 모압에 길을 내 달라고 부탁했습니다. 그런데 그들이 거절하는 바람에 억지로 우회해서 먼 길을 돌아 요단 동편까지 와야 했습니다. 그들은 이때도 아모리 왕 시혼에게 길을 지나가게 해 달라고 부탁했습니다. 그러나 그들은 단지 거절하는 데 그치지 않고 군사를 이끌고 나와 전쟁을 벌였습니다. 이스라엘 백성들은 그들과 싸우지 않을 수 없었고, 그 결과 시혼이 다스리고 있던 땅을 차지하게 되었습니다. 다시 말해서 길르앗 땅은 원래 암몬 사람의 것이 아니라 아모리 사람의 것이었는데 이스라엘이 전쟁에 승리해서 빼앗았다는 것입니다. 입다는 이것을 그들에게 적용시킵니다. "너희도 그모스 신을 믿지 않느냐? 만약 그모스가 너희에게 승리를 주면 그 땅을 갖지 않겠느냐? 우리도 우리 하나님 여호와께서 승리를 주셨기 때문에 이 땅을 가진 것이다"라는 거예요.

또 그는 "출애굽 때 모압 왕 발락은 꾀가 있어서 발람 선지자를 불러 이스라엘을 저주하게 했을지언정 직접 싸우려 들지는 않았는데, 너는 발락처럼 가만히 엎드려 있지 못하고 왜 싸우려 드느냐?"
고 합니다. 그뿐만 아니라 "이스라엘 사람들이 이곳에 산 지가 벌써
300년이 넘었는데, 지금껏 잠자코 있다가 왜 이제 와서 갑자기 소유
권을 주장하느냐?"고 반박합니다. 그리고 27절에서 이렇게 결론을
내립니다. "'내가 네게 죄를 짓지 아니하였거늘 네가 나를 쳐서 내
게 악을 행하고자 하는도다. 원컨대 심판하시는 여호와는 오늘날
이스라엘 자손과 암몬 자손의 사이에 판결하시옵소서' 하나."

입다가 암몬 왕에게 사신을 보내 이처럼 설교에 가까운 반박을
하는 이유가 무엇입니까? 암몬 왕이 자기 말을 듣고 물러나리라고
생각해서 이렇게 한 것은 아닙니다. 물론 그가 입다의 사리에 맞는
말을 듣고 물러나 준다면 그보다 더 좋은 일은 없겠지요. "지금까지
길르앗 땅이 원래 우리 것인 줄 알았더니 입다의 설교를 듣고 보니
아니었구나. 지금이라도 회개하고 돌아가야지"라고 한다면, 암몬
왕은 거의 천사급에 해당할 것입니다. 그러나 하나님과 그 백성들
을 업신여기고 공격을 감행한 그의 귀에 입다의 말이 들릴 리가 없
습니다. 그렇다면 입다가 이런 말을 한 것이 무슨 의미가 있습니까?

첫째로, 이것은 하나님께 드린 말이었습니다. 입다는 이 세상 모
든 일이 하나님의 주권 아래 있다는 것을 믿었습니다. 물론 이스라
엘 백성들이 하나님께 범죄해서 이렇게 고생하게 된 것은 당연한
결과입니다. 하나님을 믿는 사람들도 하나님의 뜻대로 살지 못할
때가 많고, 그러면 하나님이 그들을 징계하여 고난을 받게 하십니

다. 그러나 입다는 아무리 이스라엘 백성들이 잘못해서 이렇게 고난을 당하고 어려움을 겪는다 해도, 그것을 빌미로 하나님이 그 백성에게 주신 땅을 암몬이 빼앗으려 드는 것은 옳지 않다고 하나님께 고발하고 있는 것입니다. 이스라엘 사람들이 벌을 받아 고생하는 것은 어디까지나 하나님과 이스라엘 사람들 사이의 문제입니다. 암몬 왕이 끼어들 문제가 아니에요. 아무리 하나님의 백성들이 하나님께 연단을 받아서 사글셋집에서 살고 변변한 월급조차 받지 못한다 해도 다른 사람이 거기에 대해 왈가왈부할 수는 없습니다. 아무리 연약하고 부족해도 그들은 하나님의 소유입니다. 어느 누구도 그것을 빌미로 그의 머리카락 하나라도 건드리려 해서는 안 됩니다.

 세상의 특징은 누군가 약해 보이기만 하면 그대로 집어삼킨다는 것입니다. 그러나 하나님의 백성들은 아무리 연약해지고 낮아졌다 해도 여전히 하나님의 소유입니다. 그들의 것을 빼앗으려고 넘보는 것은 곧 하나님을 공격하는 것과 같습니다. 입다는 이스라엘이 비록 낮아져 있지만, 그렇다고 해서 암몬이 관여할 여지는 전혀 없다는 점을 분명히 했습니다.

 그뿐만 아니라 이 진술은 암몬 왕을 부추기고 있는 악의 세력에 대한 선포이기도 했습니다. 악의 세력이 가진 특징이 무엇입니까? 교만하고 혈기 있는 자들을 충동질해서 하나님의 백성들을 괴롭히는 것입니다. 그러나 하나님의 백성들에게 말씀의 역사가 회복되면 더 이상 그들을 속일 수 없습니다. 그 백성들의 눈이 다시 열리고 있을 때, 위대한 사고의 전환이 일어나고 있을 때, 어둠의 세력은 뒤로 물러나야만 합니다. 그들은 더 이상 무지와 미신으로 하나님의 백성들을 괴롭힐 수 없습니다. 길르앗의 장로들이 입다를 데리러 왔다는 것은 신령한 눈이 열리고 있다는 뜻이고 겸손을 회복하고 있다는 뜻입니다. 입다는 암몬 왕의 배후에 있는 악의 세력에게 선포하고 있습니다. "보아라! 우리에게는 말씀의 역사가 일어나고 있다. 눈이 열리고 있다. 겸손이 회복되고 있다. 이제 너희는 여기 와서 있을 이유가 없다!"

우리의 형편이 아무리 어려워도 하나님 앞에서 겸손을 되찾기만 한다면, 말씀의 역사가 나와 내 가족과 교회 안에서 일어나기만 한다면, 아무것도 두려워할 필요가 없습니다. 사탄은 더 이상 우리를 괴롭힐 수 없습니다.

오늘 우리가 다시 한 번 확인해야 할 것은 길르앗이 이스라엘 백성들에게 가지고 있었던 의미입니다. 길르앗은 하나님이 원래 주고자 하신 가나안 본토가 아니었습니다. 다시 말해서 신앙적으로는 그렇게 큰 의미가 있는 땅이 아니었다는 것입니다. 그러나 현실적으로는 아주 중요한 곳이었습니다. 초장이 훌륭했을 뿐만 아니라 왕의 길이 있어서 무역의 요지 역할을 했기 때문입니다. 이곳만 차지하고 있으면 엄청난 돈을 벌 수 있었습니다.

오늘 그리스도인들에게도 길르앗과 같은 것들이 있습니다. 신앙에 결정적인 영향을 주지는 않지만 현실적으로는 중요한 것들이 있습니다. 학벌이라든지 직책이라든지 집이나 땅이나 재산은 구원과 아무 상관이 없습니다. 그러나 현실적으로 살아 나가는 데에는 전부 중요한 것들입니다.

하나님은 이스라엘 백성들에게 가나안 본토뿐 아니라 길르앗 땅도 주셨습니다. 이것은 하나님이 구원만 중시하시는 것이 아니라 우리의 현실 문제도 무시하지 않으신다는 뜻입니다. 그리스도인들은 현실을 무시하지 않습니다. 단지 현실이 신앙보다 우선시될 때, 현실의 논리가 말씀보다 우위에 설 때, 하나님께 나아가지 못하게 만드는 걸림돌이 되는 것입니다. 그러나 우리가 하나님 앞에 돌아가기만 하면 길르앗 땅도 빼앗기지 않을 수 있습니다. 하나님은 우리의 현실을 무시하지 않으십니다. 다만 너무 현실에 빠진 나머지 하나님 잊는 것을 싫어하실 뿐입니다.

그러므로 세상이 나의 모든 것을 빼앗으려 할 때 우리는 먼저 하나님께 돌아와야 합니다. 그리고 하나님이 사람을 통해 일하신다는 것을 기억해야 합니다. 왜 사람을 통해 일하십니까? 우리의 겸손을 확인해 보시기 위해서입니다. 만일 길르앗 장로들이 입다에게 책망받는 것을 싫어했거나 신분 때문에 그를 거부했다면, 또는 일시적으로는 겸손한 체하면서 입다를 이용했다가 암몬 사람들이 물러간 후에 다시 배척했다면, 길르앗은 영원히 망해 버렸을 것입니다.

하나님이 나를 힘들게 하실 때, 무엇보다 다른 주의 백성들에게 복종하기 싫어했던 교만, 신앙생활을 하면서도 기꺼이 다른 사람 밑에 들어가기를 싫어했던 교만을 버려야 합니다. 그리고 일시적으로만 낮아지는 체할 것이 아니라 정말로 겸손해져야 합니다. 이 한 번의 어려움을 한평생 하나님 앞에 낮아질 수 있는 기회로 삼아야 합니다. 그러면 하나님이 세상에서 나에게 주신 길르앗, 즉 집이나 일터나 자격증처럼 구원에 결정적으로 중요한 요소는 아니지만 이 세상에서 적절하게 사용할 수 있으며 다른 사람을 도울 수 있는 것들을 회복시켜 주실 것입니다.

입다는 자신의 출신 때문에 대단히 불행한 성장 과정을 겪어야만 했습니다. 그는 창녀의 아들로서 어렸을 때부터 마음의 상처를 많이 받았습니다. 그러나 오히려 그런 어려움 때문에 인격적인 하나님을 알게 되었습니다. 정작 이스라엘 백성들은 하나님보다 현실을 더 중요하게 생각했습니다. 그러나 입다는 가난했고 억압받고 있었으며 사람들의 인정을 받지 못하고 있었기 때문에 더욱더 하나님을 가까이할 수 있었습니다. 그의 신앙은 마치 더러운 물에 핀 연꽃 같았습니다. 하나님이 직접 그를 양육해 주셨습니다.

그런데 문제가 무엇입니까? 이처럼 그가 말씀으로 준비되어 있었음에도 불구하고 알아주는 사람이 아무도 없었다는 것입니다. 오히려 사람들은 그를 미워하고 내쫓았습니다. 그는 하나님을 가까이했기 때문에 더 핍박을 받았습니다. 그러나 하나님을 가까이한 이것이 결국에는 문제를 푸는 열쇠가 되었습니다. 이스라엘에 위기가 닥쳤을 때 준비되어 있던 사람은 입다 한 명뿐이었습니다.

여러분 중에 성장 과정에 많은 아픔과 상처를 겪은 분이 있습니까? 아무도 알아주지 않는 천덕꾸러기로 자란 분이 있습니까? 하나님을 가까이하십시오. 그러면 그가 모든 것을 회복시켜 주실 것입니다. 나를 미워하던 사람들까지 다 나와 하나 되게 해 주실 것입니다.

길르앗의 살 길은 그 장로들이 겸손을 되찾는 데 있었습니다. 만약 그들이 위신이나 체면을 생각했다면 영원히 망하고 말았을 것입니다. 길르앗 장로들이 문제의 심각성을 깨닫고 하나님 앞에 철저하게 회개했을 때, 그들의 눈에는 입다라는 히든 카드가 보였습니다. 그들이 끝까지 교만했다면 자신들이 미워해서 쫓아 버린 기생의 아들이 눈에 들어왔을 리가 없습니다. 그러나 그들은 입다를 찾아가 자신들의 머리로 삼을 만큼 겸손을 회복했습니다.

하나님은 사람을 통해 일하심으로써 우리의 겸손을 테스트하십니다. 하나님께 대한 나의 태도는 반드시 사람을 통해 확증되게 되어 있습니다. 다른 사람을 인정하지 않는 신앙은 신앙이 아닙니다.

또한 우리는 한 번만 일시적으로 겸손해지면 안 됩니다. 나에게 닥친 어려움을 기회로 삼아 철저하게 자신을 낮추어야 합니다. 그럴 때 하나님이 감춰 놓으신 보물들이 눈에 들어오기 시작합니다. 겸손해지기만 하면 우리의 삶 전체가 보물찾기가 됩니다. 동시에 우리는 우리 가족과 주위 사람들의 마음 또한 겸손해져서 실제적인 사고방식을 갖게 되기를 계속 기도해야 합니다. 기생의 아들이 장관이 되면 어떻습니까? 나라 전체를 구하는 것이 더 중요하지 않습니까?

마지막으로, 오늘 우리의 길르앗이 무엇인지 생각해 보시기 바랍니다. 그것이 하나님보다 더 중요한 자리를 차지하지 않게 하십시오. 그러나 예수를 믿는다고 해서 현실을 완전히 무시하고 수도승처럼 살아야 하는 것은 아닙니다. 포기할 것은 포기해야 하지만 건질 것은 건져야 합니다. 길르앗은 하나님이 주신 귀중한 선물입니다. 하나님은 구원에 결정적인 영향은 미치지 않지만 세상에서 적절하게 사용할 수 있는 선물들을 주십니다. 하나님이 주시지 않은 것은 포기하십시오. 그러나 하나님이 주신 것은 절대 잃지 마시기 바랍니다.

3
입다의 서원

> ······ "주께서 과연 암몬 자손을 내 손에 붙이시면 내가 암몬 자손에게서 평안히 돌아올 때에 누구든지 내 집 문에서 나와서 나를 영접하는 그는 여호와께 돌릴 것이니 내가 그를 번제로 드리겠나이다" ······
>
> 사사기 11:29-40

국가 원수가 어느 나라를 방문하든지 반드시 찾아가서 헌화하는 곳이 있습니다. 바로 그 나라 '무명 용사의 비'가 있는 곳입니다. 그 나라를 지키기 위해 이름 없이 죽어간 젊은 용사들의 희생에 경의를 표하는 것은, 그 나라 국민 전체에게 진심으로 경의를 표하는 일이 됩니다.

우리나라 민주주의가 오늘의 수준에 이르기까지 결코 지워질 수 없는 이름들이 있습니다. 그것은 유명한 정치인들이나 학자들의 이름이 아닙니다. 전혀 알려지지 않았던 청년들의 이름입니다. 그들의 죽음은 역사의 흐름을 바꾸어 놓았습니다. 예를 들어 4·19 때 마산의 김주열이나 80년대 군사 독재 시절의 박종철 같은 청년은 어떤 의미에서 아무것도 모른다고 할 수 있는 젊은 학생들이었습니다. 그러나 그들의 희생은 사람들에게 문제의 심각성을 느끼게 했고, 더 이상 가만히 앉아서 자유를 유린당하는 상태에 머물러서는 안 된다는 자각을 불러일으켰습니다. 그들은 우리에게 주어진 자유가 얼마나 값비싼 것이며 고귀한 것인지 깨닫게 해 주었습니다. 이런 값비싼 희생이 없는 한, 자기에게 주어진 자유가 얼마나 소중한 것인지 깨닫지 못하는 것이 우리 인간이라는 존재입니다.

길르앗 사람들에게도 이런 희생이 있었습니다. 그것은 입다 딸의 죽음이었습니다. 길르앗 사람들은 암몬 족속들의 침략을 받아 존폐의 위기에 처해 있었습니다. 그래서 길르앗의 장로들은 기생의 아들로 추방했던 입다를 다시 데려와 자신들의 지도자로 삼았습니다. 입다는 암몬 족속들과 싸우러 나가기 전에 하나님께 한 가지 서원을 했습니다. 자기가 이겨서 살아 돌아온다면 자기 집에서 가장 먼저 나와 맞이하는 사람을 하나님께 바치겠다는 것입니다. 그런데 그가 승리하고 돌아왔을 때 그 승리를 축하하기 위해 소고를 치며 뛰어나온 사람은 바로 입다의 무남독녀 외딸이었습니다. 결국 그 딸은 아버지의 서원 때문에 죽어야 했습니다.

이것이 길르앗 사람들에게는 그렇게 가슴 아픈 일일 수가 없었습니다. 아버지가 암몬을 무찌르고 돌아온 그날, 아무것도 모르는 죄 없는 딸이 승리를 축하하기 위해 나갔다가 죽게 되었습니다. 암몬

만 없었더라도 이런 희생은 치르지 않아도 되었을 것입니다. 이 딸의 아까운 죽음은 길르앗 처녀들뿐 아니라 모든 길르앗 사람들의 가슴 속에 두고두고 아픈 상처가 되었습니다.

이 죽음은 그들에게 자유의 소중함을 가르쳐 주었습니다. 그러나 이것은 단지 자유의 소중함에만 관련된 일이 아니었습니다. 사실 이 모든 비극의 원인은 죄에 있었습니다. 이 사건은 그들 안에 있는 죄의 심각성과, 그 죄가 치료받기까지 얼마나 무서운 희생이 있어야 하는지를 두고두고 생각하게 했습니다.

입다의 서원

전쟁에 나가기 전, 입다는 하나님의 성령이 강하게 임하시는 체험을 했습니다. "이에 여호와의 신이 입다에게 임하시니 입다가 길르앗과 므낫세를 지나서 길르앗 미스베에 이르고 길르앗 미스베에서부터 암몬 자손에게로 나아갈 때에"(11:29).

우리가 사사기에서 반복하여 보게 되는 일은 사사들이 전쟁에 나가기 전에 성령이 임하시는 체험을 하는 것입니다. 구약성경 중에 사사기만큼 빈번하게 성령의 기름 부음과 역사에 대해 말씀하는 책이 없습니다. 사사들은 자기 힘으로 나가 싸운 것이 아니었습니다. 성령의 능력이 임하기 전에는 그들 역시 능력 면에서 다른 사람들과 조금도 다를 바 없는 평범한 사람들이었습니다. 그런데 성령이 그들을 완전히 바꾸어 놓으셨습니다. 미련한 자를 지혜롭게 만드셨고, 비겁한 자를 용기 있게 하셨으며, 무능한 자를 엄청난 권능으로 옷 입혀 주셨습니다.

사사기는 바로 오늘 교회 시대를 보여 주는 말씀입니다. 오늘 우리 그리스도인들이 세상을 이기는 힘 또한 오직 성령의 능력에서 나옵니다. 우리는 무능하고 걱정 많고 비겁한 사람들입니다. 그러나 하나님의 손에 붙들리기만 하면 도저히 상상할 수 없었던 엄청난 일을 능히 감당할 수 있습니다.

길르앗 장로들이 입다를 찾아서 데려온 이유가 여기에 있었습니다. 그들은 아무리 이기기 힘든 전쟁이라도 하나님이 세우신 사람만 내세우면 반드시 이긴다는 믿음을 가지고 있었습니다. 무려 18년 동안이나 암몬 사람들에게 학대와 착취를 당했고 이제는 아예 삶의 기반 자체를 빼앗길 위기에 처해 있지만, 그럼에도 불구하고 하나님이 준비하신 사람만 찾아내면 이 위기를 이길 수 있다는 믿음이 있었습니다.

이 신약 시대에 우리가 가지고 있는 믿음은 무엇입니까? 내가 아무리 연약하고 학벌도 없고 알아주는 사람 또한 없다 해도, 일단 하나님의 손에 붙들리기만 하면 못할 일이 없다는 것입니다. 그러므로 우리에게 가장 중요한 것은 하나님이 나를 붙들고 계시느냐 아니냐, 주님이 나와 함께하시느냐 아니냐 하는 것입니다. 우리는 나를 향한 주님의 뜻을 확인하고 그의 손에 온전히 붙들리기 위해 오랜 시간에 걸쳐 연단을 받습니다. 그러나 일단 그 뜻만 확인되면 일은 이미 끝난 것이나 다름없습니다. 그때부터는 더 이상 내 힘으로 싸울 필요가 없기 때문입니다. 상상할 수 없는 하나님의 힘과 능력이 나를 통해 나타나게 되어 있습니다.

그러나 오늘 말씀의 주안점은 입다의 승리에 있지 않습니다. 입다는 암몬과의 전쟁에 나가기 전에 하나님께 한 가지 서원을 합니다. 이것이 문제입니다. "그가 여호와께 서원하여 가로되 '주께서 과연 암몬 자손을 내 손에 붙이시면 내가 암몬 자손에게서 평안히 돌아올 때에 누구든지 내 집 문에서 나와서 나를 영접하는 그는 여호와께 돌릴 것이니 내가 그를 번제로 드리겠나이다' 하니라" (11:30-31).

여기에서 중요한 것은 왜 입다가 전쟁에 나가기 전에 하나님께 서원을 했을까 하는 점입니다. 입다가 즉흥적으로 서원을 했다고는 생각되지 않습니다. 그는 충분히 생각한 후에, 길르앗 미스베를 지나면서 부하들이 다 들을 수 있도록 공개적으로 하나님께 서원했던 것 같습니다.

입다는 "내 집 문에서 나와서 나를 영접하는 그"를 바치겠다고 합니다. 이것은 분명히 사람을 의미하는 말입니다. 양이나 소 같은 가축이 먼저 뛰어나와 자신을 맞이하리라고 생각해서 이런 말을 하지는 않았을 것입니다. 더구나 길르앗 전체의 사활이 걸린 엄청난 전쟁에 나가면서 가축을 바치겠다는 서원을 했을 것 같지는 않습니다. 그는 분명히 사람을 염두에 두고 이 서원을 했습니다. "내 집 문"이라고 했으니 자기 집 식구나 하인이나 종 가운데 누구든지 하나님이 지정하시는 자를 번제로 드리겠다고 말한 것이 분명합니다.

그런데 문제는, 이스라엘 율법이 사람을 바치는 인신제사를 하나님이 가장 싫어하시는 일로 규정하고 있다는 데 있습니다. 그 당시 암몬이나 모압에는 사람을 죽여서 제사를 드리는 풍습이 있었습니다. 하나님은 이런 인신제사를 가장 싫어하고 증오하셔서, 이스라엘 백성들은 어떤 경우에도 이런 제사를 드리지 못하게 하셨습니다. 그런데 하나님이 세우신 지도자 입다가 이런 인신제사의 서원을 한 것입니다.

여기에 대해 몇 가지 입장을 생각할 수 있습니다. 첫번째는 입다의 신앙도 이방인의 신앙에 오염되었다고 보는 입장입니다. 입다가 암몬 왕을 꾸짖는 내용을 보면 대단히 성경적인 신앙을 가졌던 것 같지만, 그럼에도 불구하고 그 당시 이스라엘이 워낙 이방 신앙에 오염되어 있다 보니 다급한 상황에서 자기도 모르는 사이에 이런 서원이 튀어나왔다고 보는 것입니다. 다시 말해서 입다의 신앙에도 혼동된 부분이 있었다는 것이지요. 이처럼 입다 같은 사람에게도 여호와 신앙과 이방 신앙이 혼합된 부분이 있었을 정도로 이스라엘 백성들의 신앙이 전반적으로 오염되어 있었다고 보는 것이 첫번째 입장입니다.

두번째 입장은 입다의 서원이 절대 인신제사를 의미할 리가 없다고 보는 것입니다. 하나님이 이스라엘의 구원자로 택하셨으며 그토록 성경적인 신앙을 가지고 있던 입다가 하나님이 가장 싫어하시는 인신제사를 드리겠다고 서원했을 리가 없다는 것이지요. 이런 입장을 가진 사람들은 입다가 사람을 죽여서 제사를 드리겠다는 의미로 이런 말을 했다기보다는 그 사람을 특별히 하나님께 헌신하게 만들겠다는 의미에서 이런 말을 했을 것이라고 생각합니다. 예를 들어 여자라면 성전에서 수종드는 여자가 되게 하는 식으로, 남종이나 여종이나 식구들 중에 가장 먼저 나오는 자를 구별해서 죽을 때까지 하나님께 헌신하게 하겠다는 뜻으로 해석하는 것입니다. 그러나 만약 그 정도의 헌신이라면 딸의 죽음이 이토록 애통할 일이 되거나 심각한 문제가 되지는 않았을 것입니다.

세번째 입장은 입다가 불신앙 때문에 이런 서원을 했다고 보는 것입니다. 전쟁에 나가기 전에 성령이 힘을 주셨고 자기 안에 성령의 감동이 있었음에도 불구하고, 입다는 승리를 확신하지 못했던 것 같습니다. 이번 전쟁에는 온 길르앗 사람이 사느냐 죽느냐 하는 문제가 달려 있습니다. 만약 이기면 전부 살 것입니다. 그러나 지면 전부 죽을 것입니다. 그때 입다가 무슨 생각을 했을까요? 아마 자신들이 나가서 목숨을 걸고 싸우는 것만큼 남아 있는 사람들 또한 죽을 각오를 해야 한다는 생각을 했을 것입니다.

좋은 예는 아닙니다만, 백제의 마지막 장수 계백은 신라와 싸우러 나가기 전에 아내와 딸들을 자기 손으로 죽였습니다. 그 이유가 무엇입니까? 그는 자기 군사 5,000명으로 신라 군사 50,000명을 이기지 못한다는 사실을 누구보다 잘 알고 있었습니다. 싸우러 나가긴 하지만 이기지 못하고 다 죽을 것이며 백제는 망하리라는 것을 알고 있었어요. 그래서 미리 아내와 딸들을 죽이고 전쟁터에 나간 것입니다. 얼마 전 부여 부근에 갔을 때 부소산성과 3,000 궁녀가 떨어져 죽었다는 낙화암에 가 볼 기회가 있었습니다. 아득한 옛날 이야기인데도 얼마나 마음이 아팠는지 모릅니다.

저는 입다의 마음이 계백의 마음과 아주 비슷했을 것이라고 생각합니다. 그는 전쟁에 나가면서도 승리를 확신하지 못했던 것으로 보입니다. 그를 자꾸 괴롭힌 것이 무엇입니까? 자신들은 전부 몰사하고 가족들은 적의 칼에 유린당하는 최악의 상황이 벌어질지도 모른다는 불길한 예감입니다. 아마 그는 이것을 기정사실로 여기면서 '우리는 지금 나가면 전부 죽는다. 그러나 만에 하나 살아 돌아올 수만 있다면 성에 남아 있는 식구 중 한 사람을 바치는 것이 뭐가 그리 대단하겠는가! 도저히 이길 수 없는 이 전쟁에서 혹시라도 우리가 이겨서 살아 돌아오는 기적 같은 일이 일어난다면, 기꺼이 한 사람을 하나님께 바치겠다' 고 생각했던 것 같습니다.

물론 이것은 이상하기 짝이 없는 논리입니다. 그러나 자기도 전쟁터에서 살아올 가능성이 없고 남은 가족들도 살릴 가능성이 없는 장수의 입장에서 본다면, '전부 다 죽을 수밖에 없는 이런 상황에서 승리라는 엄청난 기적과 행운을 얻을 수만 있다면 무슨 일인들 못하랴' 하는 비장한 생각을 했을 수도 있겠다는 생각이 듭니다. 즉 자기 집 식구 중 하나를 희생시킴으로써 길르앗 사람 전체를 살릴 수만 있다면 기꺼이 그렇게 하겠다는 생각을 했을 수 있다는 것입니다. "하나님, 이번 전쟁에서 우리가 살아남을 가능성은 조금도 없습니다. 전쟁에 나가면 우리는 다 죽습니다. 그리고 여기 남아 있는 길르앗 사람들도 다 죽을 것입니다. 그런데 만약 우리 식구 중 한 사람이 희생됨으로써 길르앗 사람 전체가 살 수만 있다면 기꺼이 그렇게 하겠습니다." 그의 기도는 아마 이런 뜻이었을 것입니다.

물론 이런 서원은 불신앙에서 나온 것입니다. 입다는 자신이 하나님의 택함을 받은 사람이며, 하나님의 성령이 함께하시는 이상 어떤 적이라도 이길 수 있다는 것을 믿었어야 합니다. 그러나 그의 마음에는 이런 믿음이 없었습니다. 불길한 생각이 자꾸 그를 지배했습니다. 그래서 결국 시키지도 않은 조건부 서원을 하기에 이르고 말았습니다.

서원의 바른 의미

원래 서원이란 감사제의 일종입니다. 즉 하나님의 은혜가 너무 감사해서 그것을 헛되이 하지 않기 위해 자신이 누리고 있는 행복의 일부를 포기하거나 어떤 희생을 감수하기로 하나님께 자진해서 약속하는 것입니다. 그런데 불행히도 은혜에 대한 감사로 드렸던

이 서원은 불신앙에 기인한 일종의 조건부 약속으로 변질되고 말았습니다. 입다의 서원은 그 대표적인 사례라고 할 수 있습니다.

우리는 어려운 일이 닥쳤을 때 하나님께 기도로 맡기고 그의 도우심을 믿어야 합니다. 그러나 상황은 다급하고 해결의 가능성은 전혀 보이지 않을 때, 사람들은 마치 지푸라기라도 잡고 싶은 심정으로 서원을 합니다. "하나님, 이 문제만 해결해 주시면 집을 바치겠습니다"라든지, "아들을 주시면 목회자로 바치겠습니다" 하는 식으로 조건부 약속을 내거는 것입니다. 그러나 성경은 무엇이라고 말씀하고 있습니까? 하나님은 우리가 말씀드리기도 전에 이미 무엇이 필요한지 알고 계신다는 것입니다. 우리가 그런 조건을 달지 않아도 하나님은 우리에게 은혜 주기를 기뻐하시며 우리를 어려움에서 건져 주기를 기뻐하십니다. 그럼에도 불구하고 불신앙 때문에 이렇게 조건을 내걸게 되면, 하나님이 응답하신 후에 그 서원이 올무가 되어 두고두고 발목을 잡는 일이 벌어집니다.

암 진단을 받고 무척이나 낙심하고 절망한 부인이 있었습니다. 그런데 나중에 정밀 검사를 해 보니 다행히도 암이 아니라는 판정이 나왔습니다. 그는 너무 기쁘고 감사한 나머지 암 치료비에 해당하는 돈을 전부 병원에 기부하면서 가난한 의대생을 위하여 써 달라고 했습니다. 이를테면 이것이 제대로 된 서원입니다. 그 돈을 맛있는 것 사 먹고 좋은 옷 사 입는 데 다 써 버리면 지금 이 감사와 기쁨을 다 잊어버릴 테니까, 이 마음을 계속 간직하기 위해 자신의 것을 일부 포기한 이것이 진정한 의미의 서원입니다.

그런데 이 부인이 하나님께 먼저 조건을 제시했다고 가정해 봅시다. "하나님, 제가 암이라고 합니다. 이 병을 낫게만 해 주시면 1,000만 원을 가난한 의대생에게 주겠습니다." 그런데 의사가 정밀 검사를 해 보더니 오진이라는 거예요. 그러면 그때부터 갈등이 생기기 시작합니다. '오진을 두고 서원한 것도 과연 서원이라고 할 수 있을까? 500만원으로 깎으면 안 될까? 내가 이 돈을 벌기 위해 얼마나 극성을 떨었는데! 안 되겠다, 300으로 줄이자.' 사실은 한 푼도 안 내도 하나님이 이미 해결해 주시려고 했습니다. 그런데 하나님보다 앞서 나가는 바람에 그것이 올무가 되어서, 하나님께 영광을 돌리며 기뻐해야 할 때 오히려 시험에 들게 되는 것입니다.

서원은 하나님의 은혜를 잊지 않기 위해 하는 것이며, 하나님이 주신 축복을 헛되이 하지 않기 위해 하는 것입니다. 이것이 조건이 되면 안 됩니다. 감당하지도 못할 서원을 조건으로 제시하면, 나중에 그 서원이 올무가 되어 발목을 잡게 됩니다.

입다의 경우는 어떻습니까? 하나님이 자신을 세우셨으면, 자신이 능력이 있든 없든 잘났든 못났든 무조건 이기게 하신다는 것을 믿었어야 합니다. 설사 자기가 하나님 앞에서 잘못한 일이 있다 해도 이기게 하신다는 것을 믿었어야 합니다. 하나님은 입다의 서원과 상관없이 그를 도우시기로 이미 작정하셨습니다. 그런데 그것을 믿지 못하고 조건부 서원을 하는 바람에, 그는 하나님 앞에 기뻐 뛰며 영광을 돌려야 할 승리의 날에 오히려 비통한 눈물을 흘려야 했습니다.

우리는 아무리 어렵고 힘들고 절박한 순간을 만난다 해도 조용히 하나님을 기다리는 훈련을 해야 합니다. 아무리 상황이 급격하게 돌아가고 당장 죽을 것 같아도 입을 꾹 다물고 조용히 하나님을 기다리는 훈련을 해야 해요. 왜 그동안을 참지 못하고 조건부 서원을 내걸어서 하나님을 앞지르려 합니까? 내가 먼저 약속해 버리고 내가 먼저 선수쳐 버리면 하나님이 주시는 큰 구원의 날에 오히려 자기 욕심의 올무에 걸리거나 비통한 눈물을 흘리게 됩니다.

그래서 우리 믿음의 선배들은 어려운 때에 그 무엇보다 자신의 입을 단속하기 위해 많은 훈련을 했습니다. 그들은 자기 속에서 불평의 소리가 터져 나올 때 입에 손을 대고 "쉿!" 하면서 조용히 하나님의 구원을 기다렸습니다. 문제가 중대하면 중대할수록, 상황이 급박하면 급박할수록 더 입을 열지 않았어요. 이것은 하나님의 개입을 기다린다는 표시였습니다. 예수님은 제자들에게 이렇게 말씀하셨습니다. "오직 너희 말은 '옳다' '옳다', '아니라' '아니라' 하라. 이에서 지나는 것은 악으로 좇아 나느니라"(마 5:37).

저도 예전에는 자주 식언을 하곤 했습니다. 물론 나쁜 의도에서 그런 것은 아니었습니다. 오히려 반대로 교인들을 너무 사랑하고 그들에게 너무 관심이 많은 나머지 "곧 괜찮아질 것입니다. 다 잘될 것입니다"라고 저의 희망사항을 말했던 것입니다. 그러나 하나님의 행하심은 저의 기대와 다를 때가 많았습니다. 그러면 저는 그분들에게 사과하면서 제가 쏟은 말을 주워 담아야 했습니다. 그때 저는 하나님보다 앞서 나가는 것이 죄라는 것을 알았습니다.

하나님은 우리 형제와 자매들을 어려움에서 건지시는 일에 굉장한 열정을 가지고 계십니다. 그는 이들의 어려움에 무관심한 분이 아닙니다. 이들의 어려움을 누구보다 잘 알고 계시며 누구보다 가슴 아파하고 계십니다. 그런 하나님이 침묵을 지키고 계신데 내가 그 앞에서 하나님보다 더 가슴 아파하고 하나님보다 더 앞장서서 이러쿵저러쿵 하는 것은 그 사람의 마음을 얻으려는 행동에 지나지 않습니다. 아무리 내가 그 사람을 사랑하고 그 사람의 문제로 가슴이 아파도 하나님보다는 덜하다는 것을 알아야 합니다. 하나님의 아픔이 우리보다 덜할 수가 없어요. 우리가 울 때 하나님은 통곡하십니다. 그럼에도 불구하고 하나님이 무슨 뜻이 있어서 침묵을 지키고 계시는데, 우리가 사람의 마음을 얻으려고 하나님보다 앞질러 말하는 것은 죄짓는 것입니다.

입다의 서원은 그의 자아상과 어떤 관계가 있었을까요? 입다처럼 정상적인 가정에서 자라지 못하고 결손가정에서 자란 사람은 자아상이 일그러져 있을 가능성이 큽니다. 그런 사람은 어떤 일을 맡아도 패배적인 생각에 지배당하기 쉽습니다. '나는 못해. 나는 한 번도 제대로 성공해 본 적이 없어. 이번에도 틀림없이 실패할 거야. 군사들은 다 죽고 집에 남아 있는 식구들도 전부 죽임을 당하든지 노예로 끌려갈 거야' 하는 식의 생각을 하기 쉬운 것입니다.

그러나 입다의 경우는 자아상의 문제로 볼 수 없습니다. 하나님은 자아상이 치료되기 전에 이런 큰 일을 맡기시지 않기 때문입니다. 하나님은 이런 큰 일을 감당하기 전에 반드시 그의 자아상부터 치료해 주십니다. "나는 너를 사랑한다. 너는 결손가정에서 자라났다고 생각할지 몰라도, 나는 네 아버지다. 내가 너를 지켜 주겠다"고 하시면서 수없이 사랑을 확신시킴으로써 자아상을 치료해 주십니다.

따라서 표면적으로는 입다가 이런 서원을 한 것이 자아상의 문제처럼 보여도, 실제로는 그렇지 않습니다. 하나님은 자아상 때문에 이런 큰 비극이 생기도록 내버려 두지 않으십니다. 그러면 무엇이 문제입니까? 이 일은 하나님이 입다를 택하시고 함께하셨음에도 불구하고 믿음에 서지 못한 채 눈에 보이는 현실에 지배당한 불신앙의 소산입니다.

승리 이후

입다는 자신의 예상과 달리 엄청난 승리를 거두었습니다. "이에 입다가 암몬 자손에게 이르러 그들과 싸우더니 여호와께서 그들을 그 손에 붙이시매 아로엘에서부터 민닛에 이르기까지 20성읍을 치고 또 아벨 그라밈까지 크게 도륙하니 이에 암몬 자손이 이스라엘 자손 앞에 항복하였더라"(11:32-33).

유감스러운 것은 여기에 나오는 지명들을 확인할 수 없다는 것입니다. 아로엘과 민닛, 아벨 그라밈은 암몬 지역의 도시 이름으로 생각됩니다. 아마 그 당시 사람들은 이 도시들을 잘 알고 있어서 그 이름만 들어도 입다의 승리가 얼마나 엄청난 것이었는지 알 수 있었을 것입니다. 그러나 우리는 유감스럽게도 너무 먼 시대에 살고 있고 지금은 이 도시들이 남아 있지도 않기 때문에 입다의 승리가 얼마나 엄청나고 큰 것이었는지 그저 짐작만 할 수 있을 뿐입니다. 아마 입다는 암몬 자손들의 영토 깊숙이 치고 들어가 그 나라의 주요 지역들을 점령하고 결국 암몬 전체의 항복을 받아 내는 대승리를 거둔 것 같습니다.

여기에서 우리가 알 수 있는 것이 무엇입니까? 이스라엘 백성들에게는 아직도 많은 문제가 있었습니다. 길르앗 장로들이 입다를 데려왔다고 해서 그들의 죄가 완전히 해결된 것은 아니었습니다. 그리고 입다 자신도 승리를 자신하지 못하고 있었습니다. 그러나 하나님은 이런 이스라엘 백성들의 형편이나 입다의 사정과 상관없이 그들에게 승리를 주셨습니다.

하나님은 우리에 대해 가지고 계신 선한 계획을 우리의 상태와 상관없이 이루십니다. 우리를 축복하려고 작정하셨으면 비록 우리가 준비되어 있지 않다고 해도 반드시 축복하십니다. 또 무언가를 주려고 작정하셨으면 비록 우리가 부족하고 마음속에 의심이 있다고 하더라도 생각하신 것을 반드시 주십니다. 그러므로 하나님이 어떤 축복이나 귀중한 선물을 주실 때 그것을 자신의 믿음에 따른 당연한 결과로 생각해서는 안 됩니다. 하나님이 그 좋은 것을 주시려고 이미 작정하셨고, 나의 상태나 믿음과 상관없이 그 작정한 일을 실천하신 것뿐입니다. 그러므로 하나님이 나에게 놀라운 승리와 큰 이김을 주셨을 때, 그 모든 것이 나의 공로와 상관없이 하나님의 열정에서 나온 결과임을 깨닫고 더 겸손해져야 합니다.

이스라엘 백성들의 죄는 아직 해결되지 않았고 입다도 승리를 확신하지 못했습니다. 아마 우리가 하나님이라면 이런 모습에 실망해서 축복을 보류하려고 할 것입니다. 그러나 하나님은 우리의 모습이 아무리 실망스러워도 보류하지 않고 그대로 주십니다. 저는 누구에게 좋은 선물을 줄 생각을 했다가도 그 사람의 상태가 좋지 못하면 그 생각을 철회하고 싶을 때가 많습니다. 그럴 때마다 드는 생각은 '만약 하나님도 나에게 좋은 것을 주려고 하시다가 내 상태가 좋지 못한 것을 보고 실망해서 취소하시면 어떻게 하나? 그러면 내가 더 손해잖아' 하는 것입니다. 그래서 한번 좋은 마음을 먹었으면 상대방의 상태나 기분에 상관없이 웬만하면 그대로 실천하려고 합니다. 다른 사람보다 사랑이 많아서가 아닙니다. 하나님을 생각하니까 뒤꼭지가 당겨서 그렇습니다. 하나님이 나의 상태를 보시고 좋은 계획을 취소하시면 큰일 아닙니까? 그래서 저도 취소하지 못합니다. 그렇다 해도 우리는 다른 사람에 대해 팔이 길어졌다 짧아졌다 할 때가 많습니다. 그러나 하나님은 그렇지 않으십니다. 선한 계획이 있으면 일방적으로 이루십니다.

딸의 죽음

입다가 암몬 족속에게 항복을 받고 돌아오는 날, 입다의 무남독녀가 아버지의 승리를 축하하기 위해 소고를 치며 가장 먼저 뛰어나왔습니다. 이것은 입다가 전혀 생각지 못한 일이었습니다. "입다가 미스바에 돌아와 자기 집에 이를 때에 그 딸이 소고를 잡고 춤추며 나와서 영접하니 이는 그의 무남독녀라"(11:34).

아마도 입다는 승리의 기쁨 때문에 자기 딸을 보기 전까지는 자기가 서원했다는 사실조차 잊고 있었을지 모릅니다. 그런데 가장 먼저 자신을 축하하러 나온 사람은 바로 하나밖에 없는 자신의 딸이었습니다. 사실 딸의 입장에서 보면 이것은 당연한 일입니다. 누구보다 먼저 아버지의 승리를 축하하는 것이 딸의 도리가 아니겠습니까?

그러나 입다는 딸을 본 순간 하나님께 서원한 것이 생각났습니다. "입다가 이를 보고 자기 옷을 찢으며 가로되 '슬프다, 내 딸이여! 너는 나로 참담케 하는 자요 너는 나를 괴롭게 하는 자 중의 하나이로다. 내가 여호와를 향하여 입을 열었으니 능히 돌이키지 못하리로다'"(11:35).

입다는 하나님이 주신 놀라운 승리의 날에 자신의 서원에 발목이 잡혀 가장 슬퍼하고 비통해하게 되었습니다. 사령관이 이렇게 비통해하는데 어느 누가 축하의 노래를 부르며 춤을 출 수 있었겠습니까? 모든 백성이 마치 부끄러운 승리를 거두기라도 한 것처럼 슬금슬금 다른 사람의 눈치만 보았을 것입니다. 입다가 하지 말았어야 할 서원을 하는 바람에 가장 크게 즐거워하며 해방과 자유의 기쁨을 나누어야 할 시간이 임박한 처녀의 죽음을 슬퍼하는 시간으로 바뀌고 말았습니다.

이런 일은 사울 왕 때도 있었습니다. 요나단이 블레셋 군대와 싸울 때 사울이 전군에 금식을 명하는 바람에 다 이긴 싸움을 놓칠 지경이 되었습니다. 이스라엘 백성들은 하나님이 승리를 주시는데도 이 금식령 때문에 힘이 없어서 블레셋을 끝까지 추격하지 못했고, 왕의 명령을 듣지 못해서 꿀을 찍어 먹은 요나단은 죽임을 당할 위험에 처했습니다. 그 승리의 순간에, 블레셋 사람을 한 명이라도 더 쫓아가서 없애야 할 그때, 그들은 금식령의 올무에 걸려서 아무것도 할 수가 없었습니다. 이것은 하나님의 길을 거꾸로 가는 것입니다.

입다 또한 약간의 불신앙 때문에 놀라운 승리의 순간에 오히려 "내가 여호와를 향하여 입을 열었으니 능히 돌이키지 못하리로다" 하며 하나님을 원망하게 되었습니다. 그때 입다의 딸이 이렇게 말했습니다. "딸이 그에게 이르되 '나의 아버지여, 아버지께서 여호와를 향하여 입을 여셨으니 아버지 입에서 낸 말씀대로 내게 행하소서. 이는 여호와께서 아버지를 위하여 아버지의 대적 암몬 자손에게 원수를 갚으셨음이니이다.' 아비에게 또 이르되 '이 일만 내게 허락하사 나를 두 달만 용납하소서. 내가 나의 동무들과 함께 산에 올라가서 나의 처녀로 죽음을 인하여 애곡하겠나이다'"(11:36-37).

입다의 딸은 놀라운 믿음의 소유자였습니다. 그는 아버지의 서원을 그대로 행하라고 말합니다. 율법에서 딸의 서원은 아버지가 취소할 수 있었습니다. 그러나 아마 아버지의 서원을 딸이 취소할 수는 없었을 것입니다. 그렇다 해도 생명이 걸린 일인데 어떻게 본인의 의사와 상관없이 결정할 수 있겠습니까? 그런데 입다의 딸은 하나님이 이스라엘에게 놀라운 승리를 주심으로써 전부 죽어야 할 상황에서 다 살려 주셨으니 자기가 기꺼이 죽겠다고 하면서, 단지 처녀로 죽음을 슬퍼할 수 있도록 두 달의 여유만 달라고 부탁했습니다.

"나의 처녀로 죽음을 인하여"라는 말 때문에 입다의 딸이 제물로 바쳐진 것이 아니라 성전에 바쳐져서 죽을 때까지 처녀로 지냈을 것이라고 해석하는 사람들도 있습니다. 그러나 입다의 딸은 분명히 자신의 죽음을 두고 말하고 있는 것입니다. 이스라엘 사람들은 여자가 결혼하지 않고 처녀로 죽는 것을 가장 안타까워했습니다. 어렸을 때 마냥 귀엽기만 하던 여자아이가 성숙한 처녀가 되면서 얼마나 아름답게 피어납니까? 그런데 그렇게 한창 아름다울 때 갑자기 죽어야 한다고 생각해 보십시오. 모든 생명이 다 아깝고 귀하지만 이렇게 아름답게 피어난 처녀가 결혼도 못 한 채 죽는다는 것이 얼마나 가슴 아픈 일이겠습니까?

얼마 전 김준곤 목사님이 〈딸의 죽음 — 그 존재의 제로점에서〉라는 책을 썼습니다. 그 딸은 결혼을 해서 남편을 유학 보내고, 29살에 암에 걸려 고생을 하다가 죽었습니다. 투병 말기에는 몸무게가 26킬로그램까지 내려갔다고 합니다. 사랑하는 딸의 죽음을 옆에서 지켜보아야 했던 아버지의 심정이 어떠했겠습니까? 딸의 죽음 앞에서 그는 위대한 복음 전도자도, 대집회의 주최자도 아니었습니다. 그저 딸을 위해 아무 일도 해 줄 수 없는 한 사람의 무력한 아버지일 뿐이었습니다.

이 딸의 죽음은 길르앗 사람들에게 영원한 마음의 아픔이 되었습니다. 그는 자기 말대로 두 달 동안 산에서 친구들과 애곡하다가 돌아와 죽임을 당했습니다. "두 달 만에 그 아비에게로 돌아온지라. 아비가 그 서원한 대로 딸에게 행하니 딸이 남자를 알지 못하고 죽으니라. 이로부터 이스라엘 가운데 규례가 되어 이스라엘 여자들이 해마다 가서 길르앗 사람 입다의 딸을 위하여 나흘씩 애곡하더라" (11:39-40).

입다의 딸이 구체적으로 어떻게 죽임을 당했는지는 성경에 나와 있지 않습니다. 아버지의 손에 죽임을 당했는지, 아니면 정말 양이나 소처럼 제사장의 손에 넘겨져서 죽임을 당했는지는 알 수 없습니다. 그러나 전체적인 흐름으로 볼 때 아버지의 서원대로 죽임을 당한 것은 분명합니다. 여기에서 중요한 점은 하나님이 인신제사를 가장 싫어하신다는 것입니다. 그래서 하나님은 아브라함에게 이삭을 제물로 바치라고 하셨으면서도 결정적인 순간에 수양으로 대신하게 하셨습니다. 그러나 이번에는 수양도 나타나지 않았고 천사도 입다를 말리지 않았습니다. 하나님은 침묵으로 이 딸의 희생을 허락하셨습니다.

그 이유가 무엇일까요? 그것은 길르앗 사람들의 죄 때문이었습니다. 암몬 사람들로부터는 구원을 받았고 놀라운 승리를 얻었을지 몰라도 그들의 죄는 전혀 해결되지 않았습니다. 하나님은 그들을 기뻐하지 못하게 하셨습니다. 오히려 기쁨을 애통으로 바꾸셨습니다. 암몬 사람들의 손에서 건짐을 받았다고 해서 모든 문제가 끝난 것이 아님을 알라는 것입니다. 이처럼 하나님이 입다의 서원을 막지 않고 허용하신 데에는 '너희는 기뻐할 자격이 없다' 는 뜻이 담겨 있습니다. 암몬을 이겼다고 해서 기뻐하며 술 마시며 춤출 처지가 아니라는 거예요. '암몬으로부터는 구원받았을지 모르지만 너희의 죄는 그대로 남아 있다. 너희는 기뻐할 것이 아니라 애통해야 한다' 는 것입니다.

입다 딸의 죽음은 이스라엘의 문제가 끝나지 않았음을 보여 줍니다. 그들은 암몬 사람들의 손에서는 건짐을 받았지만 하나님의 손에서는 아직 건짐을 받지 못했습니다. 하나님은 길르앗 사람들로

하여금 자신들의 죄를 보게 하기 위해 승리의 날에 이렇게 큰 아픔과 슬픔을 주셨습니다. 이 죽음은 그들이 얻은 자유와 생명이 얼마나 소중한 것인가를 기억하게 했을 뿐 아니라, 이 놀라운 축복의 순간에도 기뻐할 수 없는 자신들의 죄 문제를 돌아보게 했습니다.

길르앗 사람들은 이해할 수가 없었습니다. 왜 이 죄 없는 처녀가 죽어야만 합니까? 왜 이 아름다운 처녀가 행복하게 살아 보지도 못하고 이 놀라운 승리의 날에 산 제물로 하나님께 바쳐져야만 합니까? 길르앗의 처녀들은 이 딸의 죽음을 자신의 죽음을 대신하는 것으로 여겨서 함께 산에 올라가 두 달 동안 울었습니다. 자신의 다정한 친구가 아무 죄도 없이 죽어야 한다고 생각해 보십시오. 그 친구들의 마음이 얼마나 아프겠습니까? 아마 길르앗의 처녀들 중에 산에 따라가 같이 울지 않은 사람이 없었을 것입니다.

이 죽음은 어떤 의미에서 길르앗 사람들의 죗값이라고 할 수 있었습니다. 길르앗 사람들은 언제부터인가 하나님이 이 딸의 죽음을 보시고 자기들을 구원하셨다고 생각하기 시작했을 것입니다.

육체적인 행복은 모든 문제의 해결책이 아닙니다. 병원에서 수술 받고 큰 병이 나았다고 해서 문제가 다 해결된 것이 아닙니다. 우리는 이 세상에서 성공했다고 해서, 좋은 대학에 들어갔다고 해서, 좋은 직장을 얻었다고 해서, 좋은 집을 샀다고 해서 희희낙락할 처지가 못 됩니다. 왜 그렇습니까? 우리의 죄가 하나님 앞에 그대로 남아 있기 때문입니다. 이 문제는 그리스도의 죽음 없이 결코 해결될 수 없습니다.

길르앗 사람들은 입다의 용기로 구원받았다고 생각지 않았습니다. 그들은 입다 딸의 죽음 때문에 구원받았다고 생각했습니다. 그들은 이 죽음 때문에 아직 자신들에게 문제가 남아 있다는 것, 눈에 보이는 전쟁은 끝났지만 눈에 보이지 않는 전쟁은 계속되고 있다는 것을 알았습니다.

무죄한 피가 흘려지지 않는 이상 우리는 절대로 죄의 심각성을 깨닫지 못합니다. 집안이 망하고 살림이 다 날아가도 깨닫지 못해요. 결국 입다의 딸을 죽게 만든 것은 길르앗 사람들의 죄였습니다. 예수 그리스도를 십자가에 못박아 죽인 것은 우리의 죄입니다. 길르앗 사람들은 이 딸의 죽음을 잊지 못했습니다. 우리는 그리스도의 죽음을 결코 잊지 못합니다. 그가 짐승처럼 비참하게 나무에 달려 죽지 않으셨다면, 우리는 진정한 자유와 존엄성과 행복을 얻을 수 없었을 것입니다. 하나님을 모르는 사람들도 사실은 그리스도의 피가 가져다 준 자유를 누리고 있는 것입니다. 그러나 그런 신체적인 자유는 진정한 자유가 아닙니다. 내 양심이 죄에서 자유로워지는 것이 진정한 자유이며 하나님 앞에서 옳은 것을 행할 수 있는 것이 진정한 자유입니다.

길르앗 백성들이 암몬 사람들로부터 건짐받은 것은 진정한 자유가 아니었습니다. 그들의 죄 문제는 그대로 남아 있었습니다. 그 죄 문제를 가지고 하나님 앞에 나아가기까지 그들은 진정으로 해방된 것이 아니었습니다.

입다 딸의 아까운 죽음은 이 죄의 문제가 그대로 남아 있다는 것을 보여 주었습니다. 물론 그의 죽음이 길르앗 사람들의 죄를 대속해 준 것은 아닙니다. 그러나 그들로 하여금 각자 자신들의 문제를 돌아보게 만들었습니다. '왜 이런 승리의 순간에 우리는 울어야 하는가? 왜 이 엄청난 승리의 순간에 아까운 처녀가 죽어야 하는가? 우리의 문제가 그대로 남아 있기 때문이다. 우리의 죄가 그대로 남아 있기 때문이다'는 것을 깨닫게 했습니다.

우리는 급한 일을 당하면 지푸라기라도 잡으려는 심정으로 조건부 서원을 하기 쉽습니다. 그러나 급하면 급할수록 오히려 더 자신의 입을 지키며 하나님의 구원을 기다려야 합니다. 서원은 하나님이 주신 은혜를 잊지 않고 헛되이 하지 않기 위해, 내가 쓸 것을 쓰지 않고 굳이 내가 책임지지 않아도 되는 일에 책임을 짐으로써 하나님께 영광을 돌리는 것이지, 조건을 내거는 것이 아닙니다.

여러분의 가정이 경제적으로 회복되고 여러분의 회사가 부도 위기에서 벗어났다고 해서 모든 문제가 해결된 것이 아님을 아시기 바랍니다. 문제는 그대로 남아 있습니다. 그것이 이 처녀의 죽음이 우리에게 이야기하고 있는 바입니다. 입다의 서원은 불신앙에서 나온 것이었습니다. 그러나 하나님은 그것마저 허락하셔서 이스라엘 백성들을 자기 만족에 빠지지 못하게 하셨습니다.

아마 요즘은 이런 딸이 없을 것입니다. 두 달 여유를 주면 얼른 국경을 넘어서 도망쳐 버리지, 누가 자신의 젊음을 희생해서 아버지의 서원을 이루려고 하겠습니까? 그러나 입다의 딸은 아버지의 기도를 소중하게 생각했습니다. 그리고 비록 자신은 알 수 없지만, 이 죽음에 하나님의 뜻이 있음을 인정했습니다.

이 죽음은 이스라엘 사람들의 가슴속에 입다의 승리보다 더 진한 감동을 오랫동안 남겼습니다. 그들은 자신의 행복을 추구하지 않은 이 딸의 죽음을 통해 자기들 안에 있는 죄의 문제를 보았습니다. 이 죽음은 단순히 암몬의 압제에서 벗어나는 것이 자유가 아니라, 죄 문제를 하나님 앞에서 해결받는 것이 진정한 자유임을 보여 주었다는 점에서 예수 그리스도의 예표가 되고 있습니다.

우리 눈앞에 있는 빚이 탕감되고 병이 나았다고 해서 모든 문제가 끝났다고 생각지 마십시오. 그것을 더 본질적인 문제가 해결되는 믿음의 기회로 삼으십시오. 자신의 행복을 포기함으로써 다른 많은 이들을 행복하게 하고 자유케 할 수만 있다면 기꺼이 그렇게 하고자 하는 입다의 딸들이 우리 가운데 많아지기를 바랍니다.

4
입다와 에브라임의 전쟁

…… 입다가 길르앗 사람을 다 모으고 에브라임과 싸웠더니 길르앗 사람들이 에브라임을 쳐서 파하였으니 ……

사사기 12:1-15

   문민정부 초기에 우리나라 언론이 대통령의 발음 문제를 거론했던 적이 있습니다. 대통령은 '경제'라는 단어의 발음이 제대로 되지 않아서 늘 '갱재'라고 하곤 했습니다.
   우리 민족의 최대 숙원은 통일입니다. 그리고 거기서 한 걸음 더 나아가 세계화, 국제화를 추진하고 있습니다. 그러나 실제로는 지방색 하나도 제대로 극복하지 못하고 있는 것이 우리의 형편입니다. 지방색은 단순히 정치적인 면뿐 아니라 우리 삶 깊숙한 곳까지 파고 들어와 자리를 잡고 있습니다. 입으로는 민족 통일과 세계화를 떠들고 있지만 실제로 달라진 것은 아무것도 없습니다. 통일을 위해서 많은 사람들이 북한에 다녀오기도 하고 세계화를 위해 아주 어린 아이들한테까지 영어 교육을 시키고 있지만 달라진 것은 아무 것도 없습니다. '갱제' 는 아직도 '갱제' 이고 정치인들은 아직도 "우리가 남이가?" 같은 표현을 쓰고 있습니다. 사실 우리는 전보다 더 위축되고 있고 더 망가지고 있습니다. 그 이유가 무엇일까요?

우리는 이와 비슷한 현상을 19세기와 20세기 유럽에서 찾아볼 수 있습니다. 19세기 유럽은 미래에 대한 희망으로 가득 차 있었습니다. 그들은 인류의 진화와 발전을 믿었습니다. 인류가 문명화되고 기술이 발달할수록 범죄하지 않고 평화롭게 잘살 것이라고 믿었습니다. 실제로 19세기 말은 문명화나 기술의 발달이 가장 크게 이루어진 시기였습니다.

그러나 그 결과가 무엇이었습니까? 제1차 세계대전이었습니다. 유럽 열강은 오스만 제국이 무너진 공백을 차지하기 위해 치열한 전쟁을 벌였습니다. 그들은 모두 문명화된 나라들이었을 뿐 아니라 기독교 국가들이었습니다. 그들은 크리스마스에도 잠깐 기도하고 나서 또 총을 쏘아 댔습니다. 자기의 이익을 챙기는 일에서는 문명이고 기독교고 상관이 없었습니다. 이 비극은 한 번으로 그치지 않았습니다. 제2차 세계대전이 터진 것입니다. 이번에도 가장 문명화되었다고 생각한 독일과 일본이 세계를 향해 무기를 들고 일어섰습니다. 두 차례에 걸친 세계대전은 인간의 본성에 대하여 다시 한 번 깊이 생각할 기회를 주었습니다. 결국 사람들이 내린 결론은, 인간이 서로 해치지 않고 행복하게 살려면 지식이나 기술을 발전시키는 것이 아니라 인간의 본성 안에 있는 죄를 해결해야 한다는 것이었습니다.

사사기 12장에는 길르앗이 18년에 이르는 암몬의 오랜 식민 지배에서 벗어나자마자, 같은 이스라엘 민족인 요단 서편의 에브라임 족속이 암몬 대신 그들을 식민 통치하겠다고 나서는 장면이 나옵니다. 길르앗 사람들은 요단 동편에 살고 있었습니다. 그들은 암몬 왕이 단순히 길르앗을 식민 통치하는 것에 만족하지 않고 정해진 시간까지 요단 동편을 떠나라고 요구하는 바람에 죽느냐 사느냐 하는 기로에 서게 되었습니다. 그때 그들이 찾아낸 하나님의 사람이 입다였습니다. 입다는 목숨을 걸고 싸움으로써 암몬 사람들의 항복을 받아 냈고, 길르앗 사람들은 드디어 죽음의 자리에서 벗어나 기본적인 자유와 질서를 되찾을 기회를 얻게 되었습니다. 그런데 이때 다시 암몬 사람들 대신 그들을 지배하겠다고 나선 이들이 있었습니다. 그들은 요단 서편에 살던 동족 에브라임 사람들이었습니다.

12장은 입다가 이 에브라임의 말도 되지 않는 욕심에 대항해서 싸운 내용과, 그의 사후에 등장한 사사들의 국제화 내지는 세계화 정책에 대해 이야기하고 있습니다.

에브라임의 억지 주장

길르앗 사람들이 18년 동안이나 암몬 사람들의 지배를 받다가 마침내 그들을 몰아내고 자유를 얻게 되었을 때, 길르앗 땅에는 아무 것도 남아 있지 않았습니다. 우리나라가 36년 간의 식민통치에서 해방되었을 때, 나라 안에 제대로 된 부분이 하나도 없었던 것과 같습니다. 길르앗은 일종의 권력 진공 상태에 있었습니다. 그런데 바로 이런 약점을 틈타 길르앗을 지배하겠다고 나선 사람들이 있었습니다. 그들은 바로 같은 이스라엘 백성인 에브라임 사람들이었습니다.

에브라임 사람들은 처음에 무슨 말을 했습니까? "에브라임 사람들이 모여 북으로 가서 입다에게 이르되 '네가 암몬 자손과 싸우러 건너갈 때에 어찌하여 우리를 불러 너와 함께 가게 하지 아니하였느냐? 우리가 반드시 불로 너와 네 집을 사르리라'"(12:1). 이 말만 들으면 길르앗 사람들을 퍽이나 생각해 주는 것 같습니다. 암몬과 싸우러 가면 싸우러 간다고 말을 해야지 그냥 가면 어떻게 하느냐는 거예요. 말을 했으면 자기네들이 도와주었을 텐데, 아무 말 없이 가다니 섭섭해서 못 참겠다는 것입니다.

그러나 그 다음에 이어지는 입다의 말을 보면 이것이 거짓말임을 금세 알 수 있습니다. "입다가 그들에게 이르되 '나와 나의 백성이 암몬 족속과 크게 다툴 때에 내가 너희를 부르되 너희가 나를 그들의 손에서 구원하지 아니한 고로 내가 너희의 구원치 아니하는 것을 보고 내 생명을 돌아보지 아니하고 건너가서 암몬 자손을 쳤더니 여호와께서 그들을 내 손에 붙이셨거늘 너희가 어찌하여 오늘날 내게 올라와서 나로 더불어 싸우고자 하느냐?' 하고"(12:2-3).

자신들에게 도와줄 마음이 있었는데 왜 무시했느냐는 것은 핑계에 불과했습니다. 에브라임 사람들의 진짜 속셈은 암몬 사람들이 물러난 틈을 타서 길르앗을 지배하겠다는 것입니다. 그들은 길르앗 땅을 차지하고 싶었습니다. 그러나 하나님이 각 족속에게 땅을 분배해 주셨기 때문에 그곳을 차지할 수 없었습니다. 그러다가 암몬 사람들이 18년 동안 지배하다가 물러가는 것을 보게 되자 "암몬 사람들도 지배했는데 우리라고 못할 것이 뭐가 있어?" 하면서 이곳을 빼앗으려고 몰려온 것입니다.

이들은 기드온이 미디안 사람들을 물리치고 크게 승리했을 때에도 그에게 몰려가 싸움을 걸었던 적이 있습니다. 왜 자기네들이 싸움을 시작하게 하지 않고 마무리만 하게 했느냐고 따진 것입니다. 만약 그때 기드온이 화를 내거나 기분 나쁘게 대답했더라면 에브라임과 므낫세 사이에는 전쟁이 터졌을 것입니다. 그러나 기드온은 아주 지혜로운 대답으로 그들을 무마했습니다. 왜 기드온은 에브라임의 억지 주장에 반박하며 싸우지 않았습니까? 그들은 적어도 함께 싸운 동역자들이었기 때문입니다. 그리고 세바와 살문나라는 중요한 적이 도주하는 중이었기에 에브라임 사람들과 싸울 여유가 없었습니다.

그러나 이번 경우는 다릅니다. 에브라임 사람들은 암몬 사람들과 싸우지 않았습니다. 도와 달라고 요청했는데도 도와주지 않았습니다. 만일 그들이 피 흘리며 길르앗 사람들과 함께 싸웠다면 입다는 절대 이들과 싸우지 않았을 것입니다. 게다가 그들은 지금 길르앗이 혼란한 틈을 타서 입다를 몰아내고 길르앗 땅을 차지하려 하고 있습니다. 마치 온 힘을 다해 도둑을 내쫓고 났더니 가만히 구경만 하고 있던 사람이 보따리를 차지하려 드는 것과 같습니다.

설사 에브라임 사람들이 길르앗 사람들을 도와서 암몬 사람을 내쫓았다 해도, 이렇게 길르앗 땅을 차지하려 들거나 이권을 요구해서는 안 됩니다. 하나님이 각자에게 주신 땅이 있는 만큼, 그들이 혼자 설 수 있도록 도와주어야지 그것에 욕심을 내면 안 돼요. 그러나 그들은 피도 흘리지 않고 땀도 흘리지 않았으면서, 길르앗이 약해진 틈을 타서 그들의 땅을 몽땅 차지하려고 했습니다. 이것이 "재주는 곰이 부리고 돈은 중국 사람이 번다"는 것입니다. 자신들은 조금도 수고하지 않으면서 남이 약해지고 혼란해진 틈을 타서 그의 것을 집어삼키겠다는 것이지요.

우리는 여기에서 에브라임의 무서운 욕심을 보게 됩니다. 그들은 겉으로는 길르앗을 걱정해 주는 체했지만, 실제로는 그들의 땅을 몽땅 집어삼키려는 욕심을 가지고 있었습니다. 가끔 길을 가다 보면 "급히 돈이 필요한 분!"이라고 적힌 작은 쪽지들을 나누어 주는 아주머니들을 볼 수 있습니다. 겉으로 보기에는 얼마나 친절한 말입니까? 사정이 급할 때 전화만 걸면 돈을 주겠다는 것입니다. 그러나 순진하게 그런 데서 돈을 빌렸다가는 큰일 납니다. 그들은 단순한 고리대금업자가 아닙니다. 나중에 돈을 갚고 싶어도 연락이 닿지 않도록 잠적했다가, 시일이 지난 후에 빚을 갚지 않았다며 시비를 걸어서 집이나 차를 통째로 집어삼키는 사람들입니다. 제가 아는 분도 사정이 급해서 돈을 빌렸다가 아주 애를 먹은 일이 있습니다. 아무리 돈을 갚겠다고 해도 받지 않고 시간을 질질 끌다가 담보로 잡은 집을 차지하려 들더라는 거예요. 나중에는 빌다시피 해서 겨우 돈을 갚고 담보를 찾아왔다고 들었습니다. 지금 에브라임이 하려는 것이 바로 이런 짓입니다. 길르앗이 아직 혼란스러운 틈을 타서 그 땅 전체를 공짜로 삼키겠다는 것입니다.

같은 이스라엘 백성들 사이에 어떻게 이런 일이 생길 수 있습니까? 이것은 이스라엘 백성들도 다른 사람들과 근본적으로 다를 바가 없음을 보여 줍니다. 사이가 좋을 때에는 집사나 권사나 장로라는 직책이 통합니다. 그러나 이권이 개입되면 집사도, 권사도, 장로도 없습니다. 신앙이 없는 사람들보다 심하면 심했지 조금도 나은 데가 없어요. 상식도, 대화도 안 통합니다. '어떻게 저런 사람과 천국에서 만날 수 있을까?' 하는 생각이 들 정도입니다. 평소에는 사람이 그렇게 좋을 수가 없습니다. 꼭 천사 같습니다. 그러나 돈 문제만 개입되면 짐승이 되어 버립니다. 왜 그렇습니까? 우리 속에 있는 죄가 근본적으로 치료되지 않는 이상 집사든 장로든 목사든 자기 이익을 챙기고 죄를 짓는 데에는 아무 차이가 없기 때문입니다.

그렇게 북한에 많은 사람들이 오가고 소까지 보냈는데도 남북이 쉽게 가까워지지 않는 것은 본질적으로 우리 안에 원수 된 것이 해결되지 않았기 때문입니다. 그렇게 사람들이 영어를 배우고 외국에 자주 다녀와도 세계가 더 멀게 느껴지는 것은 마음속에 근본적인 담이 무너지지 않았기 때문입니다.

인류가 하나 되기 위해서는 마음속에 있는 죄와 욕심이 먼저 해결되어야 합니다. 우리 안에 있는 근본적인 죄가 깨져서 '저 사람한테 속아도 괜찮고 저 사람 때문에 망해도 좋다'고 할 수 있을 때 비로소 하나가 되는 것이지, 입으로만 외치는 구호나 이념만으로는 결코 하나가 될 수 없습니다. 물론 자기 이익에 손해가 없을 때까지는 그런 대로 평화롭게 지낼 수도 있을 것입니다. 그러나 일단 자기에게 손해가 되거나 주인 없는 돈이 나타나 경쟁이 붙기라도 하면, 속에 있는 동물적인 본성이 당장 튀어나오게 되어 있습니다.

그래서 중요하게 대두되는 문제가 '사람을 어느 정도까지 믿어야 하느냐?' 하는 것입니다. 사람 안에 있는 작은 가능성을 보고 누구든지 다 믿어야 합니까, 아니면 무서운 죄성을 보고 아무도 믿어서는 안 됩니까? 저는 신학 중에 최고의 신학은 자유주의 신학이라고 생각합니다. 자유주의 신학의 특징은 인간을 믿는다는 것입니다. 이 신학의 핵심이 '인간을 믿으라'는 거예요. 사람을 믿어 주고 잘 대해 주고 잘 교육시키면 누구든지 좋은 사람이 될 수 있다는 것입니다. 그러나 성경은 그렇게 말씀하지 않습니다. 특히 사도 바울은 사람이 철저하게 부패했다고 주장합니다. 그 주장이 맞다면 우리는 다른 사람은 물론 자기 자신도 믿을 수가 없습니다.

카톨릭은 인간의 전적인 부패를 믿지 않습니다. 그들은 어거스틴의 신학을 따르지 않습니다. 인간은 타락하면서 선을 행할 능력을 잃은 것일 뿐이지 그렇게 전적으로 썩고 부패하지는 않았다는 거예요. 그들은 종교적인 의식(儀式)이 사람들에게 선을 행할 능력을 준다고 주장합니다.

그런데 우리가 오늘 보게 되는 것이 무엇입니까? 인간의 철저한 부패와 타락입니다. 지금 에브라임 족속들이 하려는 짓은 암몬 족속이 한 짓보다 훨씬 더 추악하고 더러운 짓입니다. 그들은 길르앗 사람들이 스스로 일어서도록 도와주어야 마땅한 사람들입니다. 그런데 오히려 빛을 받으러 온 사람들처럼 당당하게 들어와서 길르앗을 빼앗으려 하고 있습니다.

사실 에브라임이 길르앗을 도울 수 있는 유일한 방법은 그들을 그냥 내버려 두는 것입니다. 좀 혼란이 있고 시행착오를 거듭한다 하더라도 스스로 문제를 해결하도록 참고 기다려 주는 거예요. 오늘날 자기 방식대로 다른 이들을 사랑하려 하다가 오히려 고통을 주는 사람들이 많이 있습니다. 결혼하기 전부터 남자가 머리를 볶아라 풀어라, 미니스커트를 입어라 말아라 하는 것은 사랑이 아닙니다. 머리를 볶든 말든 미니스커트를 입든 말든 자신이 알아서 판단할 수 있도록 시간을 주어야 하고 기다려 주어야 합니다. 기독교적인 사랑의 첫 단계가 무엇입니까? 그 사람을 있는 모습 그대로 인정하고 그냥 좀 내버려 두는 것입니다. 시행착오를 한다고 하더라도 스스로 일어설 수 있도록 기다려 주는 것입니다.

에브라임이 길르앗을 도와주는 길은 내버려 두는 것이었습니다. 요단 강을 건너오지 말고, 길르앗 사람들이 스스로 자신들의 상황을 수습할 수 있도록 기다려 주는 것이었습니다. 그러나 그들은 그렇게 하지 않았습니다. "너희는 스스로 일어설 수 없는 사람들이야. 우리가 다 알아서 돌봐 줄게" 하면서 하나님이 그들에게 주신 것을 빼앗으려 들었습니다.

에브라임 사람들은 무엇보다 먼저 자기들 안에 있는 부패한 본성을 보았어야 합니다. 자기들이 얼마나 이중적이고 가증하며 추악한 욕심을 가진 자들인지를 알았어야 합니다. 그리하여 자신을 더 이상 믿지 않으며 하나님 앞에 철저하게 죽었다면, 길르앗 사람들이 얼마나 소중한 존재인지가 눈에 보였을 것입니다. 에브라임 사람들은 길르앗 사람들을 위해 죽을 각오가 되어 있고 망할 준비가 되어 있을 때에야 비로소 길르앗 사람들을 도울 수 있습니다.

우리 마음속 깊은 곳에는 무서운 욕망과 죄성이 도사리고 있습니다. 우리의 본질 안에는 분노와 보복하려는 본성이 있습니다. 우리는 때로 이런 욕망과 죄성에 그리스도인의 사랑이라는 옷을 입혀서 개입하지 말아야 할 일에 개입하려고 합니다. 이런 우리가 진정으로 다른 사람을 사랑할 수 있으려면 하나님이 주시는 성령의 능력에 의지하는 수밖에 없습니다. 성령이 이 악한 본성을 누르시고 새 마음을 주셔야만 다른 사람을 있는 모습 그대로 인정하면서 진정한 도움을 줄 수 있는 것입니다.

그래야 지역감정도 해소될 수 있고 남북도 하나가 될 수 있으며 세계화도 이루어질 수 있습니다. 영어 배우고 해외여행 많이 다닌다고 해서 세계화가 되는 것이 아닙니다. 다른 나라에서 일하러 온 사람들의 월급을 떼먹으면서 세계화를 기대할 수는 없습니다. 내가 손해를 보더라도 진정으로 도와주려는 마음이 있을 때 세계화가 되는 것이지, 아직 자기 욕심도 포기하지 못하면서 무슨 세계화를 하겠다는 것입니까?

오늘 우리의 문제는 어디에 있습니까? 우리 안에 있는 죄성에 너무나도 무관심한 데 있습니다. 너도나도 북한에 다녀오려고만 하고 영어만 몇 마디 하려 들지, 자기 속에 넘치는 자존심이나 다른 사람을 내 방식대로 사랑하려고 하는 욕심, 남을 위해 조금도 희생하려 들지 않는 이기심이나 자기에게 손해가 생길 때 터져 나오는 분노에는 관심을 갖지 않습니다. 그러나 자기 안에 있는 죄성을 보지 못하는 사람은 다른 사람을 향해 단 한 발자국도 나아갈 수 없습니다. 그의 모든 주장은 공허한 메아리가 되어 돌아올 뿐입니다. 중요한 것은 나를 포함한 모든 사람이 얼마나 무서운 죄의 노예인가를 깨닫는 것입니다. 그리고 남을 위해 기꺼이 나를 희생하고자 할 때 비로소 하나 되는 일이 시작될 수 있습니다.

입다의 전쟁

과연 에브라임과 싸울 것이냐 하는 문제는 결코 쉽게 결정할 수 있는 일이 아니었습니다. 왜냐하면 이것은 하나님의 백성들 사이에 내전을 일으킴으로써 이스라엘을 갈라 놓는 결과를 초래할 수 있었기 때문입니다.

옛날 가나안 땅을 침공했을 때에도 길르앗 사람들과 다른 이스라엘 백성들 간에 전쟁이 벌어질 뻔한 적이 있었습니다. 길르앗 사람들이 가나안 땅에서 전쟁을 한 후 돌아가다가 큰 탑을 하나 만들었는데, 이스라엘 자손들은 그들이 독자적인 제단을 세웠다고 오해해서 전쟁을 벌이려 했습니다. 그러나 그때 길르앗 사람들이 대표인 비느하스에게 "우리는 종교적으로 독립하기 위해서가 아니라 이스라엘의 하나 됨을 기념하기 위해 단을 쌓았다"고 해명함으로써 전쟁을 막을 수 있었습니다.

이처럼 이스라엘 백성들 안에는 '이스라엘은 하나여야 한다' 는 의식이 강했습니다. 그런데 기생의 아들인 입다가 에브라임 지파와 전쟁을 일으켜서 이스라엘을 분리시키는 결과를 낳는다면 그 책임을 어떻게 감당하겠습니까? 그렇지 않아도 감정이 좋지 않았던 본토 사람들과 길르앗 사람들이 전쟁까지 치르게 된다면 앞으로의 관계가 걷잡을 수 없이 악화되지 않겠습니까? 그렇게 되느니 차라리 입다 자신이 길르앗을 포기하고 옛날처럼 돕 땅으로 돌아가는 편이 낫지 않을까요? 입다 한 사람만 사라지면 이스라엘은 하나가 될 수 있지 않을까요?

그러나 이것은 무서운 속임수였습니다. 에브라임 사람들은 길르앗 사람 전부를 입다와 같은 도망자로 생각했습니다. "입다가 길르앗 사람을 다 모으고 에브라임과 싸웠더니 길르앗 사람들이 에브라임을 쳐서 파하였으니 이는 에브라임의 말이 '너희 길르앗 사람은 본래 에브라임에서 도망한 자로서 에브라임과 므낫세 중에 있다' 하였음이라"(12:4). 그들은 입다만 인정하지 않은 것이 아닙니다. 길르앗 사람 전부를 인정하지 않았습니다. 길르앗 사람들은 모두 죄를 짓고 도망친 사람들이기 때문에 길르앗 땅을 차지할 권리가 없다는 것입니다.

이 말이 입다의 정신을 번쩍 깨게 했습니다. 이 말대로라면 길르앗 사람들은 전부 이 땅에서 쫓겨나야 합니다. 입다는 이들이 노리는 것이 자신뿐 아니라 길르앗 사람 전체를 몰아내려는 일임을 알아차렸습니다. 에브라임 사람들은 겉으로만 이스라엘 백성이었지, 사실은 사악한 도둑들이었습니다.

중요한 것은 사물의 본질입니다. 살다 보면 상대방이 싸워야 할 대상인지, 참고 기다려 주어야 할 대상인지 잘 구별되지 않을 때가 많습니다. 그래서 어떤 사람은 싸우면 안 되는 자기편과 싸우다가 망하기도 하고, 어떤 사람은 싸워야 할 적과 타협하다가 모든 것을 잃기도 합니다. 입다에게 가장 분별하기 어려운 문제는 요단 강을 건너온 에브라임 사람들이 자신의 친구냐 적이냐 하는 점이었습니다. 설득하고 대화를 나누며 기다려 주어야 할 친구인지, 한 명도 남기지 않고 철저히 응징해야 할 원수인지가 잘 구분되지 않았습니다. 에브라임과 싸우는 일보다는 차라리 암몬 족속과 싸우는 일이 더 쉬웠습니다. 그들은 옷차림이나 생김새가 완전히 구별되는 적이었기 때문에 무조건 싸우면 그만이었습니다. 그러나 에브라임 사람들은 옷차림도, 생김새도 똑같은 이스라엘 백성들이었습니다. 도대체 그들과 싸워야 합니까, 말아야 합니까?

그때 입다가 생각한 것이 무엇입니까? 첫째로, 입다는 암몬과 싸워 이기게 하신 분이 바로 하나님이시라는 사실을 생각했습니다. "'여호와께서 그들을 내 손에 붙이셨거늘 너희가 어찌하여 오늘날 내게 올라와서 나로 더불어 싸우고자 하느냐?' 하고"(12:3 하). 지금 에브라임 족속들은 하나님이 하신 일을 문제삼고 있습니다. 하나님이 주신 승리를 인정하지 않고 있어요. 그뿐 아니라 길르앗 사람들 전부를 도망자로 규정하고 있습니다. 이것은 하나님이 각 지파에게 주신 한계를 인정하지 않겠다는 뜻입니다.

입다는 에브라임 사람들의 주장이 일시적인 감정이나 오해나 기질의 문제가 아니라 악의 문제라는 것을 알았습니다. 그는 길르앗에 돌아옴으로써 정당한 이스라엘 백성의 자격을 얻었습니다. 그런데 에브라임 사람들은 자기 멋대로 입다를 내쫓으려 하고 있습니다. 아니 입다뿐 아니라 길르앗 사람 전체를 하나님이 주신 분깃에서 내쫓으려 하고 있습니다. 입다는 이것을 악의 문제로 보고, 철저하게 응징해야 한다는 결론을 내립니다.

둘째로, 입다는 에브라임 전체를 적으로 규정하지 않았습니다. 요단 강을 건너온 에브라임 사람들만 적으로 규정했습니다. 그는 요단 강을 건너가서까지 에브라임을 공격하지 않았고, 다른 지파 사람들이 피해를 입지 않도록 발음을 통해 에브라임 사람들을 구별해 냈습니다. "길르앗 사람이 에브라임 사람 앞서 요단 나루턱을 잡아 지키고 에브라임 사람의 도망하는 자가 말하기를 '청컨대 나로 건너게 하라' 하면 그에게 묻기를 '네가 에브라임 사람이냐?' 하여 그가 만일 '아니라' 하면 그에게 이르기를 '십볼렛이라 하라' 하여 에브라임 사람이 능히 구음을 바로 하지 못하고 '씹볼렛' 이라 하면 길르앗 사람이 곧 그를 잡아서 요단 나루턱에서 죽였더라. 그때에 에브라임 사람의 죽은 자가 42,000명이었더라"(12:5-6).

원래 "십볼렛"은 '개울' 이나 '강' 을 의미하는 말입니다. 그런데 에브라임 사람들은 발음을 잘 못해서 항상 '씹볼렛' 이라고 했습니다. 마치 '경제' 를 '갱재' 라고 하거나, '쌀' 을 '살' 이라고 하는 것과 같습니다. 나루턱을 지키고 있다가 적을 죽이는 것은 에브라임 사람들이 잘 쓰던 전법이었습니다. 그런데 이번에는 그들 자신이 이 방법으로 죽임을 당하게 되었습니다.

어떻게 42,000명이나 되는 에브라임 사람들이 이렇게 전부 나루턱에서 죽임을 당했을까요? 아마 그들은 자신들의 외모가 여느 이스라엘 백성들과 똑같기 때문에 쉽게 구별하지 못하리라 생각하고 방심했던 것 같습니다. 그러나 길르앗 사람들은 이들보다 한 수 위였습니다. 그들은 에브라임 사람들이 특별하게 발음하는 단어가 있다는 사실을 알았습니다. 그래서 다른 지파 사람들이 에브라임 사람들 틈에 끼어 억울하게 죽임을 당하는 일이 없도록 에브라임 지파 사람들만 사용하는 독특한 발음을 이용해 그들을 구분해 냈습니다.

입다는 요단 강을 건너가서 에브라임 족속 전체와 싸우지 않았습니다. 다만 요단 강을 건너온 사람들만 철저히 골라내서 응징했습니다. 왜 그렇게 했습니까? 요단 강을 건너온 자들은 하나님의 경계를 넘은 자들이었기 때문입니다. 모세의 율법은 땅의 경계선을 옮기는 것을 죄로 규정하고 있습니다. 즉 다른 사람의 지경에 함부로 뛰어들지 말라는 것입니다. 만일 입다가 도망친 에브라임 사람들을 추격하겠다고 요단 강을 건너가서 에브라임 전체와 전쟁을 벌인다면 그 역시 하나님께 죄를 짓는 것입니다. 그러나 입다는 싸울 때와 멈출 때를 분별했고, 죄를 응징하면서도 다른 지파에는 반감을 주지 않도록 지혜를 발휘했습니다. 발음으로 에브라임 사람들을 구분한 것도 다른 지파 사람들은 절대 희생되어서는 안 된다는 생각에서 나온 지혜였습니다.

이 세상에 법이 필요한 이유가 무엇입니까? 왜 우리는 감정대로 싸우면 안 됩니까? 감정대로 싸우면 하나님이 정하신 경계선을 넘어가 지나치게 보복할 가능성이 크기 때문입니다. 그래서 법이 필요한 것입니다. 입다는 자신에게 주어진 경계선 안에서는 철저하게 죄를 응징했지만 결코 그 경계선을 넘어가지는 않았습니다. 이것은 그가 하나님의 손에 붙들려 있다는 증거였습니다. 하나님의 손에 붙들린 사람은 아무리 무슨 일을 열심히 하더라도 절대 자신의 경계선을 넘어가는 법이 없습니다. 오직 하나님이 주신 범위 안에서만 철저하게 일할 뿐입니다.

우리는 주위에서 악으로 악을 갚는 경우를 많이 목격합니다. 사람들은 다른 이의 악을 해결하기 위해 자기도 악을 행합니다. 상대방이 무력으로 나오면 자기도 무력으로 나갑니다. 다른 사람의 악을 이기기 위해 자기도 뇌물을 쓰거나 흑색선전을 합니다. 이것은 악을 행한 자와 똑같은 죄에 빠지는 것입니다. 그러면 에브라임이나 입다나 다 똑같은 사람이 되어 버립니다. 그러나 입다는 감정의 노예가 되지 않고 자기의 경계선을 지켰습니다. 이것이 하나님이 쓰시는 사람에게 나타나는 특징입니다.

이스라엘 사사들의 세계화

입다가 죽은 후에 여러 명의 사사가 등장했습니다. 입산과 엘론과 압돈이 그들입니다. 그러나 성경은 이들의 사역에 대해 거의 언급하고 있지 않습니다. 그들이 훌륭한 일을 하지 않았기 때문이 아닙니다. 아마도 그들은 훌륭한 일을 아주 많이 했을 것입니다. 그러나 하나님의 눈으로 볼 때 이들의 사역은 언급할 가치가 없었습니다.

아마 그 당시 사람들이 이 기록을 보았다면 그들의 그 많은 치적이 전혀 인정받지 못하고 있다는 데 놀랐을 것입니다. 우리가 하나님 앞에 서게 될 때도 이와 비슷한 일이 벌어질 것입니다. 우리가 알고 있는 훌륭한 사람들의 많은 사역들이 하나님 앞에서는 전혀 언급조차 되지 않는 것을 보고 놀라게 될 것입니다. 왜 이런 일들이 일어납니까? 하나님이 주시는 힘으로 일하지 않고 제멋대로 했기 때문입니다.

입산의 사역은 아들 30명과 딸 30명을 외국 사람들과 결혼시킨 것이었습니다. "그의 뒤에는 베들레헴 입산이 이스라엘의 사사이었더라. 그가 아들 30과 딸 30을 두었더니 딸들은 타국으로 시집보내었고 아들들을 위하여는 타국에서 여자 30을 데려왔더라. 그가 이스라엘 사사가 된 지 7년이라. 입산이 죽으매 베들레헴에 장사되었더라"(12:8-10).

당시의 결혼은 지금의 결혼과 그 개념이 근본적으로 다릅니다. 지금의 결혼은 사랑하고 신뢰하는 사람과 연합한다는 의미를 담고 있습니다. 그러나 그 당시의 결혼은 거래 내지는 일종의 불가침 조약 같은 것이었습니다. 입산이 아들 30명과 딸 30명을 외국인과 결혼시켰다는 것은 그의 사역이 주로 외국과의 관계에 집중되었음을 보여 줍니다. 만약 그가 자녀들을 중복 없이 외국인과 결혼시켰다면 무려 60개 나라와 불가침 조약을 맺은 셈이 됩니다.

아마도 그가 중시한 일은 이스라엘의 개방과 세계화였던 것 같습니다. 그는 가장 적극적인 방식으로 나라를 개방했습니다. 그 결과가 무엇입니까? 세계적인 나라가 되기는커녕 오히려 이스라엘 자체가 없어질 상황에 처하게 된 것입니다. 그 당시 사람들이 볼 때 입산은 세계적인 지도자였을지 모릅니다. 그렇지 않았다면 그렇게 많은 외국인들과 사돈 관계를 맺을 수 없었겠지요. 그의 지위는 사사였지만 다른 나라 사람의 눈에는 거의 왕처럼 보였을 것입니다. 그는 이스라엘을 위해 자기 나름대로 애를 많이 썼고 성공도 거두었습니다. 자식을 60명이나 낳으려면 아내도 분명히 많았을 것입니다. 수단과 방법이야 어떠했든지 간에 그는 성공했습니다. 그러나 그의 성공은 하나님 앞에 전혀 의미가 없었습니다.

이스라엘이 참으로 세계화될 수 있는 길은 무엇입니까? 그것은 하나님의 말씀에 더욱 충실해지는 것입니다. 그러면 그들로부터 하나님의 은혜가 흘러나오게 되며, 그들과 함께 있는 사람은 누구든지 변화되고 새로워지는 일이 일어납니다. 그리하여 사람들이 이 은혜를 받으려고 너나없이 이스라엘로 모여들고 인종과 피부색과 언어를 넘어서 그 은혜를 나누게 될 때, 비로소 성령으로 하나 되고 성령으로 세계화되는 것입니다.

오늘날에도 교회가 자신이 없으면 없을수록 밖에서 새로운 것들을 끌어들이려고 하는 것을 보게 됩니다. 실제로 특별한 세미나 같은 것을 열면 사람들이 앞다투어 배우러 옵니다. 요즘은 세상에 있는 좋은 것들을 많이 끌어오는 것이야말로 교회를 아름답게 하는 길이라고 생각하는 이들도 많이 있는 것 같습니다. 그러나 그것은 교회를 살리는 길이 아니라 죽이는 길입니다.

입산은 교회를 세계화시킨 사람이 아니라 이 세상 찌꺼기로 성령의 샘물을 막은 사람이었습니다. 교회가 살아나는 길은 무엇입니까? 하나님과 우리 사이를 막고 있는 인간의 쓰레기를 치워서 계속 성령의 역사가 흘러오게 하는 것입니다. 그러면 이 성령의 역사가 이스라엘 민족뿐 아니라 다른 민족에게까지 흘러가게 되면서 진정한 세계화가 이루어지는 것입니다. 자신이 없으면 없을수록 여러 가지 이상한 것들을 끌어들여 사람들의 기대를 충족시키려 하는 법입니다. 아마 입산 때 이스라엘 백성들은 행복했을 것입니다. 좋은 지도자를 만나는 바람에 한자리에서 최대 60개국의 문화와 풍습을 맛볼 수 있었으니 말입니다. 그러나 세계의 문화와 풍습은 맛볼 수 있었을지 몰라도 하나님의 신령한 은혜는 맛볼 수 없었습니다. 이스라엘의 진정한 힘은 세계화 그 자체에 있지 않았습니다. 성령의 능력에 있었고 사람을 변화시키는 힘에 있었습니다.

엘론의 사역에 대해서는 입산보다 더 언급이 없습니다. 이것은 그가 한 일이 없어서라기보다는 아마 입산의 사역을 그대로 이어받았기 때문일 것입니다. 쉽게 말해서 '이하동문'이라는 것이지요. 학교에서 똑같은 상을 여러 명에게 줄 때 첫번째 사람의 상장만 내용을 읽어 주고 나머지는 다 '이하동문'이라고 하지 않습니까? 앞사람과 똑같으니까 더 할 말이 없다는 것입니다. 이처럼 엘론도 입산의 성공 모델을 그대로 모방해서 사역했기 때문에 특별히 언급할 내용이 없었던 것 같습니다.

사람마다 싸우는 방식이 각기 다른 법입니다. 사울이 싸우는 방식이 다르고 다윗이 싸우는 방식이 다릅니다. 사울은 여러 명의 군사를 거느리고 큰 칼을 들고 갑옷을 입어야 싸울 수 있습니다. 그러나 다윗은 정반대입니다. 갑옷을 입고 무거운 칼을 들면 못 싸워요. 다윗은 돌 다섯 개를 가져야 싸울 수 있습니다. 하나님은 각 사람에게 독특한 은사와 방법을 주십니다. 아무리 시간이 오래 걸려도 그것을 찾아내야 합니다. 다른 사람을 모방해서 성공하면 하나님 앞에서도 '이하동문'으로 처리될 것입니다.

압돈의 사역은 좀 독특했습니다. "그의 뒤에는 비라돈 사람 힐렐의 아들 압돈이 이스라엘의 사사이었더라. 그에게 아들 40과 손자 30이 있어서 어린 나귀 70필을 탔었더라. 압돈이 이스라엘의 사사가 된 지 8년이라. 비라돈 사람 힐렐의 아들 압돈이 죽으매 에브라임 땅 아말렉 사람의 산지 비라돈에 장사되었더라"(12:13-15).

성경은 압돈의 다산(多産)에 대해 아무 평가도 내리지 않습니다. 어쩌면 그 평가를 우리에게 맡기고 있는지도 모르겠습니다. 세상적으로 보면 압돈의 사역은 대단히 성공한 것 같습니다. 아들 40명과 손자 30명이 나귀를 타고 다녔다는 것은 그들이 모두 귀족처럼 행세했다는 뜻입니다. 아마 다른 사사들은 혼자 이 성 저 성으로 걸어 다니면서 재판도 하고 백성들도 가르쳤을 것입니다. 사무엘도 그렇게 했습니다. 그래서 전쟁을 앞두고 사울이 기다리고 있는데도 늦게 도착한 적이 있었습니다. 그는 걸어서 다니느라고 지각을 자주 했던 것 같습니다.

그러나 압돈의 사역에는 기동성이 있었습니다. 그가 한마디만 하면 아들 40명과 손자 30명이 나귀를 타고 일제히 흩어져서 모든 이스라엘 백성들에게 동시다발로 전달할 수 있었습니다. 이를테면 압돈은 아주 뛰어난 하드웨어를 갖추었던 셈입니다. 아마도 그는 커뮤니케이션의 중요성을 알았던 것 같습니다. 그가 요즘에 살았다면 인터넷을 이용해서 세계적인 네트워크를 구축했을 것입니다.

얼마 전에 한 선교사님이 인터넷을 이용하여 선교사들이 현지에서 신학 공부를 할 수 있는 프로그램을 개발하고 있는데, 거의 완성 단계에 있다고 말하는 것을 들은 적이 있습니다. 선교사들은 공부할 시간이 없습니다. 그러니까 인터넷을 통해서 대학원 과정을 밟는다는 것이지요. 이처럼 인터넷을 사용하면 한순간에 전 세계 사람들에게 자기가 원하는 정보를 제공할 수 있습니다. 외국에 있는 한 형제는 매주일 인터넷을 통해 우리나라 유명한 목사님의 설교를 육성으로 듣는다고 했습니다. 참으로 놀라운 세상이 아닐 수 없습니다.

압돈은 그 당시로 치면 정보화 시대의 주역이었습니다. 그러나 그 많은 자식과 손자는 어떻게 생겼을까요? 한 아내가 이렇게 많이 낳았을 리는 없습니다. 그는 창조의 원리를 무시해 가면서 정보화 시대를 열었고 이스라엘을 부흥시켰습니다. 그러나 하나님의 구원은 입산이나 압돈을 통해 이루어지지 않았습니다. 아이를 낳지 못하던 한 불쌍한 여인에게서 태어난 삼손을 통해 이루어졌습니다. 하나님 나라의 능력은 세계화나 정보화에 있지 않았습니다. 오직 성령의 능력에 있었습니다. 삼손은 성령의 사람이었습니다. 하나님은 아이를 낳지 못함에도 불구하고 세상과 타협하지 않고 오래오래 기다리던 불임의 여성 마노아의 아내를 통해 역사하셨습니다.

기독교에는 인터넷보다 탁월한 네트워크가 있습니다. 그것은 성령의 교통하심입니다. 이 교통하심이야말로 하늘과 땅을 연결시키며 땅에 있는 온 성도들을 연결시키는 통신망이요 정보망입니다. 우리가 살 수 있는 길은 오직 하나밖에 없습니다. 그것은 성령의 능력으로 사는 것이며 성령의 능력으로 더 충만해지는 것입니다.

오늘 말씀을 보면서 첫째로 들 수 있는 생각은, 하나님의 백성인 에브라임 족속이 어떻게 이 정도까지 악할 수 있느냐는 것입니다. 성경은 이에 대해 놀랄 일이 아니라고 말씀합니다. 아무리 신앙생활을 오래했다 하더라도 진정으로 마음에 할례를 받지 못한 사람은 자기의 이익이 문제될 때 얼마든지 믿지 않는 사람과 똑같이 욕심에 사로잡힐 수 있습니다. 그러므로 절대로 자기 자신을 믿어서는 안 됩니다. 자기를 믿는 사람은 자기뿐 아니라 남도 망하게 할 것입니다.

우리는 내 방식대로 남을 사랑하지 않도록 주의해야 합니다. 주님이 말씀하시는 것이 무엇입니까? 다른 사람을 있는 모습 그대로 인정하라는 것입니다. 다른 사람의 가정, 다른 사람의 부부관계, 다른 사람의 일, 다른 사람의 집, 다른 사람의 재산을 소중히 여기는 것이야말로 진정한 사랑의 첫 단계입니다. 이것이 되지 않을 때, 사랑은 폭력이 될 수 있습니다.

둘째로, 입다는 지혜롭게 죄와 싸웠습니다. 그는 자칫 이스라엘을 분리시킬 수도 있는 위험한 전쟁을 치렀습니다. 죄를 용납하면서 하나 되는 것은 결코 진정한 일치가 아니라고 생각했기 때문입니다. '이스라엘은 거룩한 연합으로 하나 되어야 한다. 탐욕과 거짓을 용납하면서 하나가 되는 것은 아무 의미가 없다. 나는 이스라엘이 분리되는 한이 있어도 악과 싸우겠다'는 것이 그의 생각이었습니다.

또한 그는 요단 강을 건너온 자들은 철저히 찾아내서 응징했지만, 자기 감정대로 요단 강을 건너가 에브라임 전체를 정죄하지는 않았습니다. 누가 나의 친구고 적이냐를 구별하는 것은 몹시 어려운 일입니다. 입다는 하나님이 하신 일을 기준으로 삼는 한편 길르앗 사람들을 사랑하는 입장에서 이것을 분별했습니다. 그가 죄와 싸움으로써 이스라엘은 오히려 하나가 될 수 있었습니다.

셋째로, 입산이나 압돈처럼 이스라엘을 잘되게 하려고 애쓴 사사들이 있었지만, 그들의 수고는 열매를 맺지 못했을 뿐 아니라 이스라엘을 더 타락시키는 결과를 낳았습니다. 하나님의 능력은 그들을 통해 나타나지 않았습니다. 아이를 낳지 못해 손가락질받던 한 불임의 여성을 통해 나타났습니다.

오늘 우리가 살 수 있는 유일한 길은 성령의 능력이 우리 안에서 터져 나올 수 있도록 겸손해지는 것입니다. 하나님과 우리 사이를 막고 있는 세상의 찌꺼기를 다 치워 버리는 것입니다. 나의 생각과 감정을 믿지 않고 성령을 의지하는 것입니다. 내가 오늘까지 생각했던 것, 오늘까지 붙들고 있던 것들을 다 포기하고 성령이 주시는 새로운 가치와 안목을 갖는 것입니다. 그러면 의의 태양이신 하나님의 은혜가 우리의 삶 전체를 둘러 비출 것입니다.

5
삼손의 출생 예고

...... "보라, 네가 잉태하여 아들을 낳으리니 그 머리에 삭도를 대지 말라. 이 아이는 태에서 나옴으로부터 하나님께 바치운 나실인이 됨이라. 그가 블레셋 사람의 손에서 이스라엘을 구원하기 시작하리라" ......

사사기 13:1-14

요즘은 임신 여부를 확인할 수 있는 간단한 방법들이 많이 개발되어 있습니다. 병원에 가서 확인할 수도 있고 시약을 사서 직접 검사할 수도 있습니다. 그러나 옛날 어머니들은 그런 방법이 없었기 때문에 태몽을 통해 임신 사실을 확인하는 경우가 많았습니다. 여성이 임신을 하면 신체에도 이상이 오고 자기 나름대로 짐작되는 바도 생기기 때문에 평소와 다른 꿈을 꿀 가능성이 커집니다. 이럴 때 꾸는 꿈이 태몽입니다. 그러니까 태몽에 무슨 특별한 의미를 부여하기보다는 일종의 임신 사실 확인 정도로 보는 것이 좋습니다.

옛날 어머니들에게는 이렇게라도 임신 사실을 확인하는 것이 중요했습니다. 특히나 쉽게 아이를 가질 수 없었던 여성들에게는 이런 확인이 더더욱 중요했습니다. 어머니는 임신이 확인됨과 동시에 뱃속의 아이가 건강하게 출생하고 잘 자라는 일에 모든 삶의 초점을 맞추게 되기 때문입니다. 어머니는 그때부터 부정한 것들을 멀리하고 말과 행동을 조심합니다.

그런데 성경을 보면 아주 드물게 하나님의 천사가 찾아와 임신 사실을 알려 주는 경우가 있습니다. 이런 것을 한자어로 '수태고지'라고 합니다. 이런 수태고지는 결코 흔한 일이 아닙니다. 이런 식으로 천사가 찾아와 임신 사실을 알려 준 경우에는 몇 가지 특징이 나타납니다.

첫째로, 수태고지를 받은 사람들은 모두 임신할 수 없는 여성들이었습니다. 아이를 잘 낳는 여자에게 "네가 네번째 아이를 낳을 것이다"라는 식으로 알려 준 경우는 한 번도 없습니다. 수태고지를 받은 여성들은 모두 불임의 여성들이었습니다. 고대에는 아이를 낳지 못하는 여성들을 완전히 죄인 취급 했습니다. 하나님이 이런 여성들에게 아이를 주신 것은 위대한 구원을 이루기 위해서였습니다. 그래서 하나님은 미리 임신 사실을 알려 주심으로써 낮은 자존감을 가진 이들을 위로하시고 축복하시며 앞으로 아이를 어떻게 키워야 할지 가르쳐 주셨습니다.

둘째로, 수태고지가 있었던 때는 이스라엘이 영적으로 최악의 상태에 빠져 있어서 도저히 그들 자신의 힘으로 일어서지 못할 때였습니다. 신앙을 완전히 잃고 나면 말씀만으로는 일어서지 못하는 법입니다. 하나님의 백성은 어떤 위기나 어려움에 처해도 말씀만 들으면 그 자리에서 일어선다는 특징을 가지고 있습니다. 그러나 신앙이 너무나도 타락하고 침체되어 있을 때에는 말씀만으로 일어서지 못합니다. 그럴 때에는 초강력 수단을 동원하는 수밖에 없습니다. 하나님은 이런 초강력 수단의 하나로 불임의 여성에게 아이를 주시곤 했습니다. 아이를 갖지 못하던 여자가 아이를 갖는다는 것은 예삿일이 아닙니다. 하나님은 이런 기적적인 임신을 통해 사람이 상상할 수 없는 지혜와 능력으로 그 백성들을 건져 내리라는 것을 미리 보여 주셨습니다.

셋째로, 수태고지는 하나님이 100퍼센트 자신의 능력으로 이스라엘 백성들을 구원하고자 하실 때 주어졌습니다. 이스라엘 백성들은 스스로 일어설 수 있는 능력이 전혀 없습니다. 그때 하나님이 한 사람을 준비시키시되, 아예 잉태되는 순간부터 그 능력에 붙들리게 하심으로써 '너희는 아무 힘이 없어도 된다. 오직 나만 바라보면 살 수 있다'는 것을 보여 주시는 것입니다. 이러한 수태고지는 구원의 마지막 수단이자 긴급한 방편이었습니다.

신약성경에는 유명한 수태고지가 두 차례 나옵니다. 하나는 세례 요한의 어머니 엘리사벳에게 천사가 나타나 임신 사실을 알려 준 것입니다. 엘리사벳은 대단히 경건한 여성이었지만 늙도록 아이가 없었습니다. 하나님은 그에게 특별한 은혜를 주셔서 아주 중요한 인물을 잉태하게 하셨습니다. 그리고 그냥 두면 임신이 아니라 죽을 병에 걸린 줄 알고 낙심할 테니까 미리 천사를 보내어 아이를 낳으리라는 사실을 알려 주셨습니다.

또 하나는 예수의 모친 마리아에게 천사가 나타나 수태고지를 한 것입니다. 마리아는 생리적인 불임이 아니라 윤리적인 불임이었습니다. 그는 결혼했는데도 임신을 못한 경우가 아니라 아직 처녀이기 때문에 오히려 임신을 하면 큰일이 나는 경우였습니다. 그러나 하나님은 모든 죄인을 구원하시기 위해 비상한 방법으로 아이를 갖게 하셨습니다. 그리고 그를 믿음으로 준비시키시려고 임신 사실을 미리 알려 주셨습니다.

세례 요한과 우리 주님이 태어나셨을 때, 하나님의 백성들에게서는 믿음이라는 것을 거의 찾아볼 수 없는 형편이었습니다. 그래서 하나님은 초강력 수단으로 세례 요한을 보내셨고, 독생자 예수 그리스도를 보내셨습니다. 그런데도 이스라엘 사람들은 요한을 헤롯의 칼로 죽였을 뿐 아니라 하나님의 아들을 십자가에 못박아 죽여 버렸습니다.

사사기 13장에는 이스라엘 단 지파에 속한 마노아라는 사람의 아내에게 하나님의 사자가 나타나 임신할 것을 알려 주는 내용이 나오고 있습니다. 마노아의 아내도 불임의 여성이었습니다. 그 당시 지도자들이 여러 아내를 두고 30명, 40명씩 자녀를 낳을 때, 이 부부는 단 한 명의 자녀도 낳지 못했습니다. 그러나 하나님은 이 부부를 주목하여 보셨고 이들을 찾아와 수태고지를 해 주셨습니다. 이들은 한 아이를 낳을 것입니다. 그 아이는 성령의 사람이므로 태어난 이후에는 물론이고 어머니의 뱃속에 있을 때부터 부정한 것이나 취하게 하는 것을 가까이해서는 안 됩니다. 이것은 이 부인에게 말할 수 없는 위로와 축복인 동시에 새로운 영적 전쟁의 시작이었습니다.

초강력 수단의 필요성

삼손이 태어날 무렵 이스라엘은 전체적으로 가장 절망적인 상태에 빠져 있었습니다. 13장은 10장 7절과 연결되는 말씀입니다. "여호와께서 이스라엘에게 진노하사 블레셋 사람의 손과 암몬 자손의 손에 파시매."

하나님이 이스라엘 지파를 열둘로 나누신 것은 그들의 부패한 본성 때문이었습니다. 한 단위로 있으면 한꺼번에 부패할 가능성이 큽니다. 그래서 여러 지파로 나눔으로써 혹시 한 지파가 부패하더라도 다른 지파는 견딜 수 있게 하시며, 한 지파가 어려울 때 다른 지파에서 부흥의 역사가 일어나 넘어져 있는 자들을 다시 일으켜 세울 수 있게 하신 것입니다.

계속 살펴본 바와 같이 사사기는 오늘날 교회 시대와 가장 비슷한 모습을 보여 주고 있습니다. 처음부터 교회론적으로 사사기에 접근해 온 이유가 여기에 있습니다. 하나님이 교회를 여러 교파로 분열시켜 놓으신 이유가 무엇입니까? 한 교파가 침체하고 부패하더라도 다른 교파는 영향을 덜 받고 버티게 하시기 위해서입니다. 그렇게 버티던 교파에서 부흥의 역사가 일어나면 다른 교파도 함께 은혜를 받고 힘을 낼 수 있습니다.

그러나 삼손이 태어날 무렵에는 어느 지파 할 것 없이 모두 부패해 버렸습니다. 요단 동편은 동편대로, 서편은 서편대로 침체되어 있었습니다. 그래서 하나님은 요단 동편은 암몬 족속의 지배를 받게 하시고, 서편 본토는 블레셋 족속의 지배를 받게 하셨습니다. 사사 시대 이스라엘은 전체적으로 하나의 단위가 아니었습니다. 그럼에도 불구하고 삼손이 태어날 무렵에는 신앙이라는 것을 거의 찾아볼 수 없을 정도로 전체적으로 부패한 상태였으며, 거의 모든 백성이 신앙을 버리고 배교한 상태였습니다.

13장 1절은 이렇게 시작됩니다. "이스라엘 자손이 다시 여호와의 목전에 악을 행하였으므로 여호와께서 그들을 40년 동안 블레셋 사람의 손에 붙이시니라."

사사기에는 하나의 사이클이 반복해서 나타납니다. 이스라엘 백성들이 하나님을 떠나면 하나님이 그들을 이방인의 손에 붙여서 징계하십니다. 그러면 자신들의 잘못을 깨닫고 하나님께 부르짖습니다. 하나님은 그 부르짖음을 들으시고 사사를 일으켜 구원하십니다. 사사가 살아 있는 동안 그들은 평안을 누립니다. 그러나 사사가 죽으면 다시 하나님을 떠납니다.

이스라엘 백성들은 40년에서 100년을 주기로 이 사이클을 반복했습니다. 그런데 삼손 때에는 이 사이클조차 나타나지 않습니다. 그들은 40년 동안 블레셋의 지배를 받으면서도 하나님께 부르짖지 않았습니다. 왜 부르짖지 않았습니까? 영적으로 완전히 죽어 버렸기 때문입니다.

병원 응급실에 가 보면 이와 비슷한 모습을 볼 수 있습니다. 병원 응급실은 마치 전쟁터 같습니다. 여기저기에서 신음 소리와 도움을 호소하는 소리가 터져 나옵니다. 그래도 그렇게 신음하거나 소리치는 사람은 아직 의식이 있고 호흡이 있는 사람입니다. 아예 의식이 없고 호흡마저 끊어진 사람은 숨소리도 내지 못합니다. 의사들은 그런 사람들을 살리기 위해 가슴에 전기 충격을 가합니다. 그러면 환자의 몸이 벌떡 일어나지만, 그렇다고 살아난 것은 아닙니다.

이스라엘 백성들의 영적인 상태가 바로 그러했습니다. 그들은 영적으로 호흡이 중단되어 있었고 맥박이 멈추어 있었습니다. 그들에게는 '하나님께 부르짖어야지, 이렇게 어려울 때에는 기도해야지' 하는 의식조차 남아 있지 않았습니다. 특별한 충격이 주어지고 기적이 일어나지 않는 한 그들은 살아날 가망이 없었습니다. 삼손은 이들을 살리기 위한 일종의 전기 충격 요법이라고 할 수 있었습니다.

정상적인 하나님의 백성들은 아무리 형편이 어려워도, 아무리 직장을 잃고 식구가 병들어 누워 있고 빚이 산더미같이 쌓여 있어도, 말씀만 들으면 딱 정신을 차리고 살아나게 되어 있습니다. 그들은 말씀을 통해 자신의 교만과 하나님 없이 살아온 모습을 깨닫고 기도하기 시작합니다. 며칠 전에 사업하는 분을 만났는데, 그의 회사는 이미 부도가 난 상태였습니다. 그런데도 그는 놀라울 정도로 안정되어 보였습니다. 그는 이 고난이 자신에게 유익하다고 했습니다. 일이 잘되고 돈이 들어올 때는 자기도 모르게 교만해져 있었는데, 이런 일을 겪다 보니 생각나는 것은 기도밖에 없더라는 것입니다. 사면은 다 막혔는데 오직 하늘만 뚫려 있더라는 것입니다. 이 사람은 살아 있는 사람입니다. 죽는다고 소리를 지르고 고통을 호소할 수 있는 사람은 아직 호흡이 있고 의식이 있는 사람입니다.

그런데 아무리 말씀을 들어도 꿈쩍하지 않는 사람이 있습니다. 아무리 어려움을 당해도 이를 악물고 기도하지 않는 사람이 있습니다. 이런 사람은 거의 죽은 사람이나 마찬가지입니다. 초강경 수단이 아니면 살릴 길이 없습니다. 하늘이 뒤집히는 역사가 일어나야 겨우 눈물 한 방울 흘릴까 말까 한 사람이에요.

그러나 무서운 사실은 그런 초강경 수단을 쏟다 해도 그가 반드시 살아난다고는 보장할 수 없다는 것입니다. 전기 충격만으로 사람이 다 살아난다면 너도나도 이 방법을 써 달라고 하지 않겠습니까? 이미 생명력을 잃은 사람은 이런 초강경 수단으로도 살려 내기가 대단히 어렵습니다. 이를테면 삼손은 이미 꺼져 가고 있는 이스라엘의 생명의 불씨를 다시 살리기 위한 초강경 수단이었습니다. 그러나 그가 왔다고 해서 이스라엘이 반드시 살아난다고 보장할 수는 없었습니다.

기적이나 특별한 이적이 있어야 믿는 것은 별로 좋은 신앙이 아닙니다. 이것은 마치 페니실린으로 연명하려는 것과 같습니다. 청년수련회나 청소년 수련회를 다녀오고 나면 부모님들이 이런 소리를 합니다.

"이번 수련회는 참 놀라워요. 약효가 한 달 정도 가는데요?"

"무슨 약효인데요?"

"한 달 동안은 청소도 잘하고 심부름도 잘하고 공부도 잘하더라구요."

어떤 의미에서 이것은 옳은 말입니다. 그리스도인들이 함께 모여서 세상 일을 내려놓고 집중적으로 말씀을 듣는 것은 하나님이 사용하시는 아주 강력한 수단입니다. 이것은 좋은 일입니다. 요즘 청년이나 청소년들에게서 신앙을 찾아보기가 얼마나 어렵습니까? 마귀의 사상과 문화가 젊은이들의 세계를 온통 뒤덮고 있는 것이 요즘의 상황입니다. 이럴 때 필요한 것은 찬양 집회나 수련회 같은 강력한 하나님의 방법입니다. 그러나 그것을 전부로 생각해서는 안 됩니다. 아무리 좋다 해도 늘상 수련회만 하면서 살 수는 없기 때문입니다.

예수님이 십자가에 못박히시기 전에 높은 산에서 변화되신 것은 하나님의 강력한 은혜의 표현이었습니다. 제자들은 예수님의 빛나는 모습과 그 앞에 나타난 모세와 엘리야를 보고 정신을 차릴 수가 없었습니다. 그때 하늘에서 "이는 내 사랑하는 아들이요 내 기뻐하는 자니 너희는 저의 말을 들으라"(마 17:5)는 하나님의 음성이 들려왔습니다. 이보다 더 큰 체험이 어디 있으며 이보다 더 큰 영광이 어디 있습니까? 하나님은 왜 이런 놀라운 체험을 제자들에게 주셨을까요?

그들에게 믿음이 없었기 때문입니다. 그 당시에는 너무나도 많은 사람들의 영적 호흡이 중단된 상태에 있었고 제자들도 마찬가지였습니다. 그래서 하나님은 십자가를 앞두고 초강경 은혜를 퍼부으신 것입니다. 그러나 베드로의 말대로 그곳에서 초막 셋을 짓고 영원히 살 수는 없었습니다. 그때 산 밑에는 귀신 들려 고통받는 소년이 있었고, 다른 제자들은 그 귀신을 쫓아내지 못해서 큰 어려움에 빠져 있었기 때문입니다.

부흥의 체험은 필요합니다. 그러나 '부흥회주의'에 빠져서는 안 됩니다. '부흥회 아니면 안 된다', '수련회 없으면 안 된다'는 것은 페니실린으로 연명하려는 것과 같습니다. 우리는 다시 정상적인 삶으로 돌아와야 합니다. 기적으로 살려고 들면 안 돼요. 기적은 한 번의 충격 요법 같은 것입니다. 우리는 정상적으로 호흡해야 하며 정상적인 말씀을 붙들고 살아야 합니다.

하나님은 마노아의 아내에게 그가 낳을 아이가 장차 이스라엘을 블레셋의 손에서 구원하기 시작할 것이라고 말씀하셨습니다. 삼손은 강력한 은사의 사람이었습니다. 그는 마치 전기 충격 요법과 같았습니다. 그러나 하나님은 구원의 역사가 삼손으로 끝나는 것이 아니라 시작되는 것일 뿐이라고 말씀하셨습니다. 이 충격 요법으로는 이스라엘을 살리지 못한다는 것을 그는 알고 계셨습니다.

고난 중에 있는 한 여성을 보신 하나님

하나님은 단 지파에서 아이를 낳지 못하는 한 불임의 여성을 보셨습니다. "소라 땅에 단 지파의 가족 중 '마노아'라 이름하는 자가 있더라. 그 아내가 잉태하지 못하므로 생산치 못하더니 여호와의 사자가 그 여인에게 나타나시고 그에게 이르시되 '보라, 네가 본래 잉태하지 못하므로 생산치 못하였으나 이제 잉태하여 아들을 낳으리니'"(13:2-3).

원래 단 지파는 이스라엘 열두 지파 중에 가장 운이 나쁜 지파였습니다. 왜냐하면 그들이 제비 뽑아서 차지한 땅은 가장 강력한 적이 포진하고 있던 블레셋 땅이었기 때문입니다. 예를 들어 우리나라가 월드컵 축구 본선 조 배정 추첨에서 제비를 뽑았는데, 첫 상대가 지난번 월드컵 우승팀이라고 합시다. 그러면 우리는 정말 운이 없다고 말할 것입니다. 어떤 나라는 약한 팀이 걸려서 이길 확률이 큰데, 우리는 처음부터 너무 강한 팀을 만나 힘 한번 써 보지 못한 채 패배할 것이 뻔하기 때문입니다. 단 지파가 바로 그러했습니다. 그들은 너무 강력한 상대를 만나는 바람에 아예 평지로 내려와 보지도 못했습니다. 그러나 하나님은 이 불행한 단 지파에 초강력의 능력을 주셨습니다. 그가 바로 삼손이었습니다.

단 지파에는 아주 귀중한 가정이 하나 있었습니다. 그것은 마노아라는 사람의 가정이었습니다. 마노아의 가정이 귀한 이유는 이들 부부가 자식이 없었음에도 불구하고 인간적인 방법으로 자식을 가지려 하지 않고 늙도록 하나님을 기다린 데 있었습니다. 그 당시 신앙 지도자들은 어떠했습니까? 입산은 아들 30명과 딸 30명을 낳아 모두 외국인과 결혼시켰습니다. 이처럼 아들 딸이 각기 30명씩 있는 것은 축복일까요? 축복이지요. 그것도 엄청난 축복입니다. 그러나 그것은 자기 스스로 만들어 낸 축복이었습니다. 입산은 한 사람의 아내에게서 이렇게 많은 아이를 낳은 것이 아닙니다. 그는 굉장한 축복을 받은 사람이었지만, 그것은 순수하게 하나님이 주신 축복이 아니라 자기 스스로 만들어 낸 축복이었습니다. 압돈도 마찬가지였습니다. 그에게는 아들 40명과 손자 30명이 있었습니다. 그러나 이것 또한 하나님이 주신 축복이 아니라 자신이 짜낸 축복이었습니다.

이것을 통해 우리가 알 수 있는 바가 무엇입니까? 당시 이스라엘 백성들 사이에는 하나님이 주신 것으로 만족하지 못하고 스스로 복을 만들어 내려는 태도가 팽배했다는 것입니다. 지도자부터가 그러했습니다. 사실 기드온도 이 부분에서는 자유롭지 못했습니다. 그 또한 아들을 70명이나 두었습니다. 물론 아비멜렉의 손에 다 죽임을 당하긴 했지만, 어쨌든 사람의 눈으로 보기에는 아들 한 명 없는 사람에 비해 엄청난 축복을 받은 사람인 것이 분명합니다.

그러나 마노아와 그의 아내는 그렇지 않았습니다. 다른 사람들은 스스로 만든 행복에 젖어 있었지만 이들은 그런 행복마저 누리지 못했습니다. 제가 궁금히 여기는 것은, 왜 마노아와 그의 아내가 어떤 방법을 써서라도 아이를 가지려 하지 않았을까 하는 점입니다. 마노아가 아내를 너무 사랑한 나머지 다른 아내를 두지 않은 것일까요? 아니면 돈이 없어서 다른 아내를 두지 못한 것일까요? 그것도 아니면 신앙이 너무나 돈독한 나머지 세상적인 유혹을 다 거절하고 끝까지 하나님만 바라보았기 때문입니까?

제가 보기에는 세 가지 모두 답일 가능성이 희박합니다. 제가 생각할 수 있는 유일한 해답은 하나님이 특별한 목적을 가지고 이 가정을 지키셨다는 것입니다. 이 부부도 분명히 세상적인 방법을 사용하고 싶었을 것입니다. 남들도 다 하는데 이들이라고 못할 것이 뭐가 있습니까? 그러나 이상하게도 이들에게는 세상적인 방법이 통하지 않았던 것 같습니다. 이를테면 세상적인 방법을 쓰려고 할 때마다 길이 막히고 실패했다는 것입니다. 이들이라고 해서 쉽게 잘 사는 방법을 몰랐을 리가 없습니다. 마노아도 여러 명의 아내를 두고 싶었을 것이고 다른 지도자들이 쓴 방법대로 스스로 축복을 만들어 내고 싶었을 것입니다. 그러나 이상하게도 이들에게는 그런 길이 열리지 않았습니다. 하나님이 특별한 목적을 위해 이 부부를 지키시고 준비시키고자 하셨기 때문입니다.

하나님의 사자는 마노아의 아내에게 "보라, 네가 본래 잉태하지 못하므로 생산치 못하였으나"라고 말씀하십니다. 무슨 뜻입니까? 마노아의 아내에게는 하나님의 은혜가 원천적으로 봉쇄되어 있었다는 것입니다. 아이를 낳긴 낳았는데 병들어 죽었거나 한 것이 아니라 아예 한 번도 아이를 낳아 본 적이 없었습니다. 아예 임신조차 된 적이 없었어요. 그에게는 하나님의 축복이 원천적으로 봉쇄되어 있었습니다.

하나님이 마노아와 그의 아내를 이런 식으로 준비시키신 이유가 무엇입니까? 신앙은 누군가로부터 배우는 것이기 때문입니다. 이스라엘의 위대한 구원자들은 위대한 신앙의 어머니에게서 태어났습니다. 신앙의 사람들은 하늘에서 떨어지거나 땅에서 솟아나지 않았습니다. 그들은 모두 위대한 스승들에게서 신앙을 배웠습니다. 그런데 그 스승들 중에서도 가장 위대한 스승은 바로 그들의 어머니였습니다.

그래서 하나님은 위대한 구원자를 보내기 전에 항상 그 어머니를 먼저 준비시키셨습니다. 어떻게 준비시키셨습니까? 오랫동안 아이를 주지 않음으로써 준비시키셨습니다. 고대에 여자가 아이를 낳지 못한다는 것은 견딜 수 없는 치욕이었습니다. 아이를 낳지 못하는 여자는 죄인 취급을 받았고 살 가치가 없는 사람 취급을 받았습니다. 이웃들은 "저 여자 아직도 멀쩡히 살아 있네. 아이 하나 못 낳고서도 입으로 밥이 들어가는 모양이지?" 하는 식으로 수군거렸습니다.

불임의 여성들은 이런 경험을 통해 하나님 앞에서 철저히 낮아지는 훈련, 자기 자신을 완전히 부인하고 하나님의 능력에 붙들리는 훈련을 받았습니다. 아이를 못 낳다 보니 얼굴이 예쁘다고 자랑할 수도 없고 머리가 좋다고 자랑할 수도 없었습니다. 그들에게는 자존심이라는 것이 남아 있을 수가 없었습니다. 하나님의 은혜를 받는 데 걸림돌이 무엇입니까? 바로 이 자존심입니다. 포기하지 못한 자기 안의 자랑들이 하나님의 은혜를 가로막습니다. 하나님 앞에서는 가장 낮은 자가 가장 큰 복을 받게 되어 있습니다. 이 어머니들은 아이를 낳지 못하는 시련을 통해 낮아질 대로 낮아졌습니다.

우리는 모두 자기 도취의 영역을 가지고 있습니다. '나는 S대 출신이야. 다른 대학 출신하고 같은 줄 알아?', '나는 장교 출신이야. 방위랑 같은 줄 알아?', '나는 졸업할 때 수석해서 상 받았어. 꽃만 받은 너희랑 같은 줄 알아?' 하는 식의 자기 자랑이 속에 다 있어요. 이런 자랑이 있는 사람은 절대로 다른 이들을 살리는 수단으로 사용되지 못합니다. 다른 사람을 살리려면 그 사람의 고통을 끌어안을 수 있어야 하는데, 자기 안에 조금이라도 자랑이 남아 있는 사람은 절대로 다른 사람의 아픔이나 고통을 진심으로 끌어안을 수 없기 때문입니다. 흉내는 낼 수 있을지 몰라도 그들의 모순이나 악한 부분이나 약한 점들을 진심으로 사랑하게 되지가 않습니다.

저 잘난 맛에 사는 부모는 자기 애를 얼마나 귀여워하는지 하드처럼 빨아 주고 핥아 주면서 키웁니다. 그러나 애는 핥아 주면 핥아 줄수록 더러워지게 되어 있습니다. 하나님은 위대한 구원자를 보내기 전에 어머니부터 낮아지게 하시고 모든 자랑을 빼앗아 가심으로써 자식을 낳은 후에도 절대 물고 빨거나 자랑하지 못하게 하셨습니다. '이 아이는 내 아이가 아니라 하나님의 아이이다. 그러니까 절대 내 방법대로 키우면 안 된다. 만약 이 아이를 눈먼 사랑으로 키운다면 나는 이 아이를 망치게 될 것이다'라는 것을 이 어머니들은 확실히 알았습니다.

하나님의 나라는 모계로 이루어져 있습니다. 공식적으로는 다윗의 혈통으로 이루어져 있지만 실제로는 불임의 여성들이나 부도덕한 여성들의 계보로 이루어져 있습니다. 마태복음 1장에 나오는 예수님의 족보는 실제로는 두 가지입니다. 하나는 아브라함과 다윗의 족보이고, 다른 하나는 기생 라합, 모압 여자 룻, 우리아의 아내 밧세바, 처녀로서 수태한 마리아 같은 불임의 여성, 또는 부도덕한 임신으로 자랑할 것이 전혀 없었던 여성들의 족보입니다.

하나님의 구원은 어디에서부터 시작됩니까? 인간이 철저하게 실패한 바로 그 자리에서부터 시작됩니다. 너무나도 부끄러워서 입조차 열 수 없는 수치스러움과 무능함과 부끄러움에서부터 시작됩니다. 철저하게 낮아진 어머니는 자기가 낳은 아이라도 자기 아이가 아니라는 것을 압니다. 자기는 원래 아이를 낳을 수 없었던 사람이었기 때문입니다. 그래서 아이를 모정으로 키우지 않습니다. 철저하게 하나님의 사랑으로 키웁니다. 어머니는 계속 아이에게 말합니다. "너는 내 아이가 아니라 하나님의 사람이야. 하나님의 말씀에 순종하기 위해서라면 이 어미의 마음을 섭섭하게 하는 것을 조금도 두려워하지 말아라." 바로 이런 어머니 밑에서 자란 아이들이 위대한 이스라엘의 구원자가 되었습니다.

울기만 하면 안아 주고 무슨 짓을 해도 야단치지 않는 눈먼 사랑으로는 절대로 위대한 사람을 만들지 못합니다. 그렇게 자란 아이들은 나중에 부모의 사랑조차 알지 못합니다. 스스로 속고 있는 부모들이 너무 많아요. 그렇게 물고 빨며 키운 자식이 나중에 어떤 짓을 할 것 같습니까? 그런 자식일수록 더 철저하게 부모를 이용해 먹으려고 합니다. 사랑으로 키웠는데도 자식이 이렇게 되는 것은, 그 사랑에 독이 들어 있기 때문입니다. 조금씩 조금씩 독을 주어서 결국 맹수로 만든 것입니다. 그래서 오히려 부모의 사랑을 못 받은 자녀가 더 건전하게 자라는 경우가 생기기도 합니다.

인간의 사랑 안에는 독이 들어 있습니다. 우리의 사랑을 온전하게 만드는 것은 오직 성령의 능력밖에 없습니다. 성령의 능력으로 절제되지 않은 사랑은 사람을 죽이게 되어 있습니다. 이런 사랑은 가장 사랑하는 사람을 오히려 망하게 만듭니다.

성령의 사람에게 필요한 조건

하나님의 사자는 마노아의 아내에게서 태어날 아들은 나면서부터 나실인이므로, 임신했을 때부터 포도주나 독주를 삼가라고 말씀하셨습니다. "그러므로 너는 삼가서 포도주와 독주를 마시지 말지며 무릇 부정한 것을 먹지 말지니라. 보라, 네가 잉태하여 아들을 낳으리니 그 머리에 삭도를 대지 말라. 이 아이는 태에서 나옴으로부터 하나님께 바치운 나실인이 됨이라. 그가 블레셋 사람의 손에서 이스라엘을 구원하기 시작하리라"(13:4-5).

여기에서 "나실인"은 '구별되었다', 또는 '바쳐졌다'는 뜻을 가진 말입니다. 율법에는 하나님께 바쳐진 나실인의 규정이 나옵니다. 나실인은 제사장과는 좀 다른 사람입니다. 나실인은 서원과 관계가 있습니다. 지난번에 서원이란 어떤 것이라고 했습니까? 하나님의 은혜가 감사해서 그 은혜를 헛되이 하지 않기 위해 자진해서 어떤 의무를 지거나 책임을 감당하는 것이라고 했습니다. 나실인은 그 중에서도 물질적인 영역에서 의무와 책임을 지는 것이 아니라, 자기 몸의 사용을 제한한다는 점에서 의무와 책임을 지는 사람이었습니다.

우리나라 젊은이는 누구나 병역의 의무를 지게 되어 있습니다. 군대에 있을 때 그의 몸은 자기의 것이 아니라 나라의 것입니다. 저는 군대에서 훈련을 받으면서 고통스러운 시간을 많이 견뎌야 했습니다. 그때마다 했던 생각이 '이 몸은 내 것이 아니라 국가의 관물이다'라는 것이었습니다. 몸을 내 것이라고 생각했다면 화가 나서 도저히 견딜 수 없었을 상황이 많았습니다.

나실인은 자기 몸을 하나님께 바친 사람이었습니다. 그의 몸은 자신의 것이 아니라 하나님의 것이었습니다. 그래서 자기도 마음대로 할 수 없었고 부모도 마음대로 할 수 없었습니다. 마치 자진해서 자원봉사대에 들어간 사람과 같습니다. 다른 이유 때문이 아닙니다. 하나님의 은혜가 너무 감사해서 자진하여 교수 자리를 포기하거나 회사의 중책을 떠나 자원봉사대에 들어간 것입니다. 나실인들은 대개 이스라엘이 위기에 처했을 때 전쟁에 나서는 경우가 많았습니다.

이 나실인들에게는 몇 가지 규정이 있었습니다. 첫째는 절대 술을 마시지 않는 것입니다. 포도주나 독주만 마시지 않는 것이 아니라 포도 열매나 건포도처럼 포도에서 난 것은 어떤 것도 먹을 수 없었습니다. 둘째는 머리를 자르지 못하는 것이었습니다. 이것은 그의 소속을 나타내는 표시였습니다. 즉 나실인은 하나님께만 속한 사람이라는 표시로 머리를 자르지 못하게 한 것입니다. 셋째로 나실인은 죽은 시체나 부정한 것을 가까이할 수 없었습니다. 심지어 아버지가 돌아가셔도 장례를 지낼 수 없었습니다.

나실인에게 포도주나 독주를 마시지 못하게 하신 것은 그들이 성령의 사람이었기 때문입니다. 나실인은 자기 힘으로 봉사하는 사람이 아니었습니다. 그래서 언제라도 성령에 감동될 수 있고 성령의 능력으로 충만해질 수 있기 위해 술을 마시지 않았습니다. 팔레스타인의 술은 우리가 생각하는 술보다는 음료수에 가깝습니다. 그곳은 수질이 좋지 못하기 때문에 포도주가 없으면 마실 게 없어요. 또 열매 중에서 가장 맛있는 열매가 포도였고, 떡 중에서 최고의 떡이 건포도떡이었습니다. 그러나 하나님은 나실인에게 인이 박이거나 습관이 될 수 있는 것은 모두 절제시키셨습니다. 이것이 무슨 뜻입니까? 하나님의 성령은 그 백성들이 다른 것에 지배당하는 것을 기뻐하지 않으신다는 뜻입니다.

술은 술 마신 사람에게 어떤 식으로든 영향을 끼칩니다. 기분이 나빠도 좋은 것처럼 느끼게 하고, 정도 이상으로 용감하게 만들기도 합니다. 성령은 이런 것을 굉장히 싫어하십니다. 나실인들은 성령 외의 것에 영향을 받거나 자기 인격을 조종당하는 일을 경계했습니다. 언제든지 성령이 임하셔서 그 뜻대로 자기 몸을 사용하실 수 있도록 늘 5분대기조 상태에 있었습니다.

오늘날 그리스도인들은 다 나실인입니다. 우리는 모두 성령의 사람들입니다. 성령의 사람은 담배를 가까이해서는 안 됩니다. 담배는 우리를 인박이게 하기 때문입니다. 담배를 습관적으로 피우던 사람은 담배만 떨어지면 쓰레기통을 뒤져서라도 꼭 피워야 직성이 풀립니다. 이것은 담배의 니코틴이 그를 지배하고 있다는 뜻입니다. 또 담배를 피우는 그리스도인은 자기 몸에서 냄새가 난다는 것을 알기 때문에 다른 그리스도인들과 교제하는 부분에서도 자유롭지 못할 때가 많습니다.

청소년들은 음악이나 오락에 인박이기 쉽습니다. 그러나 그리스도인 청소년은 오락에 빠지면 안 됩니다. 컴퓨터 게임은 물론이고 클래식 음악이라 해도 밤을 샐 정도로 빠져들면 안 됩니다. 그러면 성령이 역사하시지 않습니다. 어떤 사람은 텔레비전 시청이나 비디오 감상에 인박일 수 있습니다. 또 어떤 사람은 커피에 중독될 수도 있습니다. 그러나 하나님의 사람들은 어떤 것이든 자신을 지배하려고 하는 것을 물리쳐야 합니다. 언제든지 성령 충만해질 수 있도록, 언제든지 성령이 임해서 나의 마음과 생각을 지배하실 수 있도록 5분대기조 상태로 있어야 합니다.

우리 몸 안에서는 늘 치열한 전쟁이 일어나고 있습니다. 성령은 성령대로, 육체는 육체대로 우리를 주장하려 하기 때문입니다. 우리는 우리 몸을 길들여야 합니다. 나실인들이 포도나무에서 난 것을 먹지 않았던 것은, 건포도 한 알이라도 먹을 시에는 그 자리에서 당장 성령이 떠나시기 때문이 아니었습니다. 건포도알이나 포도 열매처럼 작은 것을 허용하다가 결국은 술까지 마시게 될까 봐 두려워서 자제한 것입니다.

오늘날 우리는 이런 자제를 하지 않습니다. "죄 아니면 되는 것 아니야? 성경에 텔레비전 많이 보면 안 된다는 말 있어?" 하면서 줄기차게 텔레비전 앞에 앉아 있습니다. 그러나 우리는 성령의 사람들입니다. 무엇에든지 인박이는 것은 좋지 않습니다. 세상에서 즐길 것 다 즐기고 만날 사람 다 만나고 지껄일 것 다 지껄이면서 "성령이여, 오소서" 하면 성령이 오실 것 같습니까? 안 오십니다. 성령의 능력에 지배당하려면 세상에서 포기하는 것이 있어야 합니다.

삼손은 날 때부터 나실인으로서 한시적으로 하나님께 바쳐진 자가 아니라 태어날 때부터 하나님의 사람으로 구별된 자였기 때문에, 그를 임신한 어머니 또한 포도주나 독주를 삼가고 부정한 것을 멀리해야 했습니다.

아이들은 어머니가 임신 중에 많이 먹었던 음식을 좋아한다고 합니다. 어머니가 임신 중에 갈비를 좋아했으면 아이도 갈비를 좋아하고 생선을 좋아했으면 아이도 생선을 좋아한다는 거예요. 그런데 어머니가 임신 중에 포도주와 독주를 좋아하면 아이가 어떻게 되겠습니까?

하나님이 마노아의 아내로 하여금 임신했을 때부터 나실인의 규정을 지키게 하신 것은 태아 역시 똑같은 인격체로 보셨기 때문입니다. 우리는 세례 요한이 엘리사벳의 태중에 있을 때 마리아가 방문한 소리를 듣고 성령 충만하여 태중에서 뛰논 일을 잘 알고 있습니다. 이처럼 태중에 있는 아기들도 얼마든지 성령 충만할 수 있습니다.

우리는 "아이들이 어떻게 성령 충만할 수 있겠어?" 하면서 아이들을 성령으로 키우지 않습니다. 그러나 아이들도 성령 충만할 수 있습니다. 물론 아이들은 성령에 지배당하는 시간이 아주 짧습니다.

그래도 부모는 자녀를 성령으로 키워야 합니다. 뱃속에 있는 아이도 엄마를 통해 하나님의 말씀을 들을 수 있습니다. 분명히 알아듣지는 못해도 무언가 기쁘고 놀라운 것이 있다는 것을 느낄 수 있습니다.

하나님은 마노아의 아내에게 아이가 태중에서부터 성령의 지배를 받도록 키우라고 하셨습니다. 이보다 더 좋은 태교가 어디 있겠습니까? 어머니가 임신 중에 총으로 사람을 죽이는 영화를 매일 한 편씩 본다면 그 아이는 나중에 액션영화 배우가 되든지 정말 악당이 될지도 모릅니다. 매일 태중에서 듣던 소리가 총 쏘는 소리였고 사람을 죽이는 소리였으니까요. 이 소리들은 그 아이의 정신적인 고향이 될 것입니다.

성령의 능력으로 아이를 키우십시오. 그러려면 어머니가 먼저 성령 충만해야 합니다. 아이를 가졌을 때부터 성령 충만하도록 힘쓰십시오. 또 이미 태어나서 자라고 있는 아이들도 성령으로 키우기 위해 애쓰십시오. 성령이 아이의 정신적인 고향이 되시며 모든 힘의 근원이 되시게 하십시오.

하나님이 삼손을 태중에서부터 성령에 붙들리게 하신 것은, 이스라엘을 살리는 길은 오직 성령의 능력밖에 없었기 때문입니다. 하나님은 삼손에게 성령의 강한 능력을 주셨습니다.

삼손은 예수 그리스도의 놀라운 예표입니다. 마태 사도는 "이는 선지자로 하신 말씀에 '나사렛 사람이라 칭하리라' 하심을 이루려

함이러라"(마 2:23)고 말씀함으로써, 삼손이 나실인으로 정해진 일과 예수께서 나사렛에서 살게 되신 일을 연결시키고 있습니다. 사실 '나사렛'과 '나실인'은 각기 발음이 다릅니다. 그런데도 마태 사도는 예수 그리스도의 탄생을 삼손의 탄생과 연결시키고 있습니다. 삼손이 태어날 때 수태고지가 있었던 것, 그가 전적으로 불임의 여성에게서 태어나 이스라엘의 구원을 이룬 것, 태어나면서부터 나실인이었던 것, 강한 자보다 더 강한 자로 온 것, 동족의 배신으로 블레셋 사람들에게 넘겨진 것, 죽음으로써 살았을 때보다 더 큰 구원을 이룬 것 등은 예수 그리스도에 대한 놀라운 예표가 됩니다.

그러나 삼손의 문제가 무엇입니까? 술과 여자를 멀리하지 않은 것입니다. 그는 육체의 정욕을 절제하지 못했습니다. 원래 삼손을 향한 하나님의 뜻은 놀라운 것이었습니다. 그의 이름 자체가 '태양'이라는 뜻을 가지고 있었습니다. 하나님은 삼손에 대해 태양 같은 계획을 가지고 계셨고, 그를 통해 예수 그리스도를 보여 주기 원하셨습니다. 그러나 그는 술에 걸려들었고 시체를 가까이했으며 여자를 멀리하지 않았습니다. 그는 육체의 정욕을 통제하지 못함으로써 예수 그리스도의 모습을 온전히 보여 주지 못했습니다.

하나님은 우리 한 사람 한 사람에 대해서도 우리가 상상하는 것 이상으로 놀라운 계획을 가지고 계십니다. 그런데 왜 그 계획이 이루어지지 않고 있습니까? 내가 나의 작은 취미와 욕망을 포기하지 못하고 있기 때문입니다. 내가 하나님께 자신을 완전히 드리기를 주저하기 때문에 이 놀라운 계획이 포기되든지 지연되고 있는 것입니다.

오늘 예배를 드리면서 내가 포기하지 못한 채 고집하고 있는 작은 습관이나 욕망이 무엇인지 생각합시다. 그리고 그것을 버리기로 하나님 앞에 결단합시다. 우리가 조금만 더 죄의 욕망을 참을 수 있고 견딜 수 있다면 우리를 향한 하나님의 뜻은 조금도 실패하지 않고 온전히 이루어질 것입니다.

마노아 부부의 반응

마노아의 아내는 하나님의 사자를 만난 사실을 남편에게 알렸습니다. 그런데 이 남편의 반응이 놀랍습니다. 그는 아내의 말을 그대로 믿었습니다. 이것을 볼 때 그토록 타락한 시대에 마노아 부부가 아름답게 보전된 이유를 알 수 있습니다. 보통 남편이었다면 아마 '이 여자가 오랫동안 아이를 갖지 못하더니 드디어 실성했구나' 라고 생각했을 것입니다. 그러나 마노아는 그렇지 않았습니다. 아내를 조롱하거나 무시하는 대신 그 이야기를 진지하게 들은 다음, 자기가 직접 하나님께 기도를 드렸습니다. "마노아가 여호와께 기도하여 가로되 '주여, 구하옵나니 주의 보내셨던 하나님의 사람을 우리에게 다시 임하게 하사 그로 우리가 그 낳을 아이에게 어떻게 행할 것을 우리에게 가르치게 하소서'"(13:8).

우리가 보기에는 이 기도가 불신앙에서 나온 것 같습니다. 아내의 말을 믿지 않고 또 하나님의 사자를 보내 달라고 하니 말입니다. 그러나 이것은 불신앙이 아니라 탐구적인 신앙입니다. 마노아는 아내가 말할 때 그러려니 하고 그냥 넘어가지 않았습니다. "이렇게 중요한 일이라면 저에게도 말씀해 주십시오. 저도 이 일에 동참하고 싶습니다" 하면서 직접 확인하고자 했습니다. 남편이 진정으로 아내를 사랑한다면 아내가 소중히 여기는 것을 무시하지 않습니다. 오히려 그의 말을 아주 신중하게 듣습니다.

때로는 믿는 여자가 믿지 않는 남자와 교제하는 경우가 있습니다. 그때 여자의 마음속에는 '정말 이 사람이 하나님이 주신 사람일까?' 하는 갈등이 생깁니다. 그럴 때 하루 날을 잡아서 자신의 신앙에 대해, 자기가 소중히 생각하는 그 부분에 대해 진실하게 이야기해 보십시오. 그 남자가 정말 나를 사랑한다면 나의 신앙을 절대 무시하지 않고 신중하게 관심을 나타낼 것입니다. 그리고 반드시 내가 다니는 교회에 한번 와 볼 것입니다. 말만 듣고 신통치 않게 여겨서 그냥 넘어가는 것이 아니라, 여자친구가 왜 그렇게 이 신앙을 소중히 여기는지 직접 확인하고 싶어할 것입니다. 이것이 탐구적인 자세입니다.

마노아는 이런 탐구적인 자세를 가지고 있었습니다. 그는 그토록 중요한 일이라면 자기가 직접 확인해 보아야겠다고 생각했습니다. 그리고 실제로 하나님의 사자를 만나게 되자, 음식도 대접하려 하고 이름도 물어 봄으로써 아내가 하지 못했던 경험을 할 수 있었습니다. 원래 마노아의 신앙은 아내에 미치지 못했습니다. 그러나 그는 아내에게 아주 진지하고 정직한 자세를 가지고 있었습니다. 그래서 아내가 자기 경험에 대해 이야기했을 때 자기도 직접 확인하기를 원했습니다. 그 결과 그는 아내보다 훨씬 더 영광스러운 자리로 나아갈 수 있었습니다.

아내의 신앙적인 조언을 진지하게, 탐구하는 자세로 받아들인 결과 나중에는 아내보다 더 신앙이 좋아졌을 뿐 아니라 위대한 사역자가 된 사람들이 많이 있습니다. 그들은 언제까지나 아내의 치맛자락만 붙들고 있는 유치한 신앙에 머물지 않았습니다. 아내의 이야기를 출발점으로 삼아 하나님께 더 질문해 보고 연구해 보고 확인해 보다가 결국에는 훌륭한 주의 종이 되었습니다.

오늘 우리에게 필요한 것은 이런 탐구적인 자세입니다. "사사기에 이런저런 말씀이 있대. 그럭저럭 괜찮던데" 하는 데서 그치면 안 됩니다. 이런 말씀이 있다면 내가 하나님 앞에서 확인해야 할 것은 무엇인가, 삼손에 대한 계획이 이러했다면 나에 대한 계획은 무엇인가, 나는 하나님 앞에서 무엇을 포기해야 하는가, 어떤 즐거움이나 오락이나 인간관계를 포기해야 하는가에 대해 생각해야 합니다. 내가 들은 말씀을 출발점으로 삼아 더 나은 영광의 자리로 나아가야 합니다.

마노아의 신앙은 남들이 그렇다고 하니까 그런가 보다 하고 베끼는 식의 신앙이 아니었습니다. 자기 자신이 직접 확인해 보고, 거기에서 더 나아가 이름도 물어 보고 음식도 대접하려 드는 탐구적인 신앙이었습니다. 이처럼 어떻게 해서든지 하나님의 사자와 자꾸 이야기하려 들다 보니, 마침내 상상할 수 없는 사실들을 알게 되었고 하나님의 영광까지 경험하게 되었습니다.

정상적인 하나님의 백성이라면 말씀만 들어도 살아나는 것이 정상입니다. "나는 말씀만으로는 안 돼. 돈도 있어야 해" 하는 사람은 이미 호흡이 끊어진 사람입니다. 그런 사람은 기적이 아니면 일어날 수가 없습니다. 전기 충격이 없으면 일어날 수가 없어요. 그러나 문제는 전기 충격으로도 살아나지 못할 때가 많다는 것입니다.

하나님이 스스로 가장 불행하다고 생각했던 단 지파에게 삼손이라는 가장 강력한 방법을 사용하셨다는 사실을 기억하십시오. 가장 약한 위치에 있을 때 불평하거나 다투지 말고 기쁨으로 하나님의 개입을 기다리시기 바랍니다. 살기 힘들다고 해서 남편은 "친정 가서 돈 좀 꿔 오지 않고 뭐해?" 하면서 소리지르고, 아내는 아내대로 "당신이 벌어다 준 게 뭐 있다고 큰소리야?" 하면서 싸우려 들면 하나님의 역사가 일어나지 않습니다.

단 지파는 형편이 가장 어려운 지파였고, 마노아의 집은 그 중에서도 더 어려운 가정이었습니다. 그러나 그들은 자기 힘으로 사이비 행복을 만들어 내려고 하지 않고 하나님을 기다렸습니다. 자신들도 남들처럼 살고 싶은데 이상하게 길이 열리지 않을 때, '아, 하나님의 뜻이 있는 모양이다. 하나님이 개입하실 모양이다'라고 생각하면서 끝까지 기다렸습니다.

나에 대한 하나님의 놀라운 계획이 이루어지게 하기 위해 오늘 내가 어떤 욕망을 포기할 것이며 어떤 일에서 그리스도와 함께 고난받을 것인지에 대해 생각하시기 바랍니다. 그리스도인이 어떻게 편하게 살 수 있습니까? 십자가에 못박히신 그리스도 앞에서 어떻게 가죽 소파에 비스듬히 누워 양주 마셔 가면서 신앙생활 할 수 있습니까? 그리스도인은 편안하게 살기는 글러먹은 사람들입니다. 내가 포기해야 할 욕망이 무엇인지, 남들은 모르고 있지만 은밀하게 즐기고 있는 죄스러운 습관이 무엇인지 생각하십시오. 그리고 그것을 포기하십시오. 그렇게 할 때, 나에 대한 하나님의 계획이 놀랍게 이루어질 줄 믿습니다.

다른 믿음의 형제나 자매들이 하는 말을 신중하게 들으시기 바랍니다. 믿음이 부족한 남편은 아내의 말에 귀를 기울이십시오. 탐구적인 신앙을 가지십시오. 나를 전도한 사람의 신앙, 친구의 신앙, 아내의 신앙에 머물러 있지 말고 내 눈으로 직접 확인하십시오. 그러면 영광의 주님을 만나게 될 것입니다.

6
임재의 경험

> ……불꽃이 단에서부터 하늘로 올라가는 동시에 여호와의 사자가 단 불꽃 가운데로 좇아 올라간지라. 마노아와 그 아내가 이것을 보고 얼굴을 땅에 대고 엎드리니라……
>
> 사사기 13:15-25

    텔레비전을 보면 나이 들어 혼자된 사람들을 중매하는 프로그램이 있습니다. 남자나 여자를 출연시켜 현재 나이와 혼자된 때, 지금 하고 있는 일, 재산 정도, 자녀 등에 대해 이야기하게 한 후 관심 있는 사람이 전화를 걸면 서로 연결시켜 주는 프로그램입니다. 처음에 이 프로그램을 보았을 때 든 생각은 '텔레비전 방송이 이제는 정말 할 일이 없는 모양이다. 그러니까 이렇게 나이 든 이들의 중매서는 일에까지 나서는 게 아닐까?' 하는 것이었습니다. 그런데 이 프로그램에 나오는 사람들이 한결같이 하는 말이 있습니다. 그것은 나이가 들어 혼자 지내자니 적적해서 도저히 못 살겠다는 것입니다. 그동안 돈도 제법 벌었고 번듯한 집도 마련했지만 사랑할 짝이 없으니 사는 일이 전혀 재미가 없다는 것입니다.

이것이 물리적 변화와 화학적 변화의 차이입니다. 물리적 변화란 물체 자체의 성질은 변하지 않으면서 상태만 변하는 것입니다. 예를 들어 어떤 물체가 이동을 한다거나 크기가 커지든지 작아지는 것은 물리적 변화입니다. 이제 재혼하려고 하는 사람은 지금까지 물리적인 변화를 거쳤습니다. 열심히 뛰어서 돈도 벌었고 자식들 공부도 시켰고 결혼도 시켰습니다. 그러나 자기 자신은 조금도 변하지 않았습니다. 집은 커지고 집 안에 있는 가구들은 바뀌었지만 자신은 바뀌지 않았어요. 그런데 이제는 집이나 가구의 변화보다 자기 자신의 변화를 경험하고 싶다는 것입니다. 즉 자기 자신이 직접 사랑을 하면서 기쁨을 누리고 싶다는 것입니다. 그래서 부끄러움을 무릅쓰고 텔레비전에 나와서 직접 구혼을 합니다. 이런 사람들이 원하는 것은 물리적 변화가 아니라 화학적 변화입니다. 사랑은 화학적 변화입니다. 사랑하면 외적인 것은 변하지 않지만 사람이 변하게 되어 있습니다. 옷차림도 예전과 똑같고 머리 모양도 예전과 비슷하지만 그 사람 자체는 변하게 됩니다.

이처럼 사람에게는 단순히 물리적인 변화만으로는 만족되지 않는 무언가가 있습니다. 궁극적으로 변화되고 싶은 욕구, 무언가 자기 안에 새로운 변화가 일어나 이전과는 질적으로 다른 삶을 살고 싶은 욕구가 있습니다. 물리적인 관계의 가장 대표적인 예는 우정의 관계입니다. 이 관계에서는 각자의 개체가 변하는 일은 일어나지 않습니다. 나는 나이고 너는 너인 상태에서 서로 관심을 가지고 어려움을 나눌 뿐입니다. 우정은 사람 자체를 변화시키지는 않습니다. 그러나 때로는 나도 없어지고 너도 없어져서 완전히 새로운 하나의 개체가 되는 근본적인 변화가 필요할 때가 있습니다. 그런 근본적인 변화를 일으키는 것이 바로 이성 간의 사랑이고 결혼입니다. 결혼은 화학적인 관계의 가장 대표적인 예입니다.

이스라엘 단 지파의 마노아라는 사람은 하나님을 섬기기는 했지만 아무 소망 없이 살아가고 있었습니다. 그가 하나님을 두려워했다는 것은, 자식이 없었음에도 불구하고 인위적인 방법을 동원하여 억지로 낳으려 하지 않았다는 데서 엿볼 수 있습니다. 그러나 그의 사정은 안팎으로 어려웠고 절망적이었습니다. 블레셋의 식민지가 되어 버린 이스라엘은 완전히 블레셋화되고 말았습니다. 이스라엘 백성들 가운데는 '우리는 하나님의 백성'이라는 인식 자체가 완전히 사라지고 없었습니다. 그뿐 아니라 그는 개인적으로도 큰 어려움 가운데 있었습니다. 나이가 들었는데도 자식이 없었기 때문입니다. 물론 그도 아내에게서 자식을 얻는 것 외에 다른 방법을 동원해서 자식을 둘 수 있었을 것입니다. 그러나 그는 하나님을 의지했기 때문에 믿음으로 소망 없는 삶을 살았습니다.

한번 생각해 보십시오. 믿음을 가졌기 때문에 소망 없는 삶을 산다는 것이 얼마나 모순된 일입니까? 그러나 이것은 오늘 우리에게도 자주 일어나는 일입니다. 차라리 세상적인 방법을 쓴다면 소망을 가질 수도 있을 텐데, 믿음이 있기 때문에 오히려 더 소망 없이 살아야 하는 경우가 있습니다. 마노아가 바로 그런 경우였습니다. 나라는 나라대로 절망적이었고 자신은 자신대로 절망적인 상황 속에서 기쁨 없이 살아가고 있었습니다. 아마도 마노아 부부는 이렇게 자식 없이 살다가 죽을 생각이었을 것입니다. 그런데 어느 날 갑자기 하나님의 사자가 마노아의 아내에게 나타나 임신할 것을 알려 주면서 그들의 삶은 급격한 변화의 소용돌이에 휩쓸리게 되었습니다.

갑작스러운 임신 소식은 부부 모두에게 충격이었습니다. 더구나 그들의 아이가 날 때부터 하나님께 바쳐진 나실인이라는 점에 더욱 어리둥절했을 것입니다. 늙어서 아이를 낳아 키운다는 것은 굉장히 어려운 일입니다. 아이를 낳아 본 사람도 10년만 지나면 어린애 돌보는 법을 다 잊어버리게 마련인데, 한 번도 아이를 낳아 본 적이 없는 늙은 노인 부부가 다 늦게 아이를 낳아 키운다는 것은 당황스러운 일이 아닐 수 없습니다. 또한 그 당시에는 나실인이 무엇인지 모르는 사람들이 많았습니다.

아내가 들은 말만으로는 충분치 못하다고 생각한 마노아는 그 사자를 한 번 더 보내 달라고 기도했습니다. 이것은 그의 믿음을 보여 줍니다. 그는 집 주위에서 그 사람을 찾아보려고 수소문하지 않았습니다. 그 사자는 하나님이 보낸 분으로서 기도하면 다시 보내 주실 것을 믿었습니다.

다시 나타난 하나님의 사자는 마노아에게 다른 말을 더 하는 대신 아주 귀한 경험을 하게 해 주었습니다. 그것은 하나님의 임재의 경험, 영광스러운 예배의 경험이었습니다. 이 경험은 나라는 나라대로, 개인은 개인대로 절망에 빠져 있는 이 불신앙의 시대에, 앞으로 태어날 아이가 어떻게 승리할 것인지를 보여 주는 중요한 예표였습니다. 삼손이 불확실하고 불신앙적인 미래를 이길 수 있는 힘은 바로 이 임재의 경험, 성령 충만의 경험에서 나올 것입니다.

요즘 우리는 마노아와 비슷한 상황 속에서 살아가고 있습니다. 나라의 형편이 몹시 어려운데도 불구하고 대부분의 사람들은 문제의 심각성을 제대로 느끼지 못하고 있습니다. 그뿐 아니라 개인적으로도 우리의 삶에는 믿음의 열매가 잘 나타나지 않고 있습니다. 어려움은 계속되고 있는데 어디에도 문제의 실마리는 보이지 않는 것 같습니다.

이때 하나님께서 우리에게 말씀하시는 것이 무엇입니까? 이 문제의 실마리는 물리적 변화에 있지 않고 화학적 변화에 있다는 것입니다. 다시 말해서 불확실한 미래에 대한 답은 새로운 직장으로 옮기거나 새 집으로 이사하는 데 있는 것이 아니라, 하나님의 살아 계심과 임재를 체험함으로써 나 자신이 변화되고 성령으로 충만해지는 데 있다는 것입니다.

신앙생활을 오래 했는데도 전혀 변하지 않는 사람이 있습니다. 그런 사람의 신앙은 공식적입니다. 아침에 시계가 울리면 거의 무의식적으로 세수를 하고 더듬더듬 성경을 찾아 교회에 옵니다. 그리고 정해진 순서에 따라 예배를 드립니다. 매주 똑같습니다. 물론 절대로 남을 해치거나 나쁜 짓을 하지는 않습니다. 어려움이 있을 때는 기도해야 한다는 것도 알고 있습니다. 그러나 그의 신앙에 빠져 있는 것이 하나 있습니다. 그것은 불입니다. 열정입니다. 그는 절망에 빠진 채 자기 힘으로 미래를 이기려고 애씁니다. 자기 힘으로 아기를 낳으려 하며 자기 힘으로 블레셋과 싸우려 합니다. 그러나 그렇게 해서는 결코 불확실한 미래를 이길 수 없습니다.

미래를 이길 수 있는 유일한 방법은 나 자신이 변화되는 것입니다. 물리적으로 무언가를 더 많이 가지는 것이 아니라 하나님이 나를 찾아오셔서 근본적으로 나를 바꾸신 후 내 몸을 사용하시는 것입니다. 성령의 능력이 내 입을 주장하시고 내 발을 주장하시고 내 몸을 움직이시는 것입니다. 이것만이 오늘과 내일의 어려움을 이길 수 있는 유일한 길입니다.

마노아의 요구가 거절되다

하나님의 사자를 만난 마노아는 아내가 들었던 말씀과 거의 비슷한 말씀을 듣습니다. 사자의 말씀에는 마노아가 앞으로 어떻게 해야 할 것인지에 대한 언급이 전혀 없습니다. 사실 마노아는 그것을 듣고 싶었을 것입니다. 아내가 아이를 위해 이러저러한 일들을 하지 말아야 한다면 자신은 아버지로서 어떤 일을 해야 하는지 알고 싶었을 것입니다. 그러나 하나님의 사자는 그 점에 대해서는 특별히 언급하시지 않았습니다. 아이는 잉태되어서 태어날 때까지 전적으로 엄마의 책임 아래 있게 될 것이기 때문입니다.

아이가 생겨서 태어나기 전까지 남자가 할 수 있는 일은 전부 부수적인 것들뿐입니다. 아내가 무엇을 먹고 싶다고 하면 사다 주거나, 몸이 아프다고 하면 병원에 데리고 가는 정도의 일밖에 할 수 없습니다. 또 아이를 낳을 때에도 할 수 있는 일이 전혀 없습니다. 산모와 아이를 위해 기도하거나 옆에서 땀을 닦아 주는 식의 작은 심부름을 해 주는 것이 고작이지요. 아이를 낳는 것은 전적으로 여성에게 주어진 일입니다. 이 점에서 여성은 위대한 책임을 지고 있다고 말할 수 있습니다. 앞으로 아이가 태어나는 일에서 마노아가 할 수 있는 일은 없었습니다. 그는 적어도 이 부분에서만큼은 철저하게 소외되어 있다고도 말할 수 있었습니다.

그런데 중요한 일은 그 다음에 일어났습니다. 마노아는 하나님의 사자를 대접해야겠다고 생각했습니다. 그래서 염소 새끼를 한 마리를 잡아올 테니 좀 기다려 달라고 부탁했습니다. "마노아가 여호와의 사자에게 말씀하되 '구하옵나니 당신은 우리에게 머물러서 우리가 당신을 위하여 염소 새끼 하나를 준비하게 하소서'"(13:15).

마노아는 자기가 아기를 위해서 특별히 할 수 있는 일이 없다는 것을 알았습니다. 그래서 부수적인 일을 하려고 했습니다. 그것이 무엇입니까? 이 좋은 소식을 가지고 찾아온 하나님의 사자에게 음식을 대접하는 것이었습니다.

그 당시는 음식을 구하기 힘든 시절이었던 것 같습니다. 그런데 염소 새끼로 대접한다는 것은 아마 최고의 대접이 아니었을까 생각합니다. 마노아는 이 기쁜 소식이 감사했고, 이런 소식을 전하러 온 분을 마땅히 최고로 대접해야겠다고 생각했을 것입니다. 그런데 성경은 마노아가 하나님의 사자에게 음식을 대접하려고 한 것은 이 사자가 누구인지 몰랐기 때문이라고 말씀하고 있습니다. 마노아가 보기에 이 사자는 분명히 사람이었습니다. 어디를 봐도 신적인 영광을 찾아볼 길이 없었습니다. 그래서 그에게 음식을 대접하려고 했습니다.

그런데 하나님의 사자는 마노아의 이 친절을 거절했습니다. 기다릴 수는 있지만 음식을 먹을 수는 없다는 것입니다. 그러면서 만약 번제를 드리려 한다면 여호와께 드리라고 말합니다. "여호와의 사자가 마노아에게 이르시되 '네가 비록 나를 머물리나 내가 너의 식물을 먹지 아니하리라. 번제를 준비하려거든 마땅히 여호와께 드릴지니라' 하니 이는 마노아가 여호와의 사자인 줄 알지 못함을 인함이었더라"(13:16).

"번제를 준비하려거든 마땅히 여호와께 드릴지니라"는 말은 무슨 뜻일까요? 두 가지로 생각할 수 있습니다. 한 가지 뜻은 '지금 네가 나를 사람으로 생각하고 음식을 대접하려고 하는데, 나는 네가 생각하는 것과 같은 사람이 아니라 신적인 영광을 가진 하나님이며 네가 번제를 드려야 할 대상이다' 라는 것입니다. 즉 자신은 마노아와 음식을 나누어 먹을 만한 존재가 아니라는 것입니다. 또 한 가지 뜻은 '너는 왜 아까운 염소 새끼로 음식을 만들어 사람을 먹이려고 하느냐? 지금 네가 해야 할 일은 사람을 대접하는 것이 아니라 하나님께 번제를 드리는 일이다' 라는 것입니다. 지금 마노아는 무엇을 해야 할지 잘 모르고 있습니다. 사자는 이때 그가 해야 할 가장 중요한 일은 하나님께 예배를 드리는 것이며, 그 예배 가운데 하나님을 체험하는 것이라고 말씀하십니다.

물론 우리는 이 말씀의 명확한 의미를 알 수 없습니다. 그러나 분명한 것은 그가 마노아의 요청을 거절함으로써 그의 신앙을 한 단계 더 높은 수준으로 끌어올리고자 하신다는 것입니다. 우리는 이와 비슷한 예를 요한복음 2장에서 찾아볼 수 있습니다. 예수님과 제자들은 가나 혼인잔치에 초대를 받았습니다. 그런데 갑자기 포도주가 떨어졌습니다. 어머니 마리아가 이 사실을 알리자 예수님은 "여자여, 나와 무슨 상관이 있나이까? 내 때가 아직 이르지 못하였나이다"(요 2:4)라고 하시면서 도움을 바라는 어머니의 요청을 분명히 거절하셨습니다. 마리아가 "저희에게 포도주가 없다"고 말한 것은 꼭 기적을 일으켜 달라는 뜻에서 한 말이 아니었습니다. 지금까지 늘 그래 왔듯이 어려운 사정을 예수님과 의논한 것일 뿐이고, 혹시 예수님이 할 수 있는 일이 있다면 해 주기를 바란 것일 뿐입니다. 이를테면 혹시 제자들 중 아는 사람의 집에 포도주가 있는지 수소문해 달라는 식의 뜻에서 한 말이지, 기적을 일으켜 달라는 뜻에서 한 말이 아니었습니다. 그런데도 예수님은 마리아의 요청을 냉정하게 거절하셨습니다.

그 이유가 무엇입니까? 더 이상 자신과의 관계를 예전처럼 생각지 말라는 것입니다. 이제 자신은 집안의 어려움을 도맡아 해결하던 마리아의 아들이 아니라 공적인 사명을 행하고 있는 하나님의 아들이라는 것입니다. 예수님은 이 결혼식에 포도주가 떨어진 일은 죄인을 구원하는 자신의 일과 아무 상관이 없다고 보셨습니다. 포도주가 떨어져서 결혼식 분위기를 망치는 것이 신랑 신부에게는 중요한 일일지 몰라도 죄인들을 구원하러 오신 예수님에게는 중요한 일이 아니라는 거예요. 그리고 지금 이 순간은 자신의 신성을 드러내실 때가 아니라는 것입니다.

그러나 마리아의 믿음은 결국 그의 신성을 드러내시게 만들었습니다. 마리아는 하인들에게 그가 무슨 말씀을 하시든지 그대로 하라고 했습니다. "그가 무슨 일을 시키시든지, 설사 그 일이 너희 생각과 맞지 않더라도 순종하라"는 것입니다. 예수님은 이 믿음을 보시고 바로 그 자리에서 물로 포도주를 만드는 기적을 행함으로써 자신의 신성을 보여 주셨습니다. 이처럼 예수님은 모친 마리아의 요청을 거절하심으로써, 인간적인 차원에서 문제를 보려고 했던 마리아의 신앙을 한 단계 끌어올려 하나님의 신성을 목격하고 신적인 능력을 체험하게 하셨습니다.

마노아가 하나님의 사자에게 음식을 대접하겠다고 한 것은 나쁜 뜻에서 한 말이 아닙니다. 단지 고마워서 대접하려고 한 것일 뿐입니다. 그러나 그는 인간적인 차원에서 그렇게 하려고 했습니다. 사람으로서 사람에게 대접하려고 한 것입니다. 그러나 하나님의 사자는 그의 요청을 거절하셨습니다. 그리고 하나님께 번제를 드리라고 했습니다. 염소 새끼가 있다면 자신에게 인간적으로 대접하려 할 것이 아니라 하나님께 드리라는 것입니다.

마노아는 레위인이 아닙니다. 제사를 어떻게 드리는지도 모릅니다. 그럼에도 불구하고 하나님의 사자는 "너는 인간적으로 나에게 고마워하고 있지만, 지금 중요한 것은 인간적으로 나에게 고마워하며 기뻐하는 것이 아니다. 이럴 때 하나님께 예배를 드려 보거라. 이럴 때 너의 작은 믿음으로 하나님께 한번 나아가 보거라. 그리고 어떤 일이 일어나는지 한번 경험해 보거라"라고 하셨습니다. 이것은 아주 놀라운 조언이었습니다.

마노아는 이 거절을 통해 자기 앞에 서 있는 분에 대해 큰 관심을 갖게 됩니다. '과연 이분은 누구인가? 누구길래 음식을 먹지 않겠다고 하고 하나님께 바치라고 하는가? 과연 이분은 사람인가, 하나님인가?' 이것은 오늘 우리가 던져야 할 질문이기도 합니다. 과연 이분은 누구십니까? 겉모습은 어김없는 사람입니다. 앞을 보나 뒤를 보나 사람이에요. 그러나 그의 말씀에는 신적인 권위가 있습니다.

요즘 많은 사람들은 예배를 드리면서 인간적인 위로를 받고 싶어 합니다. "하나님은 당신을 사랑하십니다. 지금은 다소 어렵더라도 조금만 참으세요. 그러면 하나님이 당신을 행복하게 해 주실 겁니다" 하는 말을 들으면 아주 좋아합니다. "하나님은 여러분이 고통 받는 것을 절대 기뻐하지 않으십니다. 그러니까 조금만 참으면 들어가도 복, 나가도 복, 세탁기에도 복, 압력 밥솥에도 복을 처발라 주실 겁니다" 하는 말을 들으면 얼굴에 생기가 돌아요. 그러나 이것은 성경의 말씀이 아닙니다.

우리는 "당신은 아무 일도 하려 들지 마십시오. 남을 위해서나 자신을 위해서나 당신이 할 수 있는 일은 아무것도 없습니다. 오직 당신이 해야 할 유일한 일은 작은 믿음으로 하나님 앞에 나아오는 것입니다. 산이나 들로 가지 않고 하나님 앞에 나아와 예배드리는 것입니다. 그러면 예수 그리스도께서 당신을 위해 모든 일을 해 주실 것입니다" 하는 말을 들을 때 당황합니다. 나는 돈도 있고 시간도 있습니다. 하나님을 위해 무언가 하고 싶은 열심이 마구 솟구치고 있어요. 그런데 예수 그리스도가 누구길래 이 모든 것을 마다하고 오히려 나를 위해 모든 일을 해 주신다는 것입니까?

17절에서 마노아는 이 사자의 이름을 묻습니다. "마노아가 또 여호와의 사자에게 말씀하되 '당신의 이름이 무엇이니이까? 당신의 말씀이 이룰 때에 우리가 당신을 존숭하리이다.'" 마노아는 이분이 누구인지 갑자기 궁금해졌습니다. 이분은 누구길래 염소 새끼 요리를 마다하는 것입니까? 이분은 누구길래 하나님께 예배를 드리라고 말하는 것입니까? 여기에서 이름을 묻는 것은 곧 정체를 묻는 것입니다. 이름이 밝혀지면 정체도 드러나게 되어 있습니다. 마노아는 아직도 이 사자를 사람으로 생각하고 있습니다. 왜냐하면 그가 분명한 사람의 모습을 하고 있었기 때문입니다.

그러자 하나님의 사자가 무엇이라고 대답합니까? "여호와의 사자가 그에게 이르시되 '어찌하여 이를 묻느냐? 내 이름은 기묘니라'" (13:18). 사자는 자신의 이름을 묻는 마노아를 책망하셨습니다. 이것은 그분의 신적인 권위를 나타내는 태도입니다. 자고로 이름은 지체 높은 사람이 낮은 사람에게 묻는 법입니다. 낮은 자가 높은 자에게 이름을 물어 정체를 밝히라고 할 수는 없습니다. 사자의 책망에는 '네가 어떻게 나의 정체를 완전히 알려고 하느냐?' 는 뜻이 담겨 있습니다.

사자는 이렇게 마노아를 책망하면서 "내 이름은 기묘니라"고 말씀하십니다. 우리 번역에는 "내 이름은 기묘니라"고 되어 있지만 원문에는 '그는 기묘니라' 고 되어 있습니다. 이것은 '그의 정체는 네 머리로 이해할 수 없다' 는 뜻입니다. 그의 신분은 마노아가 생각할 수 있는 것 이상으로서, 그는 마노아의 머리나 판단으로는 도저히 따라갈 수 없는 분이라는 뜻이에요.

마노아 부부에게 두 번씩이나 나타나신 분은 단순한 천사가 아니었습니다. 그는 분명히 신성을 가지신 하나님이었습니다. 그러나 성부는 아닙니다. 성부를 본 사람은 성경 어느 곳에도 없습니다. 구약 성경에는 한 특별한 분이 자주 나타나시는데, 그는 이스라엘 백성들이 위험에 처할 때마다 나타나시는 분입니다. 그는 신적인 권위를 가지고 있지만 성부는 아닙니다. 또 때로 천사로 불릴 때도 있지만 천사들과는 구분되는 분입니다. 그러면서도 이스라엘 백성들을 아주 사랑해서 위험에 처할 때마다 나타나서 도와주시는 분입니다.

처음에 마노아는 자기에게 나타난 이 사자를 사람으로 생각했습니다. 하나님이 사람을 보내셨다고 생각한 것입니다. 그러나 그와 대화를 나누는 가운데 겉모습은 평범한 사람이지만, 그 안에는 하나님의 놀라운 영광과 신성이 있다는 것을 조금씩 알게 되었습니다. 그는 '기묘'(Wonderful)입니다. 우리는 그의 존재 자체를 이해할 수 없습니다. 그의 일하심은 우리의 상상을 뛰어넘습니다.

그 놀라운 하나님의 사자가 특별히 마노아를 찾아오신 이유가 무엇입니까? 이것은 인간의 상식으로는 상상할 수 없는 구원을 이루시겠다는 뜻입니다. 천국에서 '기묘'라는 별명을 가진 천사는 한 명도 없습니다. '기묘', '모사', '전능하신 왕', '영존하신 아버지'는 전부 하나님의 아들 그리스도께 주어진 이름입니다.

우리가 교회에서 보게 되는 것이 바로 이 이중성입니다. 교회는 철저하게 사람들로 이루어진 모임입니다. 구체적인 직업을 가지고 하루하루 밥 먹고 사는 평범한 사람들의 모임이에요. 말씀이나 찬양이나 기도를 할 때도 보통 사람들이 일상적으로 늘 쓰는 언어를 씁니다. 또 사람들의 모임인 만큼 문제도 많습니다. 그러나 그 모임 안에는 신적인 영광이 있습니다. 그것은 눈에 보이지 않는 하나님의 영광입니다. 그들 안에는 하나님의 영광이 있고 하나님의 능력이 있습니다. 이것이 기묘입니다. 그 안에 있는 하나님의 영광을 볼 수 있는 사람, 그 신적인 능력을 체험할 수 있는 사람은 복된 사람입니다. 물론 겉모습만 보면 다 아는 사람들입니다. 시시해요. 특별한 무언가가 나올 것 같지가 않습니다. 그런데 실제로 그들 안에는 세상의 모든 것을 이길 수 있는 신적인 영광과 능력이 있습니다.

주님은 오늘 우리에게 조언하십니다. "지금 너희가 해야 할 일은 이 사람 저 사람 만나서 도움을 요청하거나 너희 힘으로 문제를 해결하려고 뛰어다니는 것이 아니다. 지금 너희가 해야 할 일은 그 힘과 열정으로 하나님께 나아가는 것이다." 때로 우리는 예배드리는 것보다는 사람을 만나서 대화를 나누고 위로받는 편이 더 도움이 된다고 생각합니다. 그러나 하나님의 사자는 그렇게 말씀하시지 않습니다. 기왕 무엇을 준비할 마음을 먹었다면 하나님께 드릴 번제를 준비하라는 것입니다. 기왕 시간을 낼 생각을 했다면 사람을 만날 것이 아니라 예배를 한번 드려 보라는 것입니다.

하나님의 사자가 마노아의 제안을 거부하신 것은 이처럼 그의 신앙을 인간적인 차원에서 한 단계 끌어올려 하나님의 영광과 능력을 경험하게 하기 위한 것이었습니다. 이것만이 앞으로 그의 가족이 살아갈 힘이요 능력입니다. 이스라엘이 살아날 수 있는 방법은 오직 이것밖에 없습니다.

예배의 영광을 경험하지 못하면 절대로 신자답게 살지 못합니다. 오히려 믿지 않는 사람보다 훨씬 더 비참하게 살게 됩니다. 참된 신앙은 자로 잰 듯 기계적인 신앙이 아닙니다. 그리스도인의 삶 속에는 무언가 넘쳐나는 것이 있어야 합니다. 11시에 예배드린다고 해서 딱 11시 정각에 왔다가 축도 끝나자마자 정확하게 가는 것이 전부가 되면 안 됩니다. 계산기 두드려서 정확하게 십일조 내는 것이 전부가 되면 안 돼요. 물론 헌금은 10원도 안 떼먹습니다. 그러나 그보다 더 내는 법도 절대 없습니다. 이렇게 기계적으로 신앙생활 하는 사람들은 하나님의 영광을 모릅니다. 맡겨진 일은 정확하게 하지만 그 이상은 하나님이 놀라실까 봐 절대로 하지 않습니다. 이것은 나쁜 신앙이라고까지는 할 수 없어도 하나님의 영광은 모르는 신앙입니다. 이런 신앙에 머무는 사람은 세상을 이기지 못합니다.

중요한 것은 하나님의 임재를 경험하는 것입니다. 아직 시간이 있을 때, 아직 기회가 있을 때 하나님을 만나는 것입니다. 이것이 오늘 우리가 해야 할 일입니다. 하나님은 우리를 영광의 자리로 부르심으로써 '바로 이것이다! 하나님의 해결방식은 돈이 아니다. 직장을 옮기는 것이 아니다. 적금을 타는 것이 아니다. 불이 있는 예배다!' 라는 것을 체험케 하고자 하십니다.

이런 영광의 경험이 없는 사람은 말씀을 듣고 눈물 흘리며 기뻐하는 사람들을 이해하지 못합니다. '왜 믿어도 저렇게 광신적으로 믿을까?' 하는 생각만 할 뿐입니다. 그러나 임재의 경험이 없는 신앙은 죽은 신앙입니다. 봉사 잘하고 작은 일에 정직할 수는 있지만 큰 죄는 이기지 못합니다. 이 영광의 경험이 없으면 절대 죄를 이기지 못합니다. 아무리 머리를 쓰고 계획을 세워도 한 발자국도 앞으로 나아가지 못합니다. 우리는 아직 시간이 있고 기회가 있을 때 하나님을 만나 봐야 합니다. 이것이 하나님의 사자가 말씀하신 바입니다.

임재의 경험

마노아는 사자의 명령대로 번제를 준비합니다. "이에 마노아가 염소 새끼 하나와 소제물을 취하여 반석 위에서 여호와께 드리매 사자가 이적을 행한지라. 마노아와 그 아내가 본즉 불꽃이 단에서부터 하늘로 올라가는 동시에 여호와의 사자가 단 불꽃 가운데로 좇아 올라간지라. 마노아와 그 아내가 이것을 보고 얼굴을 땅에 대고 엎드리니라"(13:19-20).

마노아는 단 지파 사람이기 때문에 제사장이 될 수 없습니다. 그럼에도 불구하고 이렇게 제물을 준비한 것은 하나님의 사자를 제사장으로 생각했기 때문인 것 같습니다. 그런데 그는 제사장 이상이었습니다. 그는 마노아가 준비한 제물을 바위 위에 놓게 했습니다.

그러자 하나님의 불이 반석에서 나와 제물을 불태웠습니다. 사자는 불길이 하늘로 솟아오를 때 그 속으로 뛰어들어 함께 하늘로 올라갔습니다.

마노아가 경험한 것이 무엇입니까? 하나님의 불이 임하는 예배였습니다. 하나님의 사자는 그에게 아이를 주기 전에 불이 있는 예배를 먼저 주셨습니다. 성령의 불이 마음속의 악한 기질과 죄지으면서 살아온 부끄러운 과거를 전부 다 불태워 버리는 예배, 성령의 체험이 있는 예배를 주셨습니다.

마노아는 이 예배를 통해 하나님이 정말로 살아 계시다는 것을 경험했습니다. 아마 그는 오랫동안 아이를 달라고 기도해 왔을 것입니다. 그러나 그에게 나타난 응답은 아무것도 없었습니다. 그런데 이제 예배 가운데 불로 응답하시는 하나님을 경험한 것입니다. 보통 제사장이 하나님께 제사를 드릴 때에는 사람의 손으로 붙인 불을 사용합니다. 그런데 그가 본 것은 사람이 손을 대지 않은 하나님의 불이 반석에서 나와 제물을 불태우는 광경이었습니다. 이것은 자신이 드린 예배에 대한 하나님의 엄청난 응답이었습니다.

그뿐만 아니라 마노아는 여호와의 사자가 제물의 불꽃과 함께 하늘로 올라가는 모습을 보았습니다. 마노아는 그가 제사장인 줄만 알았습니다. 그런데 그분 자신이 불꽃 속에 뛰어들어 스스로 제물이 되어 하늘로 올라가는 모습을 본 것입니다. 이것은 충격적인 경험이었습니다. 마노아는 이 모습을 보고 그 사자가 단순한 제사장이 아니라 하나님의 영광을 가진 분이라는 것을 깨달았습니다. 이 모습은 앞으로 이분이 어떤 사역을 하실지를 보여 줍니다. 이분은 제사장이기도 하지만 언젠가는 자신을 제물로 불살라 하나님께 바침으로써 이스라엘을 구원하실 것입니다.

이스라엘의 고통을 가져온 진정한 원인은 무엇입니까? 그것은 군사적인 약세가 아니라 하나님 앞에 지은 죄였습니다. 하나님 없이도 잘살 수 있다고 생각한 교만이었습니다. 그들을 살릴 수 있는 것은 오직 사람이 손을 대지 않은 한 거룩한 제사뿐이었습니다.

우리는 하나님을 위해 많은 일을 하려고 합니다. 그러나 하나님은 그런 우리의 열심을 거절하십니다. 왜 거절하십니까? 그 열심 안에는 결국 내가 한 일들을 통해 나를 주장하고 나를 나타내고자 하는 죄의 욕망이 섞여 있기 때문입니다. 하나님이 우리에게 원하시는 것은 우리 안에 얼마나 무서운 죄성이 있고 큰 교만이 있으며 남에게 지기 싫어하는 악한 본성이 있는가를 발견하는 것입니다. 우리를 비참하게 만드는 것은 우리의 무능함이 아니라 죄성입니다.

진정한 예배는 살아 계신 하나님 앞에 나의 죄성을 있는 그대로 펼쳐 보이는 것입니다. 나의 부끄러운 생활, 남들은 모르지만 내 안 깊숙이 들어 있는 교만과 악한 죄성들을 바위 위에 펼쳐 놓는 것입니다. 예배는 하나님을 위해 무언가를 하는 것이 아닙니다. 양을 잡고 소를 잡아서 대접하는 것이 아닙니다. 하나님의 사자가 우리에게 명하시는 것은 우리의 죄성과 불신앙을 하나님 앞에 그대로 펼쳐 보이라는 것입니다. 그러면 어떤 일이 일어납니까? 하나님의 불이 내 죄를 태우시며 그리스도께서 나의 죄를 대신 지시고 하늘로 올라가시는 것을 보게 됩니다. 귀로만 듣는 것이 아닙니다. 내 눈으로 직접 보게 됩니다.

마노아와 그의 아내는 번제를 통해 하나님의 임재를 경험했습니다. 주님이 오셔서 말씀하셨지만 그들은 눈이 어두워서 그를 알아보지 못했습니다. 그런데 예배 가운데 하나님의 강력한 임재를 경험하게 되자 엎드러서 두려워 떨었습니다.

하나님이 우리에게 가까이 오실 때 느껴지는 것이 무엇입니까? 이 세상의 것으로는 도저히 해결되지 않는 답답함입니다. 무엇을 해도 만족감이 없고 기쁨이 없습니다. 세상에서 살 재미가 없어요. 그때 하나님의 사자가 하시는 말씀이 무엇입니까? 그 모습 그대로 나아가 예배를 드려 보라는 것입니다.

우리는 예배를 늘 뻔하다고 생각합니다. 그런데 순간적으로 '하나님께 예배나 한번 드려 보자'는 마음이 생길 때가 있습니다. 그래서 교회로 발걸음을 옮겼다가 지금까지와 전혀 다른 경험을 하는 경우가 있습니다. "이 교만한 자야! 지금까지 네가 종교놀음을 한 거지 신앙생활을 한 거냐! 그게 장난이지 신앙이냐! 네 교만을 다 내놓아라! 네 죄를 다 펼쳐 놓아라!" 하는 소리가 들릴 수 있습니다. 그때 내 죄성과 교만을 내놓으면 불이 나와 내 모든 죄를 태워 버립니다. 지금까지는 현실적인 것만 중요하다고 생각했습니다. 그런데 하나님의 살아 계심과 능력을 경험해 보니 그게 아닙니다. 하나님이 얼마나 크고 위엄 있고 권세 있으신지 그 앞에서 나는 완전히 죽은 자 같습니다. 이것이 성령으로 채워지는 경험이요 화학적인 변화의 경험입니다.

하나님은 삼손을 성령으로 충만하게 하시기 전에, 그 아버지에게 먼저 불이 있는 예배를 체험시키셨습니다. 그렇게 하지 않으면 도저히 아들의 삶을 이해할 수 없을 것이기 때문입니다. 우리가 세상에 나가서 무언가를 하기 전에 필요한 것은 성령으로 인격과 육신이 충만히 채움받는 것이며, 하나님의 영광을 경험하는 것입니다. 그것이 없으면 늘 세상적인 기준과 상식적인 수준에서 남을 비판하고 자기를 자랑하며 살게 되어 있고, 아무 변화 없이 율법적인 신앙의 테두리 안에 머물게 되어 있습니다.

사람들이 주일예배 한 번 겨우 드리고 도망치듯 세상으로 달려가는 이유가 무엇입니까? 그들은 아직도 율법적인 수준에서 신앙생활 하고 있는 것입니다. 그들이 예배드리고 헌금하는 것은 기독교인으로서 마땅한 의무라고 생각하기 때문입니다. '국민도 세금을 내는데 교인도 헌금을 내야지. 극장에 가도 입장료는 내잖아?' 하는 식의 생각 때문인 것입니다. 사람들이 이 수준에서 한 걸음도 더 나아가지 못하는 것은, 그리스도인이라고 하면서도 절대 남을 위해 손해보지 못하는 것은, 그들이 하나님의 영광을 모르기 때문입니다.

영광 그 이후

마노아는 하나님의 사자가 어떤 분인지 알고 난 후 깊은 두려움에 사로잡혔습니다. 하나님을 본 사람은 죽는다는 가르침 탓이었습니다. "여호와의 사자가 마노아와 그 아내에게 다시 나타나지 아니하니 마노아가 이에 그가 여호와의 사자인 줄 알고 그 아내에게 이르되 '우리가 하나님을 보았으니 반드시 죽으리로다!'"(13:21-22).

사람이 하나님을 보면 죽는다는 것은 사실입니다. 하나님의 사자가 시내 산에 나타나셨을 때, 그는 모세에게 아무도 접근하지 못하게 하라고 말씀하셨습니다. 하나님을 본 자는 죽을 것이기 때문입니다. 이것이 율법입니다. 율법은 어느 누구도 하나님의 영광에 직접 나아갈 수 없도록 규정하고 있습니다. 율법에 따르면 사람은 하나님께 나아갈 때 항상 중간에 대리자를 세워야만 합니다. 그러나 하나님은 일시적으로 율법의 휘장을 찢으시고 그 너머의 세계, 영광스러운 복음의 세계로 마노아를 인도해 주셨습니다.

구약 시대에도 분명히 율법 이상의 축복이 있었습니다. 모세도 그것을 알고 있었습니다. 그래서 그는 율법만이 모든 것이라고 고집하지 않았습니다. 그러나 그 영광으로 나아가는 방법은 알지 못했습니다. 그러니 마노아가 율법 이상의 영광에 대해 알았을 리가 없습니다. 그러나 마노아의 아내는 논리적인 추론으로 남편을 안심시켰습니다. "그 아내가 그에게 이르되 '여호와께서 우리를 죽이려 하셨더면 우리 손에서 번제와 소제를 받지 아니하셨을 것이요 이 모든 일을 보이지 아니하셨을 것이며 이제 이런 말씀도 우리에게 이르지 아니하셨으리이다' 하였더라"(13:23).

마노아의 아내는 비록 결과론적이기는 하지만, 여호와의 사자가 불길을 타고 올라간 이 특별한 번제가 자신들을 죽음의 자리에서 지켜 주었다고 말했습니다. 만일 하나님이 자신들을 죽이려고 하셨다면 이런 영광의 체험을 하게 하셨을 리도 없고 이 모든 말씀을 주셨을 리도 없다는 것입니다. 그는 이 특별한 예배가 자신들을 죽지 않도록 지켜 주었을 뿐 아니라 더 영광스러운 세계로 인도했다고 설명하고 있습니다.

마노아와 그 아내는 놀라운 체험을 하고 난 후에 도리어 영적 침체에 빠질 뻔했습니다. 그들이 가지고 있었던 기존의 가치관에 따르면 그들은 죽어야 했기 때문입니다. 하나님은 그들을 더 영광스럽고 놀라운 능력의 세계로 초청하셨는데, 그들은 기존의 율법적이며 생명 없는 가치관 때문에 오히려 더 혼란스러워 하고 불안해했습니다. 그때 이 혼란과 불안을 떨쳐 버리게 한 것은 놀랍게도 그 아내의 논리적인 추론이었습니다.

그들이 드린 예배는 특별한 예배였습니다. 그것은 모세의 시내산 경험을 능가하는 경험이었습니다. 모세도 하나님의 사자가 제물을 태우는 불꽃과 함께 하늘로 올라가는 모습은 보지 못했습니다. 마노아의 아내가 말하는 것이 무엇입니까? "우리는 잘 모르지만 어쨌든 이 예배는 율법을 역류하는 예배로서 우리를 죽지 않게 지켜 줄 것이다. 하나님이 우리를 죽이려고 하셨다면 절대 이런 체험을 주실 리가 없다. 이 경험은 율법의 틀로는 설명할 수 없는 새로운 능력이요 축복이다"라는 거예요.

얼마 전에 한 청소년이 저를 찾아와 물었습니다.

"목사님, 기도를 많이 하는 사람은 미래를 알 수 있나요?"

"글쎄, 왜 그런 걸 묻지?"

"기도원에서 기도 많이 하시는 어떤 분이 우리 엄마가 2년 안에 죽는다고 했대요. 그 말을 믿어야 할까요?"

그래서 그런 예언 같은 것은 없으니까 두려워하지 말고 건강하게 신앙생활 하라고 했더니 굉장히 기뻐하면서 돌아갔습니다.

불필요한 두려움이 우리를 엄습해 올 때가 많이 있습니다. 믿는다는 사람들도 여러 가지 미신과 무지에 사로잡혀 있습니다. 그래서 기뻐해야 할 영광의 순간에 오히려 침체되고 걱정하며 저주받은 것은 아닐까 두려워할 때가 많습니다. 또한 우리에게는 아직 죄성이 남아 있기 때문에, 놀라운 은혜를 체험한 후에도 하나님이 그 죄성을 미워해서 우리를 버리시지는 않을까 두려워하기도 합니다. 그러나 그것은 종의 영에서 나온 불필요한 두려움입니다. 하나님은 우리가 얼마나 완악하고 더디 변하며 더러운 본성을 가지고 있는지 처음부터 알고 부르셨습니다. 그런데 처음 부르실 때에도 그렇게 사랑하셨다면 지금은 더 사랑하시는 것이 당연하지 않겠습니까?

우리는 설교를 들을 때 그 안에 논리적인 추론이 가득하다는 것을 알게 됩니다. 세상을 이기는 힘은 이렇게 건전한 논리적 추론에서 나옵니다. 마노아 부부는 하나님을 만난 곳에 집착해서 초막 셋을 짓고 살자고 하지 않았습니다. 그들은 자신들에게 주어진 처지에 대해 놀라울 정도로 논리적인 추론을 하기 시작했고, 건전한 분별력을 사용하기 시작했습니다. 이것이 모든 미신과 불필요한 두려움을 내쫓는 힘이 되었습니다.

하나님이 마노아에게 주신 선물은 두 가지였습니다. 한 가지는 하나님이 임재하여 과거의 모든 부끄러운 삶을 불태우는 예배의 경험이었습니다. 또 한 가지는 불필요한 두려움이나 미신에 사로잡히는 대신 성경적으로 추론할 수 있는 건전한 능력이었습니다.

더욱이 이 부부는 이것을 서로 나눔으로써 하나님의 사랑을 더욱 확신할 수 있게 되었습니다. 오늘 우리가 교회로 모이는 이유도 여기에 있습니다. 혼자 있으면 자꾸 불필요한 두려움에 빠지기 쉽습니다. 그러나 함께 모여서 서로의 두려움을 내놓으면 지금까지 하나님이 보여 주신 신실하심에 비추어 논리적으로 추론하게 되고, 자신의 두려움은 전혀 근거 없는 것으로서 하나님은 참으로 나를 사랑하시며 놀랍게 붙들고 계신다는 사실을 깨달을 수 있습니다.

그 후에 이들에게 어떤 일이 있었습니까? "여인이 아들을 낳으매 이름을 '삼손'이라 하니라. 아이가 자라매 여호와께서 그에게 복을 주시더니 소라와 에스다올 사이 마하네단에서 여호와의 신이 비로소 그에게 감동하시니라"(13:24-25).

"마하네단"은 '단의 진영'이라는 뜻입니다. 아마도 그곳에 단 지파의 군대가 형식적으로나마 있었던 것 같습니다. 그런데 삼손은 거기에서 처음으로 하나님의 신에 충만해지는 경험을 했습니다. 기묘이신 하나님께서는 어떻게 이스라엘을 어려움으로부터 건져 내십니까? 성령의 감동을 통해서 건져 내십니다.

기독교에서 가장 놀라운 일은 하나님의 영이 사람 안에 들어온다는 이것입니다. 성경은 귀신이 사람 안에 들어오는 것, 쉽게 말해서 미치는 것을 가장 저주받은 일로 정죄합니다. 반면에 사람이 최상의 상태에 도달하는 때는 하나님의 성령이 임하실 때입니다. 술도 사람 몸 안에 들어가면 변화를 일으킵니다. 어떤 사람은 얼굴이 벌개지기도 하고 어떤 사람은 사나워지기도 합니다. 이것은 화학적인 변화입니다. 그러나 더 놀라운 변화는 눈에 보이지 않는 성령이 우리 안에 들어오실 때 일어납니다. 성령이 임하시면 비겁한 자가 용감해집니다. 미련한 자에게 통찰력이 생깁니다. 힘없는 자가 강해집니다.

하나님의 기묘가 무엇입니까? 이처럼 우리의 육체 속에 하나님의 성령이 임하셔서 모든 적을 파하고 승리하게 하시는 것입니다. 오늘 우리가 이 세상을 이길 수 있는 비결은 이런 성령의 사람이 되는 것입니다. 물리적인 변화로는 블레셋을 이길 수 없습니다.

우리에게 가장 중요한 일이 무엇입니까? 아직 시간이 있을 때 해야 할 가장 중요한 일이 무엇입니까? 하나님의 임재를 체험하는 것입니다. 예배 가운데 하나님의 함께하심을 체험하는 것입니다. 마노아는 이런 임재를 단 한 번 경험했습니다. 그러나 우리는 주님의 이름을 부르며 예배드릴 때마다 경험할 수 있습니다. 때로는 이 경험이 너무나 강렬한 나머지 몸이 터져 나갈 것 같기도 합니다. 또 하나님이 너무 강하게 찾아오시는 바람에 울며 찬송하다가 정신을 잃을 것 같기도 합니다. 사도 바울은 이런 경험에 대해 "몸 안에 있었는지 몸 밖에 있었는지 나는 모르거니와"(고후 12:2)라고 고백했습니다. 이 영광의 경험이야말로 우리가 집착하고 있는 세상의 것들을 끊어 낼 수 있는 능력입니다.

또한 우리는 미신적이며 불필요한 두려움을 하나님의 사랑에 입각한 논리적인 추론으로 물리쳐야 합니다. 이것이 이 시대의 예언이며 설교입니다. 예언은 "당신은 내년에 이러저러하게 될 것이다"라고 말하는 것이 아닙니다. 하나님의 말씀과 사랑과 신실한 성품에 기초해서 논리적으로 추론하는 것입니다. 이것이 구약 시대의 예언보다 훨씬 더 정확한 예언입니다.

성령이 내 몸을 채우시게 하십시오. 다른 사람에 대한 미움 대신, 불필요한 근심과 걱정 대신, 술 대신, 성령이 이 몸을 채우시게 하십시오. 그리하여 그리스도께서 나의 입과 나의 눈과 나의 손과 나의 삶을 사용하실 수 있게 하십시오. 이것이 곧 그리스도처럼 되는 것이며 그리스도의 영에 지배받는 것입니다. 이것은 이제부터는 내가 하고 싶은 대로 하지 않는다는 뜻입니다.

오늘 이런 예배를 드립시다. 이전의 낡은 생각을 버리고 건전한 이성을 사용합시다. 우리의 육체를 주님이 마음대로 사용하실 수 있도록 적극적으로 드립시다. 이것이 이 암담한 세상에서 어둠의 세력을 물리치고 믿음으로 승리할 수 있는 길입니다.

7
삼손의 결혼식

> ······ 이때에 블레셋 사람이 이스라엘을 관할한 고로 삼손이 틈을 타서 블레셋 사람을 치려 함이었으나 ······
>
> 사사기 14:1-20

우리나라 유신 시절에 가짜 결혼식 사건이 있었습니다. 그것이 이른바 'YWCA 회관 위장 결혼식 사건'입니다. 유신에 반대하던 사람들은 가짜 신랑과 신부를 준비해서 결혼식 자리를 마련해 놓고 반정부 선언문을 낭독했습니다. 이것은 유신에 대한 최초의 분명한 반대 의사 표명이었습니다.

성경에 나오는 다른 사사들의 사역은 원수들이 이스라엘에 쳐들어오면 나팔을 불어 백성들을 불러 모으는 일에서부터 시작됩니다. 그러나 삼손의 사역은 결혼식에서부터 시작됩니다. 그 이유가 무엇일까요?

삼손 당시 이스라엘은 너무나도 침체되어 있어서 나팔을 불어도 몰려올 사람이 없었습니다. 삼손은 그들을 깨우치는 것이 불가능하다고 생각했던 것 같습니다. 그래서 호랑이를 잡으려면 호랑이 굴에 들어가야 하는 것처럼, 자신이 직접 블레셋 사람들과 부딪쳐서 그들을 치고자 했습니다. 삼손의 결혼식은 이런 의도로 마련된 일종의 위장 결혼식이었습니다. 그러니까 이 결혼식은 이스라엘 백성들의 대블레셋 투쟁사상 최초의 독립 선언과 같은 것이었습니다. 그러나 이 중요한 결혼 작전은 성공하지 못합니다.

다른 사람들은 삼손의 결혼식이 위장 결혼식이라는 사실을 몰랐습니다. 블레셋 사람들은 이스라엘 백성들이 자기 족속과 결혼하는 일을 적극적으로 권장했던 것 같습니다. 이런 결혼을 통해 이스라엘 백성들이 영구적으로 블레셋 사람이 된다고 믿었기 때문입니다. 그래서 삼손은 이스라엘 남자와 블레셋 여자의 결혼식에 블레셋 사람들이 아무 의심 없이 참가한 틈을 타서 일을 벌일 생각이었던 것이 분명합니다.

그런데 문제는 삼손의 태도에 있었습니다. 삼손은 항상 자신의 목적에 초지일관하지 못했습니다. 그는 블레셋 사람들을 곤경에 빠뜨리기 위해 수수께끼를 내놓고서도 울며 매달리는 아내에게 답을 누설함으로써 소기의 목적을 달성하지 못합니다.

결혼 준비

삼손의 성장기에 이스라엘은 이미 블레셋의 완전한 속국이 되어 있었습니다. 그 당시 블레셋은 너무나도 강한 나라였기 때문에 이스라엘 사람들은 감히 독립을 생각지도 못한 채 철저한 굴종의 삶을 살고 있었습니다.

어느 정도 장성한 삼손은 결혼 문제로 부모와 갈등을 일으켰습니다. "삼손이 딤나에 내려가서 거기서 블레셋 딸 중 한 여자를 보고 도로 올라와서 자기 부모에게 말하여 가로되 '내가 딤나에서 블레셋 사람의 딸 중 한 여자를 보았사오니 이제 그를 취하여 내 아내를 삼게 하소서.' 부모가 그에게 이르되 '네 형제들의 딸 중에나 내 백성 중에 어찌 여자가 없어서 네가 할례 받지 아니한 블레셋 사람에게 가서 아내를 취하려 하느냐?' 삼손이 아비에게 이르되 '내가 그 여자를 좋아하오니 나를 위하여 그를 데려오소서' 하니"(14:1-3).

딤나는 블레셋 땅입니다. 삼손은 그 땅에 갔다가 한 여자를 알게 되었고, 집에 돌아와 그 여자와 결혼하겠다고 부모에게 말했습니다. 그러나 경건한 신앙을 가진 삼손의 부모가 할례 받지 않은 이방인의 딸과 결혼하도록 허락할 리가 없었습니다. 삼손의 부모는 분명하게 잘라서 거절했습니다.

삼손의 부모가 어떤 사람들입니까? 그 당시 지도자들이 인간적인 방법으로 아내를 여럿 두고 거기에서 많은 자식들을 낳은 것을 자랑할 때에도 그 조류를 따라가지 않았던 사람들입니다. 그들은 하나님이 아이를 주시기 전까지 인간적인 방법으로 아이를 가지려 하지 않았습니다. 또 그 당시 지도자들은 자녀들을 외국인과 결혼시키는 것을 큰 자랑으로 알았습니다. 그러나 이들은 삼손이 외국인과 결혼하는 것을 반대했습니다.

얼마 전까지만 해도 우리나라에서 어느 정도 지도자급에 있던 사람들은 공무로 외국에 나가는 길에 자녀들을 데리고 나갔다가 두고 오는 방법으로 조기 유학을 시켰습니다. 그것은 일종의 유행 같은 일이었습니다. 삼손 당시 이스라엘에서는 아내를 여럿 두어 자식을 많이 낳는 것과 그 자식들을 모두 이방 남자나 여자와 결혼시키는 것이 자랑거리였습니다. 그들에게는 '하나님의 나라'라는 개념이 전혀 없었습니다. 그러나 삼손의 부모는 그런 유행을 따르지 않았습니다. 고집스럽게 그 유행을 거부하고 하나님이 아이를 주실 때까지 아이 없이 지냈습니다. 그리고 삼손이 이방 여자와 결혼하겠다고 하자 아주 언짢아하면서 단 지파 중에서 신부감을 찾든지 그것이 안 되면 다른 지파에서 찾을 일이지 왜 하필이면 할례 받지 않은 이방 여자와 결혼하려 드느냐고 반대했습니다.

그러나 결국에는 이들도 이 결혼에 동의하고, 그 준비를 위해 딤나에 몇 차례씩 왔다 갔다 하기에 이릅니다. 아마도 삼손이 이들을 설득할 수 있었던 것은 무식하게 우겼기 때문이었던 것 같습니다.

삼손은 "내가 그 여자를 좋아하오니 나를 위하여 그를 데려오소서"라고 말합니다. 그는 이처럼 "내가 좋아한다는데 왜 그러세요! 무조건 허락해 주세요!" 하는 식으로 졸라서 부모의 마음을 움직인 것으로 보입니다. 이 경건한 부모도 자식 하나만은 자기들 뜻대로 못했나 봅니다.

중요한 것은 이 결혼에 대한 성경의 평가입니다. "이때에 블레셋 사람이 이스라엘을 관할한 고로 삼손이 틈을 타서 블레셋 사람을 치려 함이었으나 부모는 이 일이 여호와께로서 나온 것인 줄은 알지 못하였더라"(14:4).

삼손이 블레셋 여자와 결혼하려고 한 것은 단순히 자기 욕심이나 당시의 유행 때문이 아니었습니다. 그 당시 이스라엘은 블레셋의 완전한 속국이 되어 스스로의 힘으로는 도저히 일어설 수 없는 상태였습니다. 또 삼손에게는 기드온처럼 끝까지 마음을 합해서 함께 싸울 300명의 용사도 없었습니다. 아마 그가 나팔을 불려고 했다면 이스라엘 사람들이 먼저 그를 잡아 블레셋 사람들에게 넘겨 버렸을 것입니다. 이스라엘 백성들은 죽어 있었고 완전히 의욕을 상실했기 때문에 그들에게서는 아무 도움도 기대할 수 없었습니다. 따라서 그가 할 수 있는 일은 오직 자기 혼자 블레셋과 싸우는 것뿐이었습니다. 그러나 블레셋 사람들은 이스라엘 백성들을 항상 경계하고 있었기 때문에 접촉하기가 쉽지 않았던 것 같습니다.

그래서 삼손은 블레셋 여자와 결혼하기로 했습니다. 그러면 블레셋 사람들은 그가 블레셋에 귀화하려나 보다 생각해서 아무 의심 없이 다가올 것입니다. 즉 삼손에게 결혼식 날은 일종의 거사일과 같았습니다. 그는 혼자 힘으로라도 블레셋에 어느 정도 타격을 가함으로써, 이스라엘은 블레셋의 속국이 아니라는 사실을 여러 사람들 앞에 드러내기를 원했습니다. 삼손의 결혼식은 이스라엘 민족사상 블레셋에 대항하여 저항의 소리를 낸 최초의 사건이었습니다. 이스라엘은 그 후 사무엘 시대에 블레셋과 싸워 한 번 크게 승리하지만, 사울 시대에 이르러서는 오히려 길보아 산에서 사울 집안 삼부자가 전사하는 참패를 겪습니다. 그만큼 블레셋은 강한 적이었습니다.

삼손이 이 결혼식에 부모를 끌어들인 것은 블레셋 사람들의 의심을 사지 않으려는 조처였을 것입니다. 여기에서 우리는 거룩한 하나님의 사람이 이처럼 결혼을 정치적인 목적으로 이용해도 되느냐 하는 의문을 가질 수 있습니다. 이것은 에훗이 방심하고 있는 에글론 왕에게 테러를 가한 것이 성경적으로 옳으냐 하는 것과 같은 맥락의 질문입니다.

물론 결혼은 신성한 것으로서 정략적인 이유나 정치적인 목적으로 이용되어서는 안 됩니다. 결혼은 정말 사랑하는 사람들끼리 해야 합니다. 그러나 지금의 윤리적 기준으로 3,000년 전의 사건을 판단하는 데에는 무리가 있습니다. 예수님은 "어미의 태로부터 된 고자도 있고 사람이 만든 고자도 있고 천국을 위하여 스스로 된 고자도 있도다"(마 19:12)라고 말씀하셨습니다. 이것은 복음을 위해 정상적인 결혼생활을 하지 못할 사람들이 있다는 뜻입니다.

삼손은 도저히 상대할 수 없는 적인 블레셋에 대항하기 위해 자신의 결혼식을 이용하기로 했습니다. 그는 어느 누구의 도움도 받지 못한 채 철저히 혼자 엄청난 적과 싸움으로써 이스라엘을 구원해야 했습니다. 마치 스스로 일어설 수도 없고 움직일 수도 없는 의식불명의 환자를 구하기 위해 혼자 여러 명의 적과 싸워야 하는 상황과 같았습니다.

우리 교회에는 전혀 의식 없는 어머니를 간호하는 일에 하루를 다 보내는 형제가 있습니다. 아무리 의식이 없는 분이라도 목욕은 시켜 드려야 하고 음식은 먹여 드려야 하며 운동도 시켜 드려야 합니다. 머리를 감긴 후에 금방 말려 드리지 않으면 감기에 걸려 버립니다. 그래서 그 형제는 하루 24시간도 부족하다고 합니다. 삼손의 상황이 바로 그와 같았습니다. 이스라엘 백성들은 영적으로 죽어 있었고 자기 힘으로는 전혀 일어날 수 없는 의식불명 상태에 빠져 있었습니다. 그에 비해 블레셋의 힘은 너무나도 강했습니다.

이때 삼손이 생각한 것이 무엇입니까? 자신의 결혼식을 통해 "우리는 블레셋이 싫다! 우리는 블레셋의 속국이 아니라 하나님의 백성이다! 아무리 오랜 시간이 걸리고 큰 희생이 필요하더라도 반드시 하나님의 나라를 되찾고야 말겠다!"는 첫소리를 지르겠다는 것입니다. 지금까지는 이스라엘 백성 중에 블레셋이 싫다는 말을 한 사람이 아무도 없었습니다. 그만큼 그들이 강했기 때문입니다. 그러나 삼손은 블레셋이 좋아서 이렇게 속국으로 살고 있는 것이 아니라는 것, 자신은 어떤 대가를 지불하더라도 하나님의 나라를 회복하겠다는 것을 선언하고자 했습니다.

하나님의 백성에게 분명한 의사 표시보다 더 중요한 것이 없습니다. 죄를 죄라고 하는 것, 싫은 것을 싫다고 하는 것이 무엇보다 중요합니다. 싫으면서도 아무 말 없이 잠자코 있으면 상대방은 내가 좋아한다고 생각해서 더 지배하려 듭니다. 사탄과의 싸움은 분명한 의사 표시로부터 시작됩니다.

사자와 꿀

삼손의 입장에서 한번 생각해 봅시다. 결혼식을 준비하는 마음이 얼마나 외롭고 힘들겠습니까? 존경하는 부모님에게조차 자신이 왜 굳이 이방 여자와 결혼하려 하는지 설명할 수가 없습니다. 그분들까지 속여 가면서, 그분들의 마음까지 아프게 해 가면서 이 일을 해 나가기가 괴롭습니다. 그러나 나실인은 이렇게 해야 합니다. 그가 머리를 기른 데에는 '나는 하나님께 속한 사람'이라는 뜻이 들어 있습니다. 그는 부모에게 속한 사람이 아닙니다. 일일이 부모의 이해를 구해 가며 일할 수가 없습니다.

하나님은 이런 어려운 처지에 있는 삼손에게 아주 귀한 체험을 주셨습니다. "삼손이 그 부모와 함께 딤나에 내려가서 딤나의 포도원에 이른즉 어린 사자가 그를 맞아 소리지르는지라. 삼손이 여호와의 신에게 크게 감동되어 손에 아무것도 없어도 그 사자를 염소 새끼를 찢음같이 찢었으나 그는 그 행한 일을 부모에게도 고하지 아니하였고 그가 내려가서 그 여자와 말하며 그를 기뻐하였더라" (14:5-7).

삼손은 결혼을 준비하러 딤나로 내려가는 길에 어린 사자와 마주치게 되었습니다. 여기에 나오는 "어린 사자"는 새끼 사자가 아닙니다. 완전히 자란 것은 아니지만 어느 정도는 자란 사자입니다. 갈기만 아직 멋있게 자라지 않았을 뿐, 몸집이나 사납기는 어른 사자에 뒤질 바가 없습니다. 이 사자와 마주쳤을 때 삼손은 부모와 좀 떨어진 거리에 있었던 것 같습니다. 그는 갑자기 성령으로 충만해지면서 큰 힘이 생기는 것을 느꼈습니다. 그래서 그 자리에서 사자에게 달려들어 맨손으로 찢어 죽여 버렸습니다.

이것은 삼손에게 굉장히 중요한 체험이었습니다. 이것은 아무도 알아주지 않고 아무의 도움도 받지 못하는 이 결혼식 작전을 하나님이 기뻐하신다는 표시이자 결코 실패하지 않게 해 주신다는 확인이었기 때문입니다. 이 체험은 삼손을 아주 기쁘게 했습니다. 그는 하나님이 이 일에 함께하심을 확신할 수 있었습니다.

우리도 하나님의 뜻인 줄은 알지만 아무도 하려 들지 않는 일을 하려고 할 때, 그렇게 마음이 두렵고 망설여질 수가 없습니다. '내가 굳이 이렇게까지 해 가면서 이 일을 할 필요가 있을까?' 하는 생각이 절로 듭니다. 그럴 때 상황의 변화나 누군가의 말을 통해, 하나님이 그 일에 함께하시며 결코 실패하지 않게 해 주신다는 것을 인쳐 주시는 경우가 있습니다. 그러면 마음에 불같이 뜨거운 확신이 찾아옵니다.

삼손이 이 일에 대해 부모에게 말하지 않은 것은, 이것을 아주 소중하게 생각했기 때문입니다. 그는 기쁨으로 딤나로 내려가 결혼식을 준비했습니다.

그런데 얼마 후 다시 그 여자를 만나기 위해 딤나로 내려갈 일이 생겼습니다. 삼손은 전에 자기가 죽인 사자가 어떻게 되었는지 보고 싶었습니다. 아마도 그 죽은 사자를 보면 다시 한 번 하나님의 은혜를 되새길 수 있으리라고 생각했던 것 같습니다. "얼마 후에 삼손이 그 여자를 취하려고 다시 가더니 돌이켜 그 사자의 주검을 본즉 사자의 몸에 벌 떼와 꿀이 있는지라"(14:8).

무슨 다른 뜻이 있어서 사자의 시체를 찾은 것이 아닙니다. 그저 그 엄청난 승리의 현장을 다시 한 번 보고 싶었을 뿐입니다. 전에도 그런 일이 여러 번 있었다면 대수롭지 않게 넘길 수 있었을지도 모릅니다. 그러나 처음으로 성령의 엄청난 힘을 받아 사자를 찢어 죽인 체험을 어떻게 잊을 수 있겠습니까? 그 현장을 다시 보고 싶어 하는 마음은 누구에게나 생길 수 있는 마음입니다.

그런데 삼손은 그곳에서 포기하기 아까운 것을 보게 되었습니다.

그것은 꿀이었습니다. 팔레스타인 땅은 몹시 덥고 건조해서 동물이 죽어도 바로 썩지 않고 딱딱하게 마르는 경우가 많았습니다. 벌은 이 사자의 마른 시체가 바위나 나무인 줄 알고 많은 꿀을 모아 놓았습니다. 그러나 삼손은 나실인이었습니다. 나실인은 시체를 가까이해서는 안 됩니다. 적을 공격해서 죽일 수는 있어도 죽은 시체는 가까이하면 안 돼요. 그런데 그의 눈앞에는 너무나도 아까운 꿀이 시체 안에 잔뜩 들어 있었습니다. 그것은 공짜였습니다. 손만 내밀면 얼마든지 가질 수 있었습니다.

마침내 삼손은 손으로 그 꿀을 취해서 먹습니다. "손으로 그 꿀을 취하여 행하며 먹고 그 부모에게 이르러 그들에게 그것을 드려서 먹게 하였으나 그 꿀을 사자의 몸에서 취하였다고는 고하지 아니하였더라"(14:9). 간식은 고사하고 기본적인 생활 자체가 어려웠던 그 당시에 꿀은 최고로 고급스러운 음식이었습니다. 삼손은 마치 사탕을 까먹듯이 길 가는 내내 꿀을 먹었고 부모님께도 꿀을 드렸습니다. 그러나 그 꿀이 어디서 나왔는지는 말하지 않았습니다. 나실인의 규정을 깨뜨린 데 대해 책망을 들을 것이 분명했기 때문입니다.

우리가 삼손이라고 해 봅시다. 아무도 없는 곳에 꿀이 있습니다. 사자의 시체는 바싹 말라서 시체같이 보이지도 않습니다. 그 유혹을 뿌리치고 돌아서기가 쉬울 것 같습니까? 아무도 없는 곳에 평소에 좋아하던 술이나 음란한 잡지나 금지된 오락 같은 것이 있을 때 "주여!" 하고 외치면서 포기하고 돌아선다는 것은 그리 쉬운 일이 아닙니다. 손만 딱 뻗으면 누드잡지가 있는데 외면하고 돌아누워 성경책을 잡는다는 것은 쉬운 일이 아니에요. 또 혼자 있다 보면 유익하지도 않은 텔레비전 채널을 끊임없이 돌리면서 시간을 보내게 되기 십상입니다. 유혹은 혼자 있을 때 더 강력하게 다가오는 법입니다. 혼자 방에 있을 때, 혼자 화장실에 앉아 있을 때, 피곤한데 잠은 오지 않고 책도 볼 수 없으며 시간은 무료할 때, 사탄은 우리에게 성큼 접근해 옵니다.

아마도 삼손이 꿀의 유혹에 쉽게 넘어간 것은 일이 잘되고 있다는 기쁨 때문이었을 것입니다. 모든 일이 자신의 뜻대로 착착 진행되고 있습니다. 부모님도 함께 동행해 주셨고 블레셋 여자도 자기를 좋아합니다. 더욱이 포도원에서 사자를 죽이는 체험까지 했습니다. 그런데 꿀 정도 먹는다고 해서 달라질 게 뭐가 있겠느냐는 것입니다. 그러나 이것은 비극의 시작이었습니다.

삼손은 결코 개인이 아닙니다. 이스라엘을 대표하고 있는 공인입니다. 그럼에도 불구하고 그는 자주 자신의 목적에 일관되지 못한 행동을 하곤 했습니다. 그는 여자들과 사랑에 빠졌습니다. 꿀을 좋아했고 술을 즐겼습니다. 그 결과 실패할 때가 많았습니다. 그것은 모두 작은 실패가 아니라 엄청난 대실패였습니다.

다윗은 부하들이 전쟁하러 나간 사이 혼자 있다가, 목욕하고 있던 신하의 아내를 보고 죄를 지었습니다. 그리스도인이 혼자 있는 것은 이렇게 위험합니다. 그러나 혼자 있는 것보다 더 위험한 것이 있습니다. 그것은 호기심입니다. 하나님의 백성들은 성욕을 비롯한 세상적인 욕망들을 늘 억제하고 있는 사람들입니다. 성령 충만할 때는 그런 욕망이 별로 문제 되지 않지만, 혼자 있거나 할 일 없이 무료한 시간에 이 좋지 못한 호기심이 발동되면 아주 큰 실패나 죄로 연결되기 쉽습니다.

그렇다면 우리는 어떻게 해야 이런 유혹에서 우리 자신을 안전하게 지킬 수 있을까요? 일단 혼자 있지 않는 것이 좋습니다. 할 일 없이 혼자 멍청하게 있는 것은 아주 위험한 일입니다. 그리고 이보다 더 중요한 일은 자기 신화를 버리는 것입니다. '나는 하나님의 사람이다. 나에게는 하나님의 특별한 능력이 있다. 나는 사자도 맨손으로 찢어 죽인 사람이다. 그런데 꿀을 좀 먹는다고 해서 무슨 탈이 나겠는가?' 하는 자기 신화가 하나님의 사람들을 넘어뜨릴 때가 많습니다.

그래서 우리는 가능한 한 좋지 않은 장소를 피할 뿐 아니라, 가능한 한 자신의 약한 부분에 솔직해져야 합니다. 성에 약한 사람도 있고 돈에 약한 사람도 있으며 술에 약한 사람도 있습니다. 기도하는 가운데 이 약한 부분들을 하나님 앞에 노출시켜야 하며, 신실한 사람들에게 도움을 요청해야 합니다. 그렇게 하지 않으면 한순간에 넘어지기 쉽습니다.

삼손의 수수께끼

블레셋 사람들은 삼손이 자기 족속 여자와 결혼하는 것을 아주 좋게 여겼습니다. 그래서 블레셋 청년 30명을 들러리로 붙여 주어서 아주 흥겨운 결혼 잔치를 베풀게 했습니다. "삼손의 아비가 여자에게로 내려가매 삼손이 거기서 잔치를 배설하였으니 소년은 이렇게 행하는 풍속이 있음이더라. 무리가 삼손을 보고 30명을 데려다가 동무를 삼아 그와 함께하게 한지라"(14:10-11).

삼손은 블레셋 사람이 아니었기 때문에 들러리가 없었습니다. 결혼은 블레셋 방식으로 하는데 들러리가 없으니까 블레셋 사람들이 자기네 청년 30명을 데려다가 들러리로 세워 주었고, 그 덕분에 제법 격식을 갖춘 결혼식이 거행되었습니다.

여기에서 궁금한 것은 이때 삼손이 술을 마셨느냐 하는 점입니다. 성경은 여기에 대해 언급하지 않고 있습니다. 삼손은 하나님께 바쳐진 나실인이었기 때문에 술을 마시지 못하게 되어 있었습니다. 그러나 아마도 분위기를 위해 자연스럽게 술을 마셨을 것입니다. 신랑이 술을 입에도 대지 않으면 블레셋 방식의 결혼식이 성립될 수 있겠습니까? 또 이미 시체의 꿀도 먹었는데 술이라고 못 마실 이유가 뭐가 있겠습니까?

삼손의 결혼식은 나실인 서약을 담보로 한 것이었습니다. 이후에도 삼손의 사역을 보면 항상 아슬아슬한 느낌이 듭니다. 이처럼 신앙적으로 아주 중요한 것을 담보로 걸어 놓고 아슬아슬하게 일하는 것은 미련한 짓입니다.

삼손은 결혼식이 절정에 달했을 때 수수께끼를 하나 냈습니다. 그 당시에는 잔치 중에 수수께끼를 내는 것이 보편적인 일이었던 것 같습니다. 이것은 오늘날로 말하면 행운권 추첨과 같습니다. 흥이 잔뜩 올랐을 때 수수께끼를 내서 맞춘 사람에게 상을 주면 결혼 잔치가 얼마나 더 흥겨워지겠습니까? 삼손도 드디어 기회를 잡아서 블레셋 들러리들에게 수수께끼를 냈습니다. "삼손이 그들에게 이르되 '이제 내가 너희에게 수수께끼를 하리니 잔치하는 7일 동안에 너희가 능히 그것을 풀어서 내게 고하면 내가 베옷 30벌과 겉옷 30벌을 너희에게 주리라. 그러나 그것을 능히 내게 고하지 못하면 너희가 내게 베옷 30벌과 겉옷 30벌을 줄지니라.' 그들이 이르되 '너는 수수께끼를 하여 우리로 듣게 하라'"(14:12-13).

베옷은 속옷입니다. 그러니까 베옷 30벌과 겉옷 30벌을 받겠다는 것은 들러리 30명을 벌거벗겨서 보내겠다는 말입니다. 삼손의 결혼식의 절정은 바로 이 수수께끼에 있었습니다. 아무리 결혼식을 이용해서 일을 벌이기로 작정했다고 해도 무작정 그들을 잡아 죽일 수는 없었습니다. 삼손은 블레셋 사람들을 흥분시켜서 그들이 먼저 난동을 부리면, 그것을 정당한 핑계거리로 삼아 잡아 죽이려 했던 것 같습니다. 그러면 법적으로도 전혀 문제 될 것이 없고 오히려 그의 결혼식을 블레셋 사람들이 망친 격이 되어서 트집 잡힐 일이 없을 것입니다.

블레셋 사람들은 설마 자기들 30명이 이 무식한 이스라엘 사람 하나 당하지 못하겠는가 생각해서 어서 수수께끼를 내라고 했습니다. 그러자 삼손은 자기의 성령 체험을 놓고 수수께끼를 냈습니다. "삼손이 그들에게 이르되 '먹는 자에게서 먹는 것이 나오고 강한 자에게서 단 것이 나왔느니라'"(14:14 상).

어떤 사람이 은밀하게 체험한 일은 다른 사람이 알 길이 없습니다. 더구나 삼손이 딤나에 내려오다가 겪은 이 놀라운 성령 체험을 블레셋 사람들이 알 리가 없었습니다. 먹는 자에게서 먹는 것이 나오고 강한 자에게서 단 것이 나왔다는 것은 사자의 죽은 몸에서 꿀이 나왔다는 뜻입니다. 사자와 꿀, 이 두 가지에 얽힌 일은 삼손에게 결코 잊을 수 없는 경험이었던 것 같습니다. 세상에는 이런 일이 있을 수 없습니다. 어떻게 강한 자에게서 단 것이 나오고 먹는 자에게서 먹는 것이 나올 수 있겠습니까? 삼손이 낸 문제는 일종의 넌센스 퀴즈였습니다. 그것도 자신만의 깊은 성령 체험을 넌센스 퀴즈로 냈으니 블레셋 사람들이 알아맞출 리가 없었습니다.

여기에서 우리가 생각해야 할 것은 삼손이 이처럼 자신의 은밀한 성령 체험을 수수께끼로 낸 것이 과연 옳으냐 하는 점입니다. 이것은 결코 옳지 않은 일입니다. 블레셋 사람들과 어울려 술잔치를 하는 자리에서 성령의 능력으로 나타난 자기만의 깊은 체험을 수수께끼 재료로 내놓는 것은 결코 지혜로운 일이 아닙니다. 이 체험은 침체되거나 영적인 위기가 닥칠 때마다 하나님 앞에서 새 힘을 얻는 영적인 오아시스로 사용할 수 있는 아주 귀한 것이었습니다. 이런 귀한 것을 한낱 수수께끼 재료로 내놓는 것은 아주 위험한 짓입니다.

누구를 만나도 대화를 나눌 수 없을 정도로 영육이 지쳤을 때는 할 수 있는 대로 편한 자세로 눕거나 혼자 숲을 찾아가 지금까지 하나님이 주신 은혜 중에 가장 좋았던 것을 조용히 생각하는 것이 좋습니다. 그리고 앞으로 해 주시기를 소망하는 아름다운 일들을 구체적으로 그리다 보면 분노와 복잡한 심사가 가라앉으면서 다시 기쁨과 평안이 생기는 것을 느낄 수 있습니다.

삼손은 사자를 죽인 체험을 이런 영적인 오아시스로 삼았어야 합니다. 그리고 시체의 꿀을 먹은 일을 자신의 연약한 부분으로 여겨 부끄러워했어야 합니다. 우리도 지난날을 돌아보면 사자와 꿀이 늘 함께 있는 것을 볼 수 있습니다. 하나님은 큰 은혜를 주셔서 승리하게 하셨습니다. 그럼에도 불구하고 우리는 작은 유혹을 뿌리치지 못하고 실패했던 상반된 경험을 가지고 있습니다. 므리바는 하나님의 축복과 이스라엘의 반역이 공존하는 곳이었습니다. 그곳은 하나님이 반석을 쳐서 물을 내신 장소이기도 했지만, 그들이 하나님께 원망을 터뜨린 장소이기도 했습니다. 우리의 과거에는 이러한 므리바의 생수와 반역이 항상 공존하고 있습니다.

이런 비밀은 다른 사람에게 공개될 성질의 것이 아닙니다. 아무리 친한 사람에게라도 이야기하지 않는 것이 좋습니다. 이런 비밀은 외롭고 침체될 때 혼자 조용히 되새기면서 다시 힘을 얻는 근원으로 사용해야 합니다. 힘들 때 혼자 숲 속에 들어가 그 옛날 사자가 덤벼들었던 포도원을 생각해 보는 것입니다. 사자를 찢어 죽였던 그 능력과, 그럼에도 불구하고 꿀의 유혹을 이기지 못하고 죄를 지었던 자신의 연약함을 떠올리는 것입니다. 그러면 하나님 앞에서 다시 힘을 얻으며 겸손한 모습을 회복할 수 있습니다. 그런데 이런 귀한 체험을 술잔치 하는 자리에서 수수께끼 재료로 내놓았다는 것은 그야말로 경솔한 짓이 아닐 수 없습니다.

그렇다면 삼손은 어떤 문제를 냈어야 할까요? 간단합니다. 하나님이 자기에게 주신 것을 사용했어야 합니다. 하나님은 그에게 사자도 이길 수 있는 힘을 주셨습니다. 그렇다면 끝까지 그 힘으로 승부를 걸었어야지요. 왜 갑자기 머리를 굴려서 시를 써 가면서 어려운 수수께끼를 냅니까? 예를 들어서 "만일 너희 30명 중에 팔씨름으로 나를 이기는 사람이 있으면 내 옷 다 줄게. 발가벗고 이스라엘까지 가라면 갈 수도 있어"라고 했다면 블레셋 사람들을 간단히 이길 수 있었을 것입니다. 하나님의 백성은 자신에게 주어진 것으로 싸워야 합니다. 남 흉내 내면 안 됩니다.

하나님은 삼손의 결혼식을 축복하셨습니다. 결혼식 자체를 축복하신 것이 아니라 그 결혼식을 통해 삼손이 하고자 했던 대블레셋 투쟁을 축복하신 것입니다. 그러나 그는 자꾸 미끄러지고 있습니다.

왜 미끄러지고 있습니까? 사소한 부분에 철저하지 못했기 때문입니다. 그는 꿀의 유혹을 이기지 못했습니다. 그리고 하나님이 주신 귀한 체험을 잘 간수하지 못했습니다.

실패한 결혼 작전

블레셋 사람들은 삼손보다 한 수 위였습니다. 그들은 자기 힘으로 이 수수께끼를 풀 수 없다는 판단이 서자 삼손의 신부를 위협했습니다. "제7일에 이르러 그들이 삼손의 아내에게 이르되 '너는 네 남편을 꾀어 그 수수께끼를 우리에게 알리게 하라. 그렇지 아니하면 너와 네 아비의 집을 불사르리라. 너희가 우리의 소유를 취하고자 하여 우리를 청하였느냐? 그렇지 아니하냐?'"(14:15)

드디어 블레셋 사람들의 본성이 드러나고 있습니다. 그들은 더 이상 이것을 단순한 수수께끼로 생각하고 있지 않습니다. 전쟁으로 생각하고 있습니다. 그들은 이 수수께끼의 답을 알아내지 못하면 신부와 그 식구들을 모두 불살라 죽이겠다고 위협했습니다. 그들은 다른 사람을 잡아서 불태워 죽이는 일을 예사로 생각했습니다.

삼손의 아내를 이용하면 답을 알 수 있으리라는 그들의 계산은 들어맞았습니다. "삼손의 아내가 그의 앞에서 울며 가로되 '당신이 나를 미워할 뿐이요 사랑치 아니하는도다! 우리 민족에게 수수께끼를 말하고 그 뜻을 내게 풀어 이르지 아니하도다.' 삼손이 그에게 대답하되 '보라, 내가 그것을 나의 부모에게도 풀어 고하지 아니하였거든 어찌 그대에게 풀어 이르리요?' 하였으나 7일 잔치할 동안에 그 아내가 앞에서 울며 강박함을 인하여 제7일에는 그가 그 아내에게 수수께끼를 풀어 이르매 그 아내가 그것을 그 민족에게 고하였더라"(14:16-17).

블레셋 사람들은 삼손을 넘어뜨리기 위해 그와 가장 가까운 사람을 이용했습니다. 사실 이것은 마귀가 잘 사용하는 전략입니다. 그러나 삼손은 그 전략을 알지 못했습니다. 우리는 마귀가 항상 가까운 사람을 격동질해서 나를 공격한다는 것을 알아야 합니다. 그래야 그렇게 친하게 믿고 지내던 사람이 갑자기 돌변하여 나를 공격하는 이유를 이해할 수 있습니다.

삼손은 임무가 있는 사람이었습니다. 임무가 있는 사람은 절대로 사사로운 감정에 사로잡혀서는 안 됩니다. 결혼식을 통해서 블레셋 사람들에게 치명타를 가할 생각을 했으면 신부가 울든 말든 밀어붙였어야 합니다. 그러나 그는 인정에 약했습니다.

"당신은 나를 사랑하지 않는군요!"

"우리 아버지한테도 말 안 했는데……."

"날 아버지보다 더 사랑하지 않는단 말이에요?"

이러면 그냥 마음이 약해져서 할 말 못할 말 다 해 버리는 것입니다. 이런 태도가 삼손의 사역을 복잡하게 만들면서, 결국 그의 작전은 실패로 돌아가고 맙니다. 삼손이 정말 독한 마음을 먹었다면 아내가 울든 말든 입을 다물었을 것이고, 그 결과 블레셋 사람들이 이 여자의 집을 해쳤다면 오히려 더 합법적으로 보복할 수 있는 기회를 얻었을 것입니다.

그러나 결정적인 순간에 마음이 약해져서 수수께끼의 비밀을 털어놓는 바람에, 하나님이 주신 최고의 선물은 적의 조롱거리로 전락해 버렸고 결혼 작전은 실패로 돌아가고 말았습니다. "제7일 해지기 전에 성읍 사람들이 삼손에게 이르되 '무엇이 꿀보다 달겠으며 무엇이 사자보다 강하겠느냐?' 한지라. 삼손이 그들에게 대답하되 '너희가 내 암송아지로 밭 갈지 아니하였더면 나의 수수께끼를 능히 풀지 못하였으리라' 하니라. 여호와의 신이 삼손에게 크게 임하시매 삼손이 아스글론에 내려가서 그곳 사람 30명을 쳐 죽이고 노략하여 수수께끼 푼 자들에게 옷을 주고 심히 노하여 아비 집으로 올라갔고"(14:18-19).

블레셋 사람들은 '물'이 아니었습니다. 그들은 삼손의 수수께끼 작전에 암송아지 밭 갈기 작전으로 대응했습니다. 블레셋 사람들은 삼손보다 한 수 위였습니다. 삼손은 깨끗하게 패배를 시인하지 않을 수가 없었습니다. 그러나 삼손은 실패했어도 하나님은 삼손을 버리지 않으셨습니다. 그에게 성령의 능력을 주셔서 다른 곳에 있는 블레셋 사람 30명을 쳐 죽이게 하셨습니다.

그러나 이것은 이미 빛 바랜 승리였고 의미 없는 승리였습니다. 블레셋 사람들을 꼼짝 못 하게 해 놓고 죽였어야 진짜 이기는 것인데, 성령의 능력에 감동되어 기껏 한 일이라는 것이 블레셋 들러리들에게 빚을 갚는 빚잔치에 그치고 말았기 때문입니다.

여기에서 우리가 알 수 있는 것이 무엇입니까? 블레셋과의 싸움은 그렇게 간단하지 않다는 것입니다. 그들은 공연히 이스라엘을 지배하고 있는 것이 아니었습니다. 그들과의 싸움은 혈과 육의 싸움이 아니라 눈에 보이지 않는 영과의 싸움이요 지혜의 대결이었습니다.

하나님의 백성에게 왜 기도가 필요합니까? 사소한 실수가 하나님의 일을 그르치게 만들기 때문입니다. 임무를 부여받은 사람은 철저하게 그 임무에 충실해야 합니다. 사자의 시체에 꿀이 있어도 못 본 체 지나가고, 신부가 울면서 답을 가르쳐 달라고 해도 끝까지 입 꾹 다물고 버티는 독한 마음이 있어야 합니다. 그러나 삼손은 그런 독한 마음이 없었습니다. 여자가 좀 시무룩한 표정만 지어도 쩔쩔 맵니다. 눈물만 흘리면 곧장 답이 튀어나와요. 삼손은 자기 자신에게도, 남에게도 독하지 못했습니다. 이것이 늘 그를 비참한 자리로 떨어뜨렸습니다.

그러나 중요한 점은 삼손은 실패했어도 하나님은 실패하지 않으셨다는 것입니다. 하나님은 삼손이 나실인의 서원을 깨뜨렸는데도 버리지 않으셨고, 아내에게 비밀을 털어놓았는데도 능력을 주셔서 아스글론 사람들을 쳐 죽이게 하셨습니다. 이것이 하나님의 사랑이요 신실하심입니다. 우리는 거짓되고 변덕스러워도 하나님은 신실하십니다.

블레셋 사람들은 분명히 삼손보다 한 수 위였습니다. 그러나 머리 좋은 그들에게도 허점이 있었습니다. "삼손의 아내는 삼손의 친구 되었던 그 동무에게 준 바 되었더라"(14:20). 그들은 삼손을 너무 우습게 알았습니다. 만약 신부를 그대로 두었더라면, 삼손은 그들을 칠 핑계를 찾지 못했을 것입니다. 그러나 그들은 삼손을 우습게 본 나머지 그 신부를 들러리에게 주어 버렸습니다. 원숭이도 나무에서 떨어질 때가 있고 여우도 감추었던 꼬리를 보일 때가 있는 것처럼, 그들도 실수를 하고 말았습니다. 결국 그들의 이 교만은 엄청난 재앙을 불러왔습니다. 삼손이 이 일을 빌미로 블레셋을 완전히 뒤집어엎은 것입니다. 그래도 블레셋 사람들은 이스라엘에 보복 공격을 하지 못했습니다. 삼손의 복수가 합법적인 것이었기 때문입니다. 이것은 하나님이 하신 일이었습니다.

하나님은 철저하게 죽어 있는 이스라엘을 살리기 위해 삼손을 사용하셨습니다. 그래서 삼손의 외로운 싸움을 축복하시려고 딤나에서 사자를 찢어 죽이는 체험을 하게 하셨습니다. 그런데 삼손의 문제가 무엇입니까? 목적에 일관되지 못한 것입니다. 작은 유혹을 이기지 못하는 것입니다. 정에 약한 것입니다. 하나님은 예수 그리스도를 보여 주시려고 단 지파에 강한 자 삼손을 보내셨습니다. 그러나 그는 이러한 약점 때문에 그리스도의 모습을 온전하게 보여 주지 못했습니다.

하나님이 나에게 주신 귀한 경험을 기억하고 있습니까? 아이를 임신했을 때 주신 축복이나 그 아이를 낳는 과정에서 하나님이 함께하셨던 일, 결혼하는 과정이나 직장을 구하는 과정에서, 또는 직장을 옮기는 과정에서 겪었던 은혜의 체험, 믿지 않는 식구들과의 관계에 하나님이 개입해 주셨던 소중한 체험들을 기억합니까? 그런 기억들은 우리 믿음의 밑천이자 영적인 오아시스입니다. 침체될 때마다 새 힘을 주며 교만해질 때마다 겸손하게 만들어 주는 안전장치입니다. 이것을 잊고 항상 맨손에서 출발하니까 신앙생활이 힘든 것입니다. 하나님이 주신 그 축복의 자산들을 다시 회복해야 합니다.

사자와 꿀의 기억은 영육이 지치고 침체될 때, 세상이 나를 무시하고 불신할 때, 믿었던 사람에게 상처를 입을 때마다 하나님 앞에 나아가 다시 기쁨으로 겸손을 되찾을 수 있는 값진 체험입니다. 이 체험을 값싸게 만들면 블레셋을 이기지 못할 뿐 아니라 그들의 조롱거리가 되어 버립니다.

작은 부분에서 자기 감정을 주체하지 못하는 사람은 중요한 일을 감당할 수 없습니다. 프로와 아마추어의 차이는 아주 사소한 데서 드러나게 마련입니다. 그런데 그리스도인들 중에는 사소한 것을 무시해서 쉽게 처리하다가 하나님의 일을 그르치는 사람들이 많습니다. 그리스도인은 독한 사람이 되어야 합니다. 예수님이 하신 말씀이 무엇입니까? 비둘기같이 순결하면서도 뱀처럼 지혜로우라는 것입니다. 아무나 믿으면 속아 넘어가게 되어 있습니다. 겉으로 보이는 것에 현혹될 것이 아니라 그 이면을 꿰뚫어 봐야 합니다. 자식에게 돈을 주면 나가서 술 사 마실 줄 뻔히 알면서도, 부모의 정을 끊지 못해서 돈을 주거나 하면 안 됩니다. 땅에 뒹굴든지 말든지 딱 끊고 주지 말아야 합니다. 그렇게 하지 않으면 치료가 되지 않습니다. 목적이 분명하면 끝까지 독하게 밀어붙여야 합니다. 나중에 가서 청산할 것은 청산하고 화해할 것은 화해하더라도, 또 설사 나중에 가서도 설명하지 못할 부분이 생긴다 하더라도 목적을 향해 일관되게 나아가야 합니다.

전쟁은 삼손의 패배로 끝나지 않았습니다. 블레셋 사람들이 삼손을 너무 우습게 안 것이 화근이 되었습니다. 하나님은 이렇게 일하십니다. 교만한 자를 한껏 교만하게 하셔서 한 번은 꼭 나무에서 떨어지게 하십니다. 그리고 끝장을 내 버리십니다. 교만한 자들은 자신의 교만 때문에 망하게 되어 있습니다.

하나님이 과거에 나에게 주신 축복을 영적인 자산으로 삼으십시오. 영혼의 청량제로 귀하게 지키십시오. 그리고 꿀의 유혹에 넘어갔던 과거의 실패를 내 영혼의 안전장치로 삼아 하나님 앞에 겸손을 잃지 마십시오.

8
삼손의 전쟁

...... "나귀의 턱뼈로 한 더미, 두 더미를 쌓았음이여. 나귀의 턱뼈로 내가 1,000명을 죽였도다" ......

사사기 15:1-20

때로 누구의 도움도 받지 못한 채 혼자 여러 사람의 짐을 책임져야 하는 경우가 있습니다. 어떤 형제는 예수 믿는 사람이 아무도 없는 가정의 장남입니다. 그런데 그의 가족 중에는 경제적인 책임을 질 만한 사람이 아무도 없습니다. 나이 든 아버지만 겨우 야간 경비로 일하면서 돈을 벌었는데, 최근에는 건강이 나빠져서 그 일조차 할 수 없게 되었습니다. 집안 형편이 이렇게 어렵다 보니 대학이라도 나온 그가 돈을 보태야 할 상황입니다. 그런데 그는 주의 일을 하기로 이미 헌신해서, 돈은 벌기는커녕 수 년 동안 수입 없는 사역자의 길을 걷고 있는 중입니다. 소그룹으로 모여서 형제 자매들과 성경공부를 할 때는 그렇게 기쁠 수가 없습니다. 그러나 병든 아버지가 기침을 하면서 당장 끼니를 걱정할 때마다, 그래도 대학까지 나온 자신이 마냥 이렇게 지내도 되는 것인지 도무지 갈피가 잡히지 않습니다. 만약 부모님께 큰 병이라도 생긴다면 그때는 정말 앞일이 막막해질 것입니다.

삼손 때 이스라엘 백성들은 완전히 식물인간과 같았습니다. 그들은 스스로 일어설 생각을 전혀 못 하고 있었습니다. 그들은 블레셋의 속국이라는 자리에 만족했고 어떤 변화도 원치 않았습니다. 그 가운데서 삼손은 누구의 도움도 받지 못한 채 그들을 블레셋의 손에서 건져 내는 사명을 혼자 짊어져야만 했습니다.

그의 사역이 힘든 이유가 어디에 있었습니까? 그는 이스라엘 백성들에게서 약간의 도움도 기대할 수 없는 것은 물론, 자신의 행동 때문에 조금이라도 피해가 가지 않도록 조심해야만 했습니다. 그래서 블레셋을 칠 때 항상 합법적인 방법을 써야만 했습니다.

우리는 지난번에 삼손의 결혼 작전이 완전히 실패로 돌아간 것을 보았습니다. 삼손의 결혼 작전이 실패한 이유가 무엇입니까? 표면적으로는 그가 자신의 목적에 충실하지 못했기 때문입니다. 정말 이 결혼식을 통해 블레셋 사람들에게 타격을 가하려고 생각했다면 사사로운 정에 얽매이지 말았어야 합니다. 그러나 그는 한편으로는 수수께끼를 내서 블레셋 사람들을 곤경에 빠뜨려 놓고서도, 다른 한편으로는 마음이 약해져서 수수께끼의 비밀을 아내에게 알려 줌으로써 결국 이 작전을 성공시키지 못했습니다.

그러나 이 실패의 이면적인 이유는 그가 자신의 작은 경건에 실패했다는 데 있었습니다. 그는 나실인으로서 시체를 가까이하면 안 되는데도 꿀을 포기하기가 아까워서 죽은 사자의 몸에 있는 꿀을 먹었습니다. 이 작은 부주의로 영적인 경계심이 풀어지는 바람에 결혼 작전에 실패한 것입니다.

하지만 삼손은 실패했어도 하나님은 실패하지 않으셨습니다. 하나님은 블레셋 사람의 교만을 사용하여 합법적으로 블레셋을 칠 수 있는 빌미를 주셨습니다. 이번에는 그들도 쉽게 빠져 나올 수 없었습니다.

블레셋 사람들이 무리수를 두다

삼손의 결혼 작전에서 본 것처럼 블레셋 사람들을 친다는 것은 결코 쉬운 일이 아니었습니다. 삼손은 그들을 치기 위해 어려운 수수께끼를 냈지만, 그들은 삼손의 신부를 이용해서 간단히 빠져 나왔습니다. 그래서 삼손이 오히려 그들에게 줄 옷을 마련하기 위해 강도짓을 해야 했습니다. 그러나 블레셋 사람들도 중대한 실수를 하나 했습니다. 삼손이 신부에게 화를 내며 가는 것을 본 장인이 결혼식 들러리 중 한 사람에게 딸을 주어 버린 것입니다. "삼손의 아내는 삼손의 친구 되었던 그 동무에게 준 바 되었더라"(14:20).

여기에서 알 수 있는 사실이 무엇입니까? 삼손의 장인은 원래부터 삼손과의 결혼식을 심각하게 여기지 않았다는 것입니다. 그는 삼손을 실컷 이용한 후에 얼마든지 발로 차 버릴 수 있다고 생각했습니다. 아무리 삼손이 화를 내고 자기 집으로 갔다 하더라도 삼손과 그 아내의 결혼 관계는 아직 끝난 것이 아닙니다. 그러나 블레셋 장인은 이스라엘 백성과 삼손을 너무 우습게 안 나머지, 이런 식으로 한번 혼쭐이 났으니 다시는 블레셋 땅에 오지 못할 것이라고 생각해서 딸을 다른 남자에게 주어 버렸습니다.

그러나 삼손은 자기 아내를 만나기 위해 선물을 준비해 가지고 다시 나타났습니다. "얼마 후 밀 거둘 때에 삼손이 염소 새끼를 가지고 그 아내에게로 찾아가서 가로되 '내가 침실에 들어가 아내를 보고자 하노라.' 장인이 들어오지 못하게 하고"(15:1).

우리는 이와 비슷한 장면을 얼마든지 상상할 수 있습니다. 심한 부부 싸움을 하고 난 뒤 아내가 친정에 가 버립니다. 며칠 후 남편이 아내에게 사과하기 위해 처가에 찾아갑니다. 후줄그레한 양복 차림으로 한 손에는 꽃다발을, 다른 한 손에는 선물 꾸러미를 들고 머리를 긁적거리면서 아내가 안에 있느냐고 장인에게 묻습니다. 삼손도 선물을 가지고 장인을 찾아갔습니다. 염소 새끼는 그 당시 최고의 선물이었습니다. 아마 지금의 보석 목걸이보다 나은 선물이었을 것입니다.

그러나 장인은 딸을 만나게 해 줄 수가 없었습니다. 이미 다른 사람에게 주어 버렸기 때문입니다. 그는 미인계를 써서 다시 한 번 삼손을 속이려고 했습니다. "가로되 '네가 그를 심히 미워하는 줄로 내가 생각한 고로 그를 네 동무에게 주었노라. 그 동생이 그보다 더욱 아름답지 아니하냐? 청하노니 너는 그의 대신에 이를 취하라'" (15:2).

이것은 굉장히 무서운 유혹이었습니다. 삼손은 여자에 약한 사람입니다. 여자가 울기만 하면 정신을 못 차립니다. 그가 여기에 온 것도 아내를 만나고 싶었기 때문입니다. 그런데 그의 아내는 이미 다른 사람의 아내가 되어 버렸고, 장인은 언니보다 훨씬 더 예쁜 동생을 주겠다고 합니다. 우리가 삼손이었다면 어떻게 했겠습니까? 아마도 인간적인 생각에 빠져서 제멋대로 행동했을 가능성이 큽니다. 화가 난다고 장인을 폭행했을 수도 있고, 장인의 유혹에 넘어가서 아내의 동생을 취했을 수도 있습니다. 그것도 아니면 아내를 찾겠다고 친구 집을 찾아 나섰을 수도 있습니다.

그러나 삼손은 한 번은 속았어도 두 번은 속지 않았습니다. 그는 이 최악의 경우에 하나님이 원하시는 것이 무엇일까 생각해 보았습니다. 그랬더니 하나님의 놀라운 뜻을 알 수 있었습니다. 그것이 무엇입니까? 이번이야말로 합법적으로 블레셋 사람들에게 결정타를 가할 수 있는 기회라는 것입니다. 이것은 그가 기다리던 기회였습니다. "삼손이 그들에게 이르되 '이번은 내가 블레셋 사람을 해할지라도 그들에게 대하여 내게 허물이 없을 것이니라' 하고"(15:3).

만약 악한 자 중에 겸손한 자가 있다면 그는 굉장히 무서운 사람일 것입니다. 왜냐하면 그에게는 약점이 없기 때문입니다. 그러나 악한 자는 반드시 교만해지게 되어 있고, 그 결과 한 가지 일이 잘 되면 다른 사람들을 우습게 본 나머지 무리수를 두게 되어 있습니다. 하나님은 이 악한 자들의 무리수를 절대로 그냥 넘기지 않고 반드시 응징하십니다. 그렇기 때문에 악한 자가 무리수를 두는 것은 치명적인 실수가 아닐 수 없습니다.

세상의 흉악한 자들은 대개 세 가지 요소를 갖추고 있습니다. 그들은 악하면서도 힘이 있고 영리합니다. 이런 사람들은 아무나 이길 수 없습니다. 블레셋 사람들이 그러했습니다. 그들은 악한 데다가 힘이 있고 교활했습니다. 그러나 그들의 약점은 머리를 너무 굴린다는 데 있었습니다. 그들은 삼손이 그렇게 혼이 났으니 다시는 오지 않을 것이라고 생각해서 그 아내를 다른 사람에게 주어 버렸습니다. 그러나 그것은 치명적인 실수였습니다.

우리 속담에도 "제 꾀에 제가 넘어간다"는 말이 있듯이, 아무리 머리가 좋은 악한도 교만해지는 것만은 통제하지 못하는 법입니다. 바로 이 교만이 빚어낸 무리수가 그의 발목을 잡게 되어 있습니다. 우리가 보기에 블레셋 사람들은 빈틈없는 사람들 같습니다. 그에 비하면 이스라엘 백성들이나 삼손은 미련퉁이로 보여요. 삼손은 실컷 수수께끼를 내놓고서도 아내가 울면서 조르니까 그냥 답을 토해 버렸습니다. 그러나 천하의 블레셋 사람들도 결국은 교만 때문에 치명적인 실수를 저지르고 말았습니다.

만약 삼손의 장인이 삼손과의 약속을 신실하게 지켜서 딸을 그대로 두었더라면 이스라엘은 영원히 블레셋의 속국이 되었을지도 모릅니다. 그런데 한 번 수수께끼에서 이기자 교만해져서 무리수를 두는 바람에 큰 재앙을 불러오게 되었습니다. 그들이 먼저 정상적인 결혼 관계를 깨뜨린 만큼 삼손은 얼마든지 합법적으로 보복할 수 있었습니다. 물론 아내를 빼앗겼다고 해서 그들을 죽일 수는 없었습니다. 그러나 재산에는 큰 타격을 줄 수 있었습니다.

300마리 여우 작전

삼손의 판단이 무엇입니까? '이스라엘 남자가 블레셋이 좋아서 블레셋 여자와 결혼했는데 장인이 다른 블레셋 사람들과 짜고 그 결혼을 파기시켰다는 것은 행패를 부릴 만한 충분한 이유가 된다. 내가 이것을 빌미로 그들의 재산에 타격을 준다 해도 블레셋은 이스라엘을 공격하지 못할 것이다' 라는 것입니다.

삼손은 그들의 밭에 불을 지르기로 했습니다. 그런데 이 일을 도와줄 사람이 아무도 없었습니다. 그때 삼손의 눈에 띈 것이 여우 비슷하게 생긴 들짐승들이었습니다. 삼손은 그 들짐승들의 협력을 받기로 했습니다. "삼손이 가서 여우 300을 붙들어서 그 꼬리와 꼬리를 매고 홰를 취하고 그 두 꼬리 사이에 한 홰를 달고 홰에 불을 켜고 그것을 블레셋 사람의 곡식 밭으로 몰아들여서 곡식단과 아직 베지 아니한 곡식과 감람원을 사른지라"(15:4-5).

　여기에 나오는 "여우"는 우리가 생각하는 여우가 아니라 여우와 닮은 자칼이라는 들짐승입니다. 여우는 떼로 몰려다니지 않기 때문에 300마리씩 잡기가 어렵습니다. 그러나 자칼은 무리지어 다니기 때문에 쉽게 잡을 수 있었던 것 같습니다. 삼손이 어디에서 이런 지혜를 얻었는지는 알 수 없습니다. 여하튼 그에게는 온 들판을 돌아다니면서 불을 붙여 줄 동역자가 필요했는데, 사람들 중에는 이 일을 도와줄 자가 아무도 없었습니다. 그래서 사람이 아닌 것들과 동역하기로 했습니다.

　제가 예전에 갔던 섬에는 고양이들이 수백 마리씩 돌아다니고 있었습니다. 마침 그때 저는 그 섬 아이들에게 삼손에 대한 설교를 하던 중이었습니다. 그래서 "삼손이 저 고양이 비슷한 동물을 300마리 잡아서 꼬리에 횃불을 달고 밭에 불을 질렀다"고 했더니 아이들이 쉽게 이해하고 재미있어했습니다.

　삼손이 살았던 당시 들판에는 고양이들처럼 돌아다니는 자칼들이 아주 많았습니다. 삼손은 그것들을 잡아서 두 마리씩 꼬리를 잡아매고 거기에 횃불을 매단 후에 불을 붙였습니다. 그러자 그 짐승들이 놀라서 온 밭을 헤집고 다녔습니다. 이렇게 구석구석 다니면서 불을 질러 주는 데다가 곡식단이 있으면 그 안에 숨으려고 뛰어들어가기까지 하니, 이보다 더 확실하게 모든 곡식을 불태울 수 있는 방법이 없었습니다. 블레셋 사람들은 놀라서 날뛰는 이 짐승들을 쉽게 잡지 못했습니다. 결국 블레셋 온 들판은 불바다로 변해 버리고 말았습니다.

이스라엘 역사상 그 무서운 블레셋 사람들을 최초로 공격한 부대는 바로 삼손이 파견한 이 여우 공수부대였습니다. 하나님이 이스라엘의 원수를 공격하시는 일에 꼭 정규 군대가 필요한 것은 아닙니다. 하나님은 사람들이 전혀 중요하게 생각지 않는 들짐승들을 사용해서도 얼마든지 결정적인 타격을 가하실 수 있습니다. 들판에 돌아다니는 여우를 동원할 수 있다는 생각을 누가 할 수 있었겠습니까? 그러나 그것들도 삼손의 손에 붙들리니 어느 부대보다 용감한 돌격부대가 되었습니다. 여우들이 가미가제 특공대처럼 꼬리에 불을 달고 온 들판을 결사적으로 돌아다니는데 아무도 막을 길이 없었어요. 하나님은 애굽의 바로를 공격할 때에도 정규 군대를 사용하지 않으셨습니다. 개구리나 파리나 이 같은 하찮은 것들로도 얼마든지 바로의 높은 콧대를 꺾으실 수 있었습니다.

사람들은 교만하게도 자기가 없으면 하나님이 아무 일도 하실 수 없는 것처럼 생각합니다. 그러나 우리의 도움 없이도 하나님은 얼마든지 적을 굴복시키실 수 있으며 살릴 자를 살리실 수 있습니다. 또 우리는 모든 자격이 갖추어지고 인원이 배정되고 예산이 할당되어야 하나님의 일을 할 수 있다고 생각합니다. 그러나 그런 것 하나 없이 하나님이 주시는 지혜만 가지고서도 얼마든지 싸울 수 있습니다. 오히려 이런 싸움이 훨씬 더 재미있을 뿐 아니라 역사에도 길이 남습니다. 모든 것이 완벽하게 갖추어진 상태에서 승리하는 것은 누가 못 하겠습니까? 그리스도인은 가진 것 하나 없이도 하나님의 지혜 하나로 승리하는 사람들입니다. 하나님의 지혜를 가지고 주위를 돌아보십시오. 얼마든지 하나님의 군대를 만날 수 있고 하나님의 손길을 느낄 수 있습니다. 아무도 도와주는 사람이 없으면 어떻습니까? 여우들을 이끌고 싸우면 되지 않습니까?

물론 이렇게 엄청난 피해를 입은 블레셋 사람들이 가만히 있을 리가 없었습니다. 그들은 처음에 무슨 엄청난 반란이 일어난 줄 알았습니다. 그러나 이 화재 현장에는 사람이 한 명도 보이지 않았습니다. 그래서 자세히 보니 여우들이 뛰어다니면서 불을 지르고 있었습니다. 그들은 누가 이런 일을 저질렀는지 수소문했습니다. "블레셋 사람이 가로되 '누가 이 일을 행하였느냐?' 혹이 대답하되 '딤나 사람의 사위 삼손이니 장인이 삼손의 아내를 취하여 그 동무 되었던 자에게 준 연고니라.' 블레셋 사람이 올라가서 그 여인과 그의 아비를 불사르니라"(15:6).

이것을 보면 블레셋 사람들이 얼마나 무서운 자들인지 알 수 있습니다. 그들은 삼손의 분노가 타당하다고 생각했습니다. 자기 아내를 빼앗기고도 가만히 있을 남자가 어디 있겠습니까? 그들은 삼손에게 보복할 명분을 찾을 수 없었고, 그렇다고 해서 다른 이스라엘 사람들을 공격할 수도 없었습니다. 그래서 삼손의 장인과 아내를 잡아서 불에 태워 죽여 버렸습니다. 왜 쓸데없는 짓을 해서 자신들에게 이런 피해를 입혔느냐는 것이지요.

그러나 이 일은 또 한 번 삼손에게 보복의 기회를 제공했습니다. 아무리 블레셋 사람들이 화가 났다고 해도 불태워 죽이기까지 한 것은 지나친 처사입니다. 멱살을 잡거나 삿대질이나 하고 말아야지 왜 죽이기까지 합니까? 삼손은 이것을 빌미 삼아 합법적으로 그들을 도륙했습니다. "삼손이 그들에게 이르되 '너희가 이같이 행하였은즉 내가 너희에게 원수를 갚은 후에야 말리라' 하고 블레셋 사람을 크게 도륙하고 내려가서 에담 바위 틈에 거하니라"(15:7-8).

이것은 삼갈이 소 모는 막대기로 블레셋 사람 600명을 쳐 죽인 이후 최초의 도륙입니다. 결국 블레셋 사람이 자기네 여자를 삼손과 결혼시킨 일은 어떻게 해도 빠져나갈 수 없는 함정에 발을 들여놓은 것과 같았습니다. 이번에는 삼손도 절대 속지 않았습니다. 수순을 따라 바둑을 두듯이, 하나님의 순서에 따라 하나씩 하나씩 징계해 나갔습니다.

삼손의 생애 전체에서 이때만큼 놀랍게 하나님의 손에 붙들려 사용된 적이 없습니다. 어떻게 이렇게 될 수 있었을까요? 한 번의 실수가 그를 철저히 낮아지게 만들었기 때문입니다. 우리는 성령 충만을 자신의 감정에 미쳐 날뛰는 것으로 생각하기 쉽습니다. 그러나 사실은 정반대입니다. 성령 충만한 사람은 자기 생각이나 감정에 휘둘리지 않습니다. 이번에 삼손은 철저하게 하나님의 손에 붙들렸습니다. 화가 난다고 해서 함부로 행동하지 않았습니다. 먼저 하나님의 뜻을 생각한 다음, 철저하게 그 뜻에 따라 행동했습니다.

지난번에는 꿀이 문제였습니다. 그리고 이번에는 장인의 미인계가 문제였습니다. 동생은 언니보다 더 예쁜 여자였습니다. 그러나 지난번의 실수로 마음이 낮아진 삼손은 두 번 속지 않았습니다. 가장 어리석은 사람은 똑같은 실수를 두 번 세 번 반복하는 사람입니다. 사람인 이상 한 번은 속을 수 있습니다. 그러나 두 번 세 번씩 똑같은 문제에 걸려 넘어져서는 안 됩니다.

우리의 신앙생활에 결정적인 영향을 주는 것은 아주 작은 유혹입니다. 별것도 아닌 작은 유혹이 우리의 영혼 전체를 어둡게 만들어서 영적인 분별력을 잃게 만드는가 하면, 아주 작은 유혹 하나를 이긴 것이 우리 영혼 전체를 긴장시키고 성령 충만하게 해서 마치 미리 정해진 프로그램에 따라 움직이듯이 정확하게 하나님의 일을 행하게 만들기도 합니다. 삼손은 별것도 아닌 꿀을 한 번 떠먹었다가 영혼이 어두워져서 여자의 눈물에 녹아 버렸습니다. 그러나 이번에는 그 한 번의 실패를 교훈 삼아 또 다른 유혹을 거부함으로써 놀랍게 사용될 수 있었습니다.

유다 사람들의 배반

블레셋 사람들은 평소 성질대로 한다면 당장 이스라엘에 쳐들어가 보복하고 싶었습니다. 그러나 보복할 수 있는 근거가 없었습니다. 이것은 삼손의 단독 범행임이 분명했기 때문입니다. 그래서 그들은 이스라엘 사람들을 직접 공격하는 대신 그들의 손을 빌어 삼손을 잡으려 했습니다. "이에 블레셋 사람이 올라와서 유다에 진을 치고 레히에 편만한지라. 유다 사람들이 가로되 '너희가 어찌하여 올라와서 우리를 치느냐?' 그들이 대답하되 '우리가 올라오기는 삼손을 결박하여 그가 우리에게 행한 대로 그에게 행하려 함이로라'" (15:9-10).

블레셋 사람들은 미련한 자들이 아니었습니다. 그들은 전에 삼손의 아내를 이용했던 것처럼 이번에는 이스라엘 사람들을 이용해서 삼손을 잡으려 합니다. 이미 말했듯이 사탄이 그리스도인들에게 결정타를 가하는 방법 중 하나는 가장 가까운 사람의 배신을 이용하는 것입니다. 그렇게 하지 않으면 그리스도인들의 비밀을 알아낼 길이 없기 때문입니다. 예수님을 배신한 사람도 그의 제자 중 하나였던 가룟 유다였습니다. 유다 지도자들이 그를 이용하지 않았다면 예수님이 계신 곳을 알아내지 못했을 것입니다. 예수님은 예루살렘 사람들을 믿지 않아서 그곳에 가실 때마다 집에서 주무시지 않고 감람산이라는 산에서 노숙하셨습니다. 가룟 유다는 그곳을 아주 잘 알고 있었습니다. 그는 예수님과 다른 제자들이 혼동되지 않도록 배신의 입맞춤까지 했습니다.

그래서 그리스도인들은 가장 가까운 사람, 믿었던 사람에게 배신당했다고 해서 너무 이상히 여기면 안 됩니다. 이것은 얼마든지 일어날 수 있는 일입니다. 그리스도인은 사람을 인간적으로 너무 좋아하지 말아야 합니다. 인간적으로 너무 좋아했다가 배신을 당하면 나중에 용서가 안 됩니다. 우리는 사람을 성령 안에서 사랑해야 합니다. 어떻게 하는 것이 성령 안에서 사랑하는 것입니까? 그 사람이 아무리 나를 배반하고 나에게 타격을 입힌다 해도 섭섭해하지 않고 계속 사랑할 수 있는 범위 안에서 사랑하는 것입니다.

블레셋 사람들은 레히라는 곳에 대부대를 집결시켜 놓고, 삼손을 잡아서 넘기지 않으면 대대적인 보복을 가할 것처럼 유다 사람들을 위협했습니다. 그러자 유다 사람들은 한번 싸워 볼 생각조차 못 한 채 너무나 쉽게 그들의 요구에 굴복해 버렸습니다. "유다 사람 3,000명이 에담 바위 틈에 내려가서 삼손에게 이르되 '너는 블레셋 사람이 우리를 관할하는 줄을 알지 못하느냐? 네가 어찌하여 우리에게 이같이 행하였느냐?' 삼손이 그들에게 이르되 '그들이 내게 행한 대로 나도 그들에게 행하였노라'"(15:11).

유다 사람들의 말은 충격적입니다. "블레셋 사람이 우리를 관할하는 줄을 알지 못하느냐?"는 것은 '우리는 지금 블레셋 사람들의 지배를 받고 있는 만큼, 가능한 한 아무 일도 일으키지 말고 조용히 있을 일이지 왜 이렇게 말썽을 피워서 우리를 힘들게 하느냐'는 뜻입니다. 그러자 삼손은 "그들이 행한 대로 나도 그들에게 행하였노라"고 대답합니다. 이것은 혹시 유다 사람들이 오해할까 봐 하는 말입니다. 즉 이 일은 어디까지나 사적인 것으로서 그들에게 피해를 주려고 한 일이 아니니, 그들이 관여할 필요가 없다는 것입니다.

하나님이 삼손을 보내신 것은 이스라엘 백성들을 블레셋의 세력으로부터 구해 주시기 위해서입니다. 삼손을 잡으러 온 사람들은 모두 3,000명이었습니다. 이것은 결코 적은 숫자가 아닙니다. 만약 그들이 전부 삼손의 편에 서서 싸우려고만 했다면 이스라엘의 역사는 크게 달라졌을 것입니다. 그러나 그들은 모두 편하게 살고 싶었습니다. 삼손 때문에 조금이라도 피해를 입을까 봐 두려웠습니다. 그들은 신앙 때문에 대가를 지불하고 싶지 않았습니다. 누군가 좋은 음식을 떠먹여 주면 입이나 벌릴까, 자신들이 나서서 무엇을 하는 데에는 대단히 인색한 사람들이었습니다. 결국 그들이 한 일이 무엇입니까? 하나님이 자신들을 구원해 주기 위해 보내신 사람 삼손을 잡아서 블레셋 사람들에게 넘긴 것입니다.

삼손은 자기를 잡으러 온 유다 사람들에게 한 가지만 요구합니다. 그것은 그들이 직접 자기를 공격하지는 말아 달라는 것입니다. 그렇게 되면 결국 동족끼리 싸우게 될 것이기 때문입니다. 유다 사람들이 선심 쓰듯이 그러겠다고 하자, 삼손은 순순히 결박당한 채 끌려갑니다. "그들이 삼손에게 이르되 '우리가 너를 결박하여 블레셋 사람의 손에 붙이려고 이제 내려왔노라.' 삼손이 그들에게 이르되 '너희는 친히 나를 치지 않겠다고 내게 맹세하라.' 그들이 삼손에게 일러 가로되 '아니라. 우리가 다만 너를 단단히 결박하여 그들의 손에 붙일 뿐이요 우리가 결단코 너를 죽이지 아니하리라' 하고 새 줄 둘로 결박하고 바위틈에서 그를 끌어내니라"(15:12-13).

유대인들은 예수님이 오셨을 때에도 이와 똑같은 짓을 했습니다. 하나님은 그들을 죄에서 건져 내려고 그리스도를 보내셨습니다. 그러나 그들은 그리스도를 시기해서 결박하여 로마 군인들에게 넘김으로써, 그들에게 침뱉음을 당하고 따귀를 맞고 결국에는 십자가에 못박혀 죽게 했습니다. 그렇게 한 이유가 무엇입니까? '우리는 변하지 않겠다' 는 것입니다. '우리는 지금 이대로가 좋은데 너는 왜 자꾸 우리에게 변하라고 하느냐, 왜 새로운 부담을 지우려 하며 다시 전쟁을 치르게 하려 드느냐' 는 것입니다. 삼손 때 유다 사람들도 부담 없이 살고 싶었습니다. 그래서 삼손이 자신들의 생활에 조금이라도 피해를 줄까 봐 얼른 잡아서 원수들에게 넘겨 버렸습니다.

그런데 여기에서 중요한 점은 삼손이 왜 자기를 배신한 유다 사람들과 싸우지 않았느냐 하는 것입니다. 그는 마치 순한 양처럼 그들의 손에 결박당한 채 블레셋 사람들에게 넘겨집니다. 무엇보다 먼저 그는 유다 사람들이 자신의 적이 되면 안 된다고 확신했던 것 같습니다. 그에게는 이스라엘과 싸우면 안 된다는 생각이 있었습니다. 이것은 대단히 중요한 생각입니다. 비록 지금은 그들이 침체되어 있어서 자기를 팔아먹지만, 그럼에도 불구하고 하나님이 자신을 보내신 목적은 블레셋의 손에서 그들을 건지는 것이지 그들을 치는 것은 아니라는 거예요. 요즘 말로 표현하면 삼손은 교회관이 좋았습니다.

　우리가 사도신경에서 '거룩한 공회를 믿는다'고 고백하는 것은 교회 자체를 신앙의 대상으로 삼는다는 뜻이 아닙니다. 교회의 결정이 항상 옳다고 믿는다는 뜻도 아닙니다. 우리가 고백하는 바는 '하나님이 교회를 세우셨으며 세상 마지막 날까지 구원의 통로로 사용하심을 믿는다'는 것입니다. 목회자나 신학자에게는 이 교회관이 어떠하냐가 중요합니다. 교회관이 좋지 못하면 교회에 지나치게 공격적인 태도를 갖게 된 나머지, 도대체 누구를 이롭게 하기 위해 목회를 하고 신학을 하는지 이해할 수 없는 경우들이 생깁니다.

　오늘날 너무 큰 불신이 교회를 지배하고 있습니다. 그 원인은 일차적으로 교회에 있습니다. 교회가 교인 한 사람 한 사람의 영혼을 성숙시키기 위해 힘을 기울이기보다는 교회 자체의 욕심을 채우기 위해 교인들을 이용하고 헌금을 강요한 책임이 없지 않습니다. 그럼에도 불구하고 우리 평생에 한 번은 결정을 내려야 할 때가 있습니다. 바른 진리가 무엇인가, 나는 이 진리를 구경만 할 것인가 아니면 거기에 헌신할 것인가를 결정해야 할 때가 있습니다.

　현대 그리스도인들의 특징은 이기적이라는 것입니다. 예배는 꼬박꼬박 드립니다. 성경공부도 좋아합니다. 괜찮은 사람들끼리 모여서 커피 마셔 가며 대화 나누는데 손해 볼 것이 뭐가 있겠습니까? 그러나 그 이상은 하지 않으려고 합니다. 그리스도 때문에 고난당하고 망한다는 것은 상상할 수도 없는 일입니다. 진리의 주체가 되면 할 일이 너무나 많습니다. 그러나 구경꾼의 자리에 머물러 있으면 사람들이 자기를 알아주지 않는다는 것에서부터 시작해서 이런 저런 불만이 터져 나오게 되어 있습니다. 그러다가 조금이라도 부담스러운 일이 생기면 외면하고 떠나 버립니다.

저는 교회 자체의 욕심을 위해 교인들의 희생을 요구할 생각은 조금도 없습니다. 그러나 진리의 측면에서는 결코 손님이나 구경꾼의 자리에 남아 있어서는 안 됩니다. 어떤 것이 옳다고 생각되면 그것을 따르기 위해 대가를 지불해야 합니다. 예배만 드리고 자기 문을 탁 닫아거는 것은 삼손을 블레셋에 넘긴 유다 사람들과 똑같은 태도입니다.

삼손의 놀라운 승리

삼손은 블레셋에 넘겨지는 순간에 다시 한 번 성령의 능력에 붙들려 한 번에 1,000명을 쳐 죽이는 괴력을 발휘합니다. "삼손이 레히에 이르매 블레셋 사람이 그에게로 마주 나가며 소리지르는 동시에 여호와의 신의 권능이 삼손에게 임하매 그 팔 위의 줄이 불탄 삼과 같아서 그 결박되었던 손에서 떨어진지라. 삼손이 나귀의 새 턱뼈를 보고 손을 내밀어 취하고 그것으로 1,000명을 죽이고 가로되 '나귀의 턱뼈로 한 더미, 두 더미를 쌓았음이여. 나귀의 턱뼈로 내가 1,000명을 죽였도다'"(15:14-16).

삼손에게 늘 이런 괴력이 있었던 것 같지는 않습니다. 그런데 블레셋 사람들이 소리를 지르면서 그에게 덤벼들었을 때, 갑자기 하나님의 신이 임하면서 엄청난 힘이 솟아났습니다. 그가 한번 힘을 쓰니 결박했던 줄이 마치 불탄 삼처럼 힘없이 떨어져 나갔습니다. 그는 눈에 뜨이는 나귀 턱뼈를 집어 1,000명을 때려 죽였습니다.

이것은 블레셋 사람들에게 엄청난 굴욕이었습니다. '너희 같은 시시한 것들을 치는 데는 정식 무기도 필요 없다'는 뜻이기 때문입니다. 그는 마치 들개들을 쳐 죽이듯이 블레셋 사람들을 쳐 죽였습니다. 그리고 그곳에서 승리의 찬송을 불렀습니다. "나귀의 턱뼈로 한 더미, 두 더미를 쌓았음이여. 나귀의 턱뼈로 내가 1,000명을 죽였도다."

성경에는 승리의 찬송이 나오는 곳이 여러 군데 있습니다. 그것들은 모두 적의 위협으로 죽을 수밖에 없는 사지에서 하나님의 능력으로 놀라운 승리를 얻게 되었을 때 부른 찬송들입니다. 그 중에서도 대표적인 것이 출애굽기에 나오는 모세의 노래와 사사기에 나오는 드보라의 노래입니다. 모세는 하나님이 홍해를 가르시고 이스라엘을 추격하던 애굽 군대를 바다에 쓸어 넣으시는 것을 보고 하나님의 구원을 노래했습니다. 또 드보라는 시스라의 철병거 900승이 갑자기 쏟아진 비에 잠기는 것을 보고 그의 구원을 노래했습니다.

누가 이런 승리의 노래를 부를 수 있습니까? 진리의 편에 서서 싸웠던 자들입니다. 적의 위력 앞에 절망하고 있던 상황에 갑자기 하나님의 능력이 개입함으로써 놀라운 승리를 거두게 되었을 때, 성도들은 이런 찬송을 불렀습니다. 성도들은 이처럼 단순히 승리를 기뻐하는 데서 그치지 않고 노래나 예배를 통해 그 승리를 극적으로 재구성하여 표현했습니다.

오늘 삼손의 노래를 보면 노래인지 독백인지 구별하기가 어렵습니다. 초등학교 1학년에게 작문하라고 하면 아마 이런 수준의 시가 나올 것입니다. 삼손은 시를 아름답게 쓰려고 했다기보다는, 자기도 놀랄 정도로 큰 능력이 나타나 시체가 두 무더기나 쌓인 것을 보고 그 놀라운 상황과 기쁨의 감정을 있는 그대로 표현했다고 할 수 있습니다. 시의 작품성으로 보자면 수준이 낮지만, 사실성으로 보자면 이보다 더 생생한 표현이 없을 것입니다. 만약 유다 백성 3,000명이 다 함께 삼손의 편에 섰더라면 얼마나 웅장하고 감격스러운 승리의 찬양이 터져 나왔겠습니까?

삼손은 전쟁을 끝낸 후 턱뼈를 집어던지면서 그곳의 이름을 "라맛 레히"라고 했습니다. 이것은 '턱뼈의 언덕' 이라는 뜻입니다. 삼손에게 주어진 능력은 무한한 것이 아니었습니다. 그는 1,000명을 죽였고 적은 그에게 접근하지 못하고 있었지만, 여전히 가까운 곳에서 그의 일거수일투족을 지켜보고 있었습니다. 그런데 그는 탈진하고 목이 말라서 더 이상 견딜 수 없는 상태에 빠졌습니다. 만일 그가 여기서 쓰러진다면 블레셋 사람들이 다시 몰려와 그를 죽이려

들 것입니다. 그때 삼손은 하나님께 부르짖으면서 기도했습니다. "삼손이 심히 목마르므로 여호와께 부르짖어 가로되 '주께서 종의 손으로 이 큰 구원을 베푸셨사오나 내가 이제 목말라 죽어서 할례 받지 못한 자의 손에 빠지겠나이다.' 하나님이 레히에 한 우묵한 곳을 터치시니 물이 거기서 솟아나오는지라. 삼손이 그것을 마시고 정신이 회복되어 소생하니 그러므로 그 샘 이름은 '엔학고레'라. 이 샘이 레히에 오늘까지 있더라"(15:18-19).

삼손에게 주어진 성령의 능력은 영구적인 것이 아니었습니다. 이 능력은 일정 기간 동안 역사하다가 소멸되는 것이었습니다. 적들은 아직도 삼손의 주위에서 그를 주시하고 있습니다. 조금이라도 지친 표시만 나면 금방 덤벼들어서 그를 죽일 것입니다. 이처럼 적들은 아직도 많이 남아서 기회를 노리고 있는데 삼손은 힘이 다 떨어져서 쓰러질 지경이 되었습니다. 그때 그는 하나님께 부르짖었고, 하나님은 다시 한 번 기적을 베푸셨습니다. 그 앞에 우묵한 곳을 터뜨려서 생수가 솟아나게 하신 것입니다. 삼손은 그 생수를 마시고 다시 정신을 차리고 힘을 얻었습니다. 그는 그곳의 이름을 "엔학고레"라고 지었습니다. 이것은 '부르짖은 자의 샘'이라는 뜻입니다. 하나님은 삼손의 부르짖음을 외면치 않으시고 다시 한 번 성령의 능력으로 그를 재충전시켜 주셨습니다.

이것은 오늘 우리에게 아주 중요한 약속을 던져 주고 있습니다. 우리가 성령으로 충만해져서 하나님의 능력을 힘입는 것은 영구적인 현상이 아닙니다. 그렇다면 하나님의 일을 하다가 성령의 능력이 고갈되어 지쳐 쓰러지게 되었을 때 어떻게 하면 다시 능력을 회복할 수 있을까요? 그때는 무조건 하나님 앞에 달려가서 지금 내가 지쳐 있으며 소진되어 있다는 것, 능력을 다 잃어버렸다는 것을 고백하고 도우심을 간구해야 합니다. 그러면 마치 삼손 앞에 생수가 터졌듯이, 우리 마음속에 성령의 역사가 바로 회복되는 것을 느낄 수 있습니다. 내 상태가 너무 좋지 않아서 지옥 입구에 가 있는 것 같았다 하더라도 한순간에 우리 영혼을 소생시켜 주십니다. 손가락 하나 들 수 없을 정도로 몸과 마음이 지쳐 있었다 하더라도 순식간에 새 힘이 돋아나게 해 주십니다.

나에게 성령의 역사가 소진된 것을 무엇으로 확인할 수 있습니까? 성령의 역사가 소진되면 기쁨이 없어지고 신경이 예민해집니다. 그리고 주위 사람들의 결점이 자꾸 눈에 들어옵니다. 마치 형사가 되기라도 한 것처럼 가족들의 잘못이나 교인들의 잘못이 바로바로 눈에 들어올 때는 곧 성령의 배터리가 다 떨어진 때입니다. 남편이 하는 짓이 하나부터 열까지 미울 때, 내가 낳은 애인데도 어디에서 주워 온 애처럼 쥐어박고 싶을 때 성령이 고갈된 줄 아십시오. 그럴 때는 누가 잘했느니 못했느니 따져 봐야 서로 상처만 주고받을 뿐입니다. 우리는 자신에게 이런 현상이 일어나는 것을 보게 될 때, 다시 에너지를 충전받기 위해 나아와 부르짖으라고 하시는 하나님의 음성을 들어야 합니다. 그리고 다른 사람 핑계 댈 것 없이 있는 모습 그대로 하나님께 나아가서 기도해야 합니다. 다른 기도 할 필요 없습니다. "하나님, 배터리가 다됐습니다. 주위의 형제가 미워지고 있습니다. 식구들이 미워지고 있습니다. 아내가 양치질하는 모습까지 밉습니다. 주여, 제 안에 성령이 고갈되었습니다!"라고만 말씀드리면 됩니다. 그러면 그 자리에서 바로 샘이 터져 나오게 되어 있습니다.

여기에서 놀라운 것은 라맛 레히와 엔학고레가 함께 있다는 사실입니다. 라맛 레히는 턱뼈의 언덕입니다. 삼손이 하나님의 엄청난 능력으로 승리한 곳이에요. 그러나 바로 그 승리의 현장에서 삼손은 목말라 죽게 되어 하나님 앞에 울부짖어야 했습니다. 사자와 꿀이 한자리에 있었듯이 턱뼈의 언덕과 부르짖는 자의 샘물 또한 한자리에 있었다는 점에 주목하십시오. 우리는 놀라운 승리를 이룬 그 자리에서 바로 침체될 수 있습니다. 흥분했던 그만큼, 감동되었던 그만큼 더 침체될 수 있습니다. 그럴 때는 다른 일을 할 필요가 없습니다. 그냥 하나님 앞에 나아가 부르짖으면 됩니다. 삼손이 했던 것처럼 "하나님, 제가 고갈되어서 이 엄청난 승리를 거두고서도 우리 식구들을 다 실족시키고 주위 사람들의 마음에 상처를 주게 되었습니다. 저에게 긍휼을 베푸소서!" 하고 부르짖으면 됩니다. 그러면 바로 그 자리에서 성령의 역사가 회복되게 되어 있습니다.

하나님은 왜 삼손으로 하여금 이스라엘 백성들을 대신하여 죽게 하지 않으셨을까요? 삼손이 바위틈에서 걸어나와 블레셋 사람들에게 침 뱉음을 당하고 따귀를 맞고 채찍질당한 후에 못박혀 죽든지 불에 타 죽었다면 그리스도를 더 선명하게 보여 줄 수 있지 않았을까요? 그러나 하나님은 죄인이 죄인의 죄를 대신할 수 없다는 것을 잘 알고 계셨습니다.

이스라엘 백성들이 출애굽하고 난 후에 금송아지를 만들어 범죄했을 때, 모세는 자기 이름을 생명책에서 지워 달라고 기도했습니다. 그러나 하나님은 거절하셨습니다. 왜 거절하셨습니까? 모세가 아무리 충성된 하나님 나라의 종이라 하더라도 그 역시 죄인이었기 때문입니다. 삼손도 죄인이었기 때문에 이스라엘 백성들을 대신해서 죽을 수 없었습니다. 그는 백성들의 이기심 때문에 묶여서 넘겨지는 것만으로도 충분히 이스라엘 백성들의 영적인 상태를 보여 줄 수 있었습니다. 그 당시 이스라엘 백성들은 너무나도 침체되어 있었기 때문에 눈에 보이는 승리 없이는 하나님의 능력을 인정하지 못했습니다. 하나님은 삼손의 초인적인 능력을 통해, 자신이 여전히 이스라엘을 사랑하시며 그들을 구원하기 기뻐하신다는 것을 보여 주셨습니다.

영적으로 침체되어 있는 사람을 일으키는 방법은 무조건 사랑하는 것입니다. 나를 욕하든 반대하든 거부하든 변함없이 사랑할 때 조금씩 그 마음에 사랑이 전달되어서 자신의 소중함을 깨닫게 됩니다. 이것이 그들을 일으키는 길입니다. 사람들이 왜 그렇게 주저앉아 있습니까? 자신의 소중함을 알지 못하기 때문입니다. 하나님이 자신을 얼마나 사랑하시는지 느끼지 못하기 때문에 계속 자리에 주저앉아 있는 것입니다. 삼손은 이스라엘 사람들을 원망하지 않았습니다. 단지 서로 해치지만 말자고 했습니다. 하나님이 그들을 사랑하시는 줄 알았기 때문입니다.

삼손은 하나님의 손에 전적으로 붙들려서 완전한 승리를 이루었습니다. 그의 승리는 어디에서부터 시작되었습니까? 장인의 미인계를 거부한 데서부터 시작되었습니다. 그는 자기 생각이나 감정에 따라 행동하지 않았습니다. 지난번에는 꿀 때문에 실패했지만 이번에는 미인계에 넘어가지 않았습니다. 한 번의 실패를 거울 삼아 이번에는 실패하지 않았습니다. 결국 우리가 이기느냐 지느냐는 작은 경건에 달려 있습니다. 기도하지 않고 절제하지 않고 성경 읽지 않고 승리할 수 있는 사람은 아무도 없습니다.

하나님의 용사는 군대가 다 갖추어지고 부대가 집결하고 군수물자가 공급된 후에 싸우지 않습니다. 눈을 들어 보면 우리 주위에 있는 수없이 많은 아군들을 발견할 수 있습니다. 평소에 보기에는 도저히 도움이 될 것 같지 않은 들고양이나 개구리 같은 짐승들도 놀라운 부대가 될 수 있습니다. 하나님 나라의 용사는 무엇이 없다고 불평하지 않습니다. 직장이 없다고, 남들이 알아주지 않는다고, 나에게 직책이 주어지지 않는다고 불평하지 않습니다. 이가 없으면 잇몸이 있지 않습니까? 중요한 것은 마음입니다. 마음만 먹으면 못할 것이 없습니다.

나는 진리 때문에 대가를 지불할 생각이 있습니까? 아니면 계속 진리의 구경꾼으로 남아 있겠습니까? 유다 사람 3,000명은 삼손의 편에 서서 대가를 지불하는 대신 구경꾼이 되는 쪽을 택했습니다. 이처럼 부담을 지지 않으려고 한 유다 사람 3,000명은 삼손의 동료가 아니라 적이었습니다.

오늘 우리에게 주어진 성령의 능력은 영구적인 것이 아닙니다. 시간이 지나면 고갈되게 되어 있고, 그러면 재충전을 받아야 합니다. 삼손은 어떻게 재충전을 받았습니까? 그 자리에서 부르짖음으로써 재충전을 받았습니다. 우리는 승리한 그곳에서 지쳐 쓰러질 수 있습니다. 긴장이 풀리면서 한순간에 무너질 수 있습니다. 그럴 때 하나님 앞에 어린아이같이 울면서 도우심을 간구하십시오. 그러면 성령의 샘이 우리 심령 깊은 곳에서 다시 터져 나올 것입니다.

9
삼손의 위험한 장난

...... 삼손이 진정을 토하여 그에게 이르되 "내 머리에는 삭도를 대지 아니하였나니 이는 내가 모태에서 하나님의 나실인이 되었음이라" ......
사사기 16:1 - 17

우리는 어렸을 때 가끔 위험한 장난을 했던 기억을 가지고 있습니다. 그 중에서도 가장 재미있는 것이 불장난입니다. 동네 구석이나 밭둑 같은 곳에 마른 짚과 나뭇가지 등을 모아 놓고 후후 불어 가며 불을 피우면 얼마나 재미가 있는지 모릅니다. 그런데 갑자기 바람이 불어서 불똥이 다른 곳으로 튀어 버리면 그때부터 감당할 수 없는 상황이 벌어집니다. 헛간에 불이 옮겨 붙기도 하고 산불이 일어나기도 합니다. 이런 점 때문에 해서는 안 될 위험한 짓을 비유적으로 '불장난'이라고 부르기도 합니다.

어떤 아이들은 폭탄을 주워서 분해하는 장난을 합니다. 저도 어렸을 때 폭탄은 아니지만 총알을 주워서 분해해 본 적이 있습니다. 총알 뒤쪽을 돌로 탁탁 두드리면 화약이 분리되는데, 그 화약으로 만든 딱총은 그 당시 최고의 장난감이었습니다. 그리고 남은 총알은 고철로 팔 수 있었습니다. 그런데 가끔 전방 부대가 있는 지역에서 터지지 않은 폭탄을 줍는 아이들이 있습니다. 간 큰 아이들은 그 폭탄을 팔려고 돌로 두드리다가 폭탄이 터지는 바람에 실명하거나 팔다리가 잘리는 중상을 입기도 합니다.

또 어른들 중에는 사랑해서는 안 될 사람을 몰래 만나는 사람들이 있습니다. 아내가 있는 남자는 다른 여자를 사랑해서는 안 됩니다. 그것을 뻔히 알면서도 다른 집 여자를 꾀어내서 아슬아슬한 사랑의 게임을 합니다. 또 여자는 여자대로 그 아슬아슬한 맛에 끌려 남자를 따라갑니다. 그래서 결국 어떻게 됩니까? 가정은 파탄에 빠지고 당사자들은 자살로 인생의 막을 내리는 경우가 많습니다. 그 야말로 위험한 불장난인 셈입니다.

평범한 사람들은 대개 위험한 장난을 하지 않습니다. 이런 일을 하는 사람들을 보면 어딘가 특별한 데가 있습니다. 머리가 좋거나 간이 크거나 꾀가 많거나 무언가 자신감이 있는 사람들이에요. 평범한 사람들은 이런 위험한 놀이를 무서워해서 아예 흉내조차 내지 않습니다.

사사기 16장 전반부는 성령의 사람 삼손이 몰락해 가는 과정을 아주 상세하게 보여 주고 있습니다. 삼손은 하나님이 보내신 사람들 중에서도 가장 특별한 사람이었습니다. 그는 이 세상에 태어난 사람들 중에 가장 힘이 셌습니다. 그러나 죄짓는 일에는 장사가 따로 없었습니다. 그는 평범한 삶에 만족치 못하고 위험한 사랑이 주는 묘미를 즐기다가 한순간 죄의 덫에 걸려들었습니다. 그래서 자신의 존귀함과 지위와 능력을 모두 날려 버리고 말았습니다.

삼손은 두번째로 만난 블레셋 여자 들릴라와 밤마다 이상한 게임을 했습니다. 그것은 '삼손, 블레셋 사람이 쳐들어왔어요' 라는 게임이었습니다. 여자가 밤마다 삼손을 묶어 놓고 "삼손, 블레셋 사람이 쳐들어왔어요!" 하고 소리를 치면, 삼손이 벌떡 일어나 묶인 줄을 끊고 여자를 구출해 내는 것입니다. 그러나 불행히도 이것은 게임이 아니라 실전이었습니다. 결국 삼손은 그 여자의 배신으로 하나님이 주신 능력을 다 잃고, 눈알은 뽑히고 머리털은 밀린 채로 노예로 잡혀 가기에 이릅니다.

왜 성경은 삼손이 몰락하는 과정을 이토록 자세하게 기록하고 있는 것일까요? 우리 모두가 삼손 같은 성령의 사람이요 나실인들이기 때문입니다. 그리스도인이 몰락하는 것은 힘이 없어서가 아닙니다. 조금씩 조금씩 죄를 용납하다가 죄에 대한 경계심이 풀어지고 도덕적 기준이 낮아지며 위기에 대한 결단이 없어지면서, 한순간에 사탄이 파 놓은 함정에 빠지는 것입니다.

위험한 시도

삼손의 결혼 작전은 실패했지만, 하나님은 결국 승리로 이끌어 주셨습니다. 이 작전의 일차적 실패 원인은 삼손이 블레셋 사람들을 잡기 위해 수수께끼를 내놓고서도 블레셋 여자에게 비밀을 말해 준 데 있었습니다. 그러나 그의 블레셋 장인이 삼손을 우습게 보아서 그 아내를 다른 남자에게 주어 버리는 바람에, 삼손은 합법적으로 블레셋 사람들을 칠 빌미를 얻을 수 있었습니다. 그는 처음에 여우 300마리로 들판에 불을 놓음으로써 블레셋 사람들의 곡식을 다 태워 버렸고, 그들이 자신의 아내와 장인을 불태워 죽이자 아예 그들을 도륙해 버렸습니다. 그리고 그들이 유다 사람들을 압박하여 자신을 끌어내게 했을 때, 나귀 턱뼈로 1,000명을 그 자리에서 쳐 죽이는 괴력을 발휘했습니다. 이것은 엄청난 승리였습니다. 그는 이스라엘의 사사가 되었습니다.

그렇다면 이 엄청난 승리 후에 삼손은 무슨 일을 했어야 할까요? 되도록 빨리 정상적인 체제로 돌아갔어야 합니다. 그러나 그는 정상적인 것을 좋아하지 않았습니다. 그는 이번에도 혼자 가사로 내려갔습니다. "삼손이 가사에 가서 거기서 한 기생을 보고 그에게로 들어갔더니 혹이 가사 사람에게 고하여 가로되 '삼손이 여기 왔다!' 하매 곧 그를 에워싸고 밤새도록 성문에 매복하고 밤새도록 종용히 하며 이르기를 '새벽이 되거든 그를 죽이리라' 하였더라"(16:1).

우리는 삼손이 이스라엘의 지도자로서 어떻게 그 먼 곳에 있는 블레셋 땅 가사까지 가게 되었으며 그것도 기생의 집에 들어갈 수 있었는지 금방 이해가 되지 않습니다. 여하튼 그는 기생의 집을 찾아갔고 거기에서 큰 위기를 맞이했습니다. 왜냐하면 가사의 블레셋 사람들이 삼손이 온 것을 알고 그를 죽이기 위해 매복하고 있었기 때문입니다. 이 사실을 알아챈 삼손은 가사 성의 성문과 기둥과 빗장을 떼내어 어깨에 멘 후, 가사에서 상당히 멀리 떨어져 있는 헤브론 부근 산꼭대기에 올려다 놓았습니다.

이것은 엄청난 무력시위였습니다. 그 다음 날 가사 사람들의 얼굴 표정이 어떠했을지 한번 상상해 보십시오. 성문 자리는 휑하니 뚫려 있고 성문은 어디 갔는지 흔적조차 없습니다. 고대 사람들은 성문을 중요하게 생각했습니다. 전쟁을 할 때도 성문을 빼앗기면 진 것이나 다름없었습니다. 삼손은 이 성문과 기둥과 빗장을 전부 떼내어 어깨에 멜 정도로 괴력을 가지고 있었습니다. 그것은 사람의 힘이 아니었습니다. 성문과 기둥의 무게는 족히 몇 톤은 될 것입니다. 그것을 메고 들판을 가로질러서 맞은편 산꼭대기까지 갖다 놓으려면 포크레인 정도의 힘은 있어야 합니다.

그러나 지금 우리에게 중요한 문제는 그가 얼마나 힘이 셌느냐 하는 점보다는 도대체 그가 왜 큰 승리를 거둔 후에 또 다시 가사의 기생을 찾아갔느냐 하는 점입니다. 첫째로, 그가 다시 한 번 결혼 작전을 시도하려 했을 가능성이 있습니다. 가사는 유다에서 남쪽으로 가장 멀리 떨어진 지역에 위치하고 있는 곳입니다. 거의 애굽에 붙어 있다고 할 수 있을 정도로 먼 곳이었습니다. 그곳에서는 아직 자신을 모를 수도 있으니까 지난번과 비슷한 작전을 한 번 더 시도할 만하다고 생각했을 수 있습니다. 이를테면 '결혼 작전 II' 내지는 '기생 작전'을 해 보겠다는 것이지요. 기생 집에서 블레셋 사람들과 어울리다 보면 시빗거리가 생길 테고 그러면 그것을 빌미로 한 번 더 그들에게 타격을 줄 수 있다는 것입니다.

그러나 이 계획에 대해서는 좀더 생각해야 할 부분이 있습니다. 삼손이 애당초 결혼 작전을 계획했던 것은 이스라엘 백성들 중에 자신을 도와줄 사람이 아무도 없었기 때문입니다. 그러나 이제 그는 이스라엘의 사사가 되었고, 이스라엘의 영적 지도자로서 백성들의 지지를 받고 있습니다. 그렇다면 그가 해야 할 일은 결혼 작전이나 기생 작전 같은 위험한 시도가 아니라, 말씀으로 이스라엘 사람들을 일깨워 하나님의 백성으로서 정체성을 되찾게 하고 공동체적인 힘을 모으는 것입니다. 그러나 삼손은 여전히 그들과 동역하려 하지 않습니다. 오히려 그들보다는 블레셋의 기생들과 파트너로 일하는 편이 더 편하다고 생각하는 것 같습니다.

그 이유가 무엇일까요? 혹시 이스라엘 백성들이 아직도 정신을 차리지 못해서 그를 도우려 하지 않았는지도 모릅니다. 아니면 전에 이스라엘 백성들에게 배신당했던 상처 때문에 그들을 믿지 않았기 때문일 수도 있습니다. 유다 사람들은 블레셋의 위협에 너무나도 쉽게 굴복하여 삼손을 넘겨 버렸습니다. 물론 성령의 능력이 임해서 큰 승리를 거두기는 했지만, 그럼에도 불구하고 자신을 배신했던 이스라엘 백성들을 블레셋의 기생들보다 더 불신했을 수 있습니다.

그러나 다른 한편으로는 삼손이 사역 때문에 가사로 간 것이 아니었을 가능성도 생각해 볼 수 있습니다. 결혼 작전이나 기생 작전을 하려고 간 것이 아니라 단순히 기생들과 어울려 술을 마시고 섹스를 즐기려고 내려갔다는 것입니다. 물론 이스라엘의 사사가 블레셋의 기생과 어울려 술 마시고 섹스를 즐기는 것은 결코 바람직한 일이 아닙니다. 그러나 삼손은 죄의 유혹에 이끌린 나머지 그곳에 갔을 수 있습니다. 저는 이 가능성이 가장 크다고 생각합니다.

우리도 경험하는 바이지만, 사람이 성령의 기름 부음을 받는다는 것은 정상적인 일이 아닙니다. 성령의 능력에 강하게 붙잡힌다는 것은 갑자기 몇만 볼트의 전류에 감전되는 것과 같습니다. 평소에는 220볼트의 전류가 흐르다가 어느 한순간 몇만 볼트의 전류가 쏟아져 들어온다고 생각해 보십시오. 아마 몸에 있는 털이란 털은 전부 다 곤두설 것입니다. 성령이 엄청난 능력을 부으시면 먹는 것도, 쉬는 것도 모른 채 상상할 수 없는 큰 일을 해내게 됩니다. 문제는 그 이후입니다. 정상 상태로 되돌아가기가 결코 쉽지 않습니다. 한 번 성령의 강한 능력에 붙들리고 나면 금방 정상적인 생활로 돌아갈 수가 없어요. 불안정한 심리상태가 한동안 지속됩니다.

그런 의미에서 성령 충만과 성령의 부으심은 약간 다른 것 같습니다. 우리는 정상적인 상태에서도 얼마든지 성령 충만해질 수 있습니다. 오히려 성령 충만할 때 평소보다 더 편안하고 기쁩니다. 그러나 삼손이 경험한 것은 성령의 부으심입니다. 이것은 사람의 능력과 감정의 한계를 초월하여 사용되는, 대단히 격앙된 경험이며 불안정한 경험입니다. 그래서 그 능력을 받아 어떤 일을 끝내고 나면 영적으로 불안한 상태가 지속되는데, 이런 상태가 지속되는 동안에는 정상적인 일을 할 수가 없습니다. 그럴 때 이 상태를 견디지 못한 나머지 자기 힘으로 이 불안을 없애기 위해 더 육체적인 일에 매달리게 될 수 있습니다. 예를 들어 음식을 마구 먹는다든지 전쟁 영화나 만화책 같은 것에 집착하는 것입니다. 그러나 이런 것들보다 더 손쉽게 긴장과 불안을 해소할 수 있는 방법이 바로 성적인 탐닉입니다.

삼손이 가까운 곳도 아닌 가사까지 간 것은 결혼 작전 비슷한 일을 다시 벌여서 이스라엘을 구원하기 위해서였다기보다는, 이처럼 자기 안에 있는 영적인 긴장과 불안을 인간적인 방법으로 해소하기 위한 시도였을 가능성이 큽니다. 사람은 참 이상합니다. 죄를 지으려고 가는 길은 아무리 멀어도 멀게 느껴지지가 않습니다. 총알같이 단걸음에 가사까지 내려갑니다. 삼손은 아무래도 아는 사람들이 많은 가까운 곳을 피해, 가능한 한 자신을 아는 사람이 없는 먼 이방 땅으로 가서 기생들과 어울림으로써 자신의 긴장을 풀려 했던 것 같습니다.

엘리야의 경우를 생각하면 아마 삼손의 상태가 쉽게 이해될 것입니다. 그는 성령의 큰 능력으로 수백 명에 이르는 거짓 제사장들과 대결했습니다. 그가 제사를 드리자 하늘에서 불이 내려왔습니다. 비를 위해 기도하자 3년 반 동안 내리지 않던 비가 쏟아졌습니다. 그는 빗속에서 아합 왕의 병거보다 앞서 달렸습니다. 이것은 그 자신의 힘으로 한 일이 아니었습니다. 그 하루 동안 엘리야는 성령의 능력에 완전히 사로잡혀 있었습니다. 그러나 그 엄청난 성령의 에너지를 다 쓰고 난 후, 그는 심각한 후유증에 시달려야 했습니다. 그는 자신의 감정을 주체하지 못하고 로뎀 나무 아래 쓰러져 하나님께 죽여 달라고 기도했습니다. 이것이 바로 인간의 연약함입니다.

하나님의 손에 붙들려 사용될 때에는 괴력이 나타납니다. 그 사람이 일하는 것을 보면 도저히 사람이 하는 일 같지가 않습니다. 그는 전적으로 하나님의 능력에 붙들려 있습니다. 아무도 그를 당해낼 수가 없습니다. 그러나 그 일이 끝나고 원래 자신의 모습으로 돌아오면 어떻게 됩니까? 그 은혜의 후유증에 시달리다가 결국 인간적인 방법으로 긴장을 풀기 위해 그동안 채우지 못했던 욕심을 향해 달려가 버립니다.

어쩌다가 한 번씩 수련회에 가서 은혜를 받으면 정말 천사가 된 기분입니다. 그곳에서 만나는 형제나 자매들도 다 천사처럼 보입니다. 수련회를 하는 며칠 동안은 음란한 생각이나 술 담배 생각이 전혀 나지 않습니다. 그런데 수련회를 마치고 돌아오면 어떻게 됩니까? 집으로 돌아오는 길에 붙어 있는 영화 포스터를 보는 순간, 그 동안 참았던 정욕이 발동합니다. 집에 들어서는 순간, 며칠 동안 피우지 못한 담배부터 손에 잡힙니다.

삼손에게 임했던 성령의 능력은 너무나도 강력한 것이었습니다. 그 후 삼손은 정상적인 삶으로 돌아오지 못한 채 후유증에 시달렸습니다. 삼손이 가사까지 내려간 데에는 이스라엘 백성들이 아직까지 정신을 못 차린 탓도 있고, 한 번 배신당한 상처가 아물지 않은 탓도 있었을 것입니다. 그러나 이것은 모두 부차적인 이유입니다. 가장 중요한 이유는, 그가 한 사람의 인간으로서 감당할 수 없는 성령의 능력에 사로잡혔다가 다시 정상적인 삶으로 복귀하지 못하고 연약한 상태에 빠져 버린 데 있었습니다.

이럴 때 삼손이 했어야 하는 일이 무엇입니까? 엘리야처럼 아무도 없는 곳에 가서 하나님께 부르짖는 것입니다. "하나님, 요즘 저는 심한 후유증을 앓고 있습니다. 답답해서 미치겠고 무엇을 해도 만족이 없습니다. 오, 하나님! 어찌하여 저를 내버려 두십니까!" 하고 부르짖었다면 하나님이 은혜의 손으로 그를 덮어 쉬게 하시고 마음에 평안을 주셨을 것입니다.

가끔 예수를 믿다가 타락한 사람들을 만날 때가 있습니다. 그들은 평범하게 믿던 사람들이 아닙니다. 보통 이상으로 열심히 교회 생활을 했고 그 나름대로 은혜를 체험했던 사람들입니다. 그런데 지금은 엄청난 술고래가 되어 있든지 도박꾼이 되어 있습니다. 심한 경우에는 마약이나 환각제에 빠져 있는 경우도 있습니다. 왜 이렇게 되었을까요? 하나님의 은혜를 체험했던 자리는 다른 것으로 도저히 메꾸어지지 않기 때문입니다. 한번 은혜를 체험하고 나면 금방 정상적인 상태로 회복이 되지 않습니다.

삼손은 가사에서 함정에 빠집니다. 죄지으러 갔다가 죽음의 고비를 맞이한 것입니다. 그러나 하나님은 그에게 변함없는 능력을 주심으로써 그 위기에서 건지셨을 뿐 아니라 적의 간담을 서늘케 하는 엄청난 능력을 나타내게 하셨습니다. "삼손이 밤중까지 누웠다가 그 밤중에 일어나 성 문짝들과 두 설주와 빗장을 빼어 그것을 모두 어깨에 메고 헤브론 앞산 꼭대기로 가니라"(16:3).

삼손의 이 무력시위는 하나님의 은혜 때문에 가능한 일이었습니다. 사실 삼손이 가사의 기생 집에 들어갔다는 것 자체가 이미 하나님의 거룩한 언약을 깨뜨린 행동입니다. 그가 기생 집에서 무엇을 했겠습니까? 거기서 말씀을 묵상했겠습니까, 기도를 했겠습니까, 찬송을 했겠습니까? 거기서 그가 한 일은 술이나 퍼마시고 더러운 이방의 창기와 성관계를 가진 것이 전부입니다. 그렇다면 하나님은 그곳에서 그를 죽이셨어야 마땅합니다. 사실 그는 이미 죽은 목숨이나 다름없었습니다. 이미 적들이 함정을 파 놓고 그를 죽일 준비를 하고 있었기 때문입니다. 그러나 하나님은 그를 죽이시기는커녕 더 큰 능력을 주셔서 구원하셨고, 감히 적들이 추격해 오지 못하게 막아 주셨습니다.

이것은 삼손을 향한 하나님의 은혜와 긍휼인 동시에 마지막 경고였습니다. "삼손아, 너는 나와 맺은 신성한 나실인의 언약을 배신했다. 너는 지금 영적으로 대단히 위험한 상태에 있다. 나는 너에게 비상사태를 선포한다. 나는 너를 버리지 않겠다. 너도 이번 위기를 끝으로 다시는 이런 죄에 빠지지 말아라." 바로 이것입니다. 삼손은 자기를 에워싸고 있는 가사의 블레셋 사람들을 보면서 자신의 영적 위기를 깨달았어야 합니다. 그 가운데에서 "계속 이런 식으로 나가다가는 죽을 수도 있다"는 하나님의 메시지를 들었어야만 합니다.

우리는 여기에서 하나님이 우리에 대해 얼마나 오래 참으시는지를 볼 수 있습니다. 삼손이 가사에서 괴력을 나타내 성문 문짝을 떼낸 것은 삼손 자신이 잘났기 때문이 아닙니다. 하나님이 아직도 삼손을 버리지 않고 불쌍히 여기셔서 마지막 회개의 기회를 주신 것입니다. 그렇다면 삼손은 그 자리에서 비상 사이렌 소리를 울리며 도망을 쳤어야 합니다. 그리고 다시는 그런 죄에 빠지지 말았어야 합니다. 하나님이 이런 위험한 불장난을 기뻐하지 않으신다는 것을 깨닫고 다시는 그 근처에 얼씬거리지 말았어야 합니다.

한번 죄에 빠졌는데도 은혜가 회복되는 것은 하나님의 긍휼이 무한하기 때문이지, 그런 죄를 지어도 괜찮다거나 또 그런 죄를 지으라는 뜻이 아닙니다. 여러분 중에 하나님이 기뻐하시지 않는 죄에 빠져 있는 사람이 있습니까? 지금 당장 사이렌을 울리며 빠져 나오십시오. 아직 아무 일도 일어나지 않았다고 해서 방심하지 마십시오. 그것은 하나님이 회개의 기회를 주시는 것이지, 계속 그 자리에 머물러도 된다는 뜻이 아닙니다.

한번 이성 교제에 실패해서 충격을 받고 헤매다가 정신을 차렸다면, 다시는 마음 내키는 대로 이성 교제를 하지 말아야 합니다. 한번 돈 때문에 큰 위기를 맞이했다가 겨우 벗어났다면 다시는 쉽게 남의 돈을 빌리지 않아야 합니다. 만나서는 안 될 사람을 몰래 만나고 있는데 아직 아무 일이 없습니까? 그렇다면 하나님이 마지막 회개의 기회를 주고 계시는 것입니다. 빨리 그 관계를 청산하고 빠져 나와야 합니다.

그런데 사람이 참 이상하게도, 위기에 빠졌을 때에는 눈물 콧물 흘리면서 회개하다가도 막상 위기에서 벗어나고 나면 내가 언제 그랬느냐는 식으로 다시 같은 죄를 지을 때가 많습니다. 그리스도인 형제가 지방에 출장 갔다가 여관에 들어가서 음란한 비디오를 몇 편씩 봤다면 그는 이미 죽은 사람이나 다름없습니다. 그런데 하나님의 은혜로 눈물 콧물 흘리면서 회개하고 나서, 다음 출장 때 어떻게 합니까? 또 비디오를 틉니다. 이것이 우리의 실상입니다.

두번째 실수

저는 삼손이 가사의 위기에서 벗어나면서 정말 마음 깊이 회개했을 것이라고 생각합니다. 하나님이 자신을 죽이시는 대신 다시 한 번 능력을 주셨을 때, 몇 번씩 눈물을 흘리면서 하나님의 은혜에 감사했을 것입니다. 그러나 그는 회개하기는 했지만 자기 버릇을 완전히 고치지는 못했습니다. 우리는 한번 회개할 때 죄의 뿌리를 뽑아야 합니다. 그렇게 하지 않으면 시간이 지나면서 그 버릇이 다시 기어 나옵니다. 한번 죽을 때 완전히 죽어야 해요. 그렇지 못하고 죽다가 만 사람은 얼마 지나지 않아 또 똑같은 죄에 빠지게 됩니다.

삼손은 이 후에 들릴라라는 여자를 좋아하게 되었습니다. "이 후에 삼손이 소렉 골짜기의 '들릴라'라 이름하는 여인을 사랑하매 블레셋 사람의 방백들이 그 여인에게로 올라와서 그에게 이르되 '삼손을 꾀어서 무엇으로 말미암아 그 큰 힘이 있는지, 우리가 어떻게 하면 그를 이기어서 결박하여 곤고케 할 수 있을는지 알아보라. 그리하면 우리가 각각 은 1,100을 네게 주리라"(16:4-5).

들릴라가 어떤 종류의 여자였는지는 알 수 없습니다. 그러나 삼손이 정식 결혼 관계를 가지지 않고 계속 만난 것이나 블레셋 사람들이 돈으로 매수하려고 한 것을 보면 이스라엘 사람은 아니었던 것 같습니다. 아마 블레셋 사람이거나 가나안 사람이었을 것입니다.

삼손은 가사에서 한번 혼이 난 후 다시는 그곳에 가지 않았습니다. 다른 사람들은 삼손의 무력시위를 보고 그를 두려워했지만, 정작 삼손은 하나님이 자신을 죽이려 하셨다는 것을 알았습니다. 그러나 그 후에 그는 새로운 여자를 만나 또다시 위험한 불장난을 하기 시작했습니다.

삼손이 다시 죄에 빠지지 않기 위해 했어야 하는 일이 무엇입니까? 그것은 정상적이고 평범한 삶으로 돌아가는 것입니다. 그는 이스라엘 백성들과 신실한 관계를 회복했어야 합니다. 혹시 그것이 여의치 않다면 기드온처럼 300명 정도의 공동체라도 만들었어야 합니다. 그리고 평범한 이스라엘 여자와 결혼해서 아이를 낳고 살았어야 합니다. 그것이 이스라엘을 위한 일인 동시에 자기 자신을 위한 길입니다. 그러나 삼손은 그렇게 하는 대신 또 이상한 불장난을 하기 시작했습니다. 그 이유가 무엇입니까? 아마도 평범해지기 싫었기 때문일 것입니다. 그는 언제까지나 특별한 사람으로, 신화적인 인물로 남고 싶었던 것 같습니다.

죄에서 빠져 나오려면 반드시 악한 고리를 끊어야 하는 법입니다. 술을 끊으려면 술친구들과의 관계부터 끊어야 합니다. 그 친구들을 계속 만나면서 술을 끊는다는 것은 거짓말이에요. 또 도둑이 정말 손을 씻었다면 새로운 직업을 얻어서 적은 수입에 만족하며 살아야 합니다. 삼손이 진정으로 회개했다면 지금까지 살아온 방식을 바꾸었어야 합니다. 그러나 그렇게 하지 않았을 때 그는 블레셋 사람들의 손에 걸려들고 말았습니다.

블레셋 사람들은 바보가 아닙니다. 그들은 힘으로는 삼손을 이길 수 없다는 것을 알았습니다. 그래서 과거에 여자를 통해 수수께끼의 답을 알아냈듯이, 이번에도 여자를 매수해서 그 힘의 비밀을 알아내고자 했습니다. 그들은 삼손이 만나고 있는 여자를 찾아가 그 힘의 비밀을 알아내기만 하면 블레셋 각 성에서 은 1,100개씩을 주겠다고 했습니다. 블레셋 성은 모두 다섯이니까 다 합하면 은 5,500개가 됩니다. 그 당시 노예 한 사람의 값이 은 30개였고, 깎으면 20개로도 살 수 있었습니다. 그러니까 은 5,500개는 노예 180명 정도를 살 수 있는 엄청난 돈이었던 것입니다.

이것이 사탄이 일하는 방식입니다. 사탄은 일단 목표를 찾은 다음, 그 목표를 달성하기 위해 가장 확실한 투자를 합니다. 여자 한 명에게 은 5,500개를 준다는 것은 엄청난 투자입니다. 만약 우리가 하나님의 일을 이런 식으로 했다면 아마 세상이 달라져도 몇십 번은 달라졌을 것입니다. 그러나 누가 하나님의 나라를 위해 이런 식으로 투자를 하겠습니까? 반면에 마귀는 사탄의 나라에 유용하다는 판단이 들면 돈을 아끼지 않습니다. 얼마를 퍼부어서라도 하나님의 사람을 쓰러뜨리려고 합니다.

우리는 일단 하나님의 백성이 된 사람은 마귀의 컴퓨터에 그에 관련된 모든 사항이 입력된다는 사실을 알아야 합니다. 그는 사탄의 나라에서 요주의 인물이 됩니다. 사탄은 자기의 나라에 위험한 존재로 판단되는 사람이 있을 때, 그를 쓰러뜨릴 수 있는 가장 효과적인 방법을 찾아서 집중적으로 투자합니다. 여자에게 약한 사람은 여자로, 돈에 약한 사람은 돈으로, 명예에 약한 사람은 명예로 확실하게 공격합니다. 그래서 그리스도인들은 자신의 가장 약한 부분을 투명하게 밝혀야 합니다. 그런 부분을 계속 어둡게 내버려 두고 자존심이나 내세우는 사람은 백발백중 넘어지게 되어 있습니다.

마귀의 컴퓨터 화면에는 이미 삼손에 대한 모든 사항이 떠올라 있습니다. "삼손. 남자. 나이 ○○살. 본적 소라. 엄청난 괴력을 가진 요주의 인물. 머리를 기르고 있어서 쉽게 발견할 수 있음. 사탄의 나라에 가장 위협적인 인물. 한때 결혼 작전으로 우리에게 치명타를 가한 적이 있고 여자의 눈물에 약해서 수수께끼의 비밀을 털어 놓은 적이 있음. 여우를 부린다는 말이 있으며 나귀 턱뼈를 잡으면 엄청나게 강한 자로 돌변하므로, 삼손이 가는 길에는 절대 여우나 턱뼈를 두지 말 것. 가사의 기생 집에서 잔 적이 있으며, 하나님의 종치고는 여자를 무지하게 좋아하는 것으로 사료됨. 무력으로 이 자를 이기는 것은 불가능함. 다시 언급하지만 그를 힘으로 이기려는 것은 미친 짓임."

그래서 사탄은 이번에도 들릴라라는 여자를 사용해서 삼손을 무너뜨리고자 합니다. "들릴라가 삼손에게 말하되 '청컨대 당신의 큰 힘이 무엇으로 말미암아 있으며 어떻게 하면 능히 당신을 결박하여 곤고케 할 수 있을는지 내게 말하라'"(16:6).

우리는 '사탄'이라는 말을 들을 때, 대개 온몸은 털로 덮여 있고 머리에는 뿔이 달렸으며 더러운 삼각팬티를 입고 손에 삼지창을 든 괴물을 생각합니다. 그러나 그렇게 생긴 마귀는 하나도 없습니다. 이런 괴물의 그림을 보면 마귀도 충격을 받아요. 마귀 중에는 못생긴 마귀가 하나도 없습니다. 마귀는 한결같이 멋있고 예쁩니다. 그리고 나한테 그렇게 잘해 줄 수가 없습니다. 그런데 특징이 무엇입니까? 하나님이 그어 놓으신 선을 자꾸 넘어가자고 한다는 것입니다. 마귀는 나를 사랑한다고 하면서 불륜의 관계에 빠지자고 합니다. 아무 걱정 말고 자기가 시키는 대로만 하라고 합니다.

삼손의 적은 무기를 든 블레셋 사람들이 아니었습니다. "당신 없이는 한순간도 살 수 없어요"라며 그 앞에서 애교를 부리던 아름다운 여자야말로 가장 무서운 적이요 마귀였습니다. 그가 조금만 경건했더라도 이 여자에게 문제가 있다는 것을 금방 알아차렸을 것입니다. 아니 주변에 경건한 신앙의 친구만 있었더라도 이 여자가 정직하지 않으며 욕심으로 가득 차 있다는 사실을 알았을 것입니다.

성령은 우리 앞에 위험이 있을 때 미리 사인을 주시며 마음속의 경보등에 불을 켜 주십니다. 무엇보다 하나님의 사람이 이런 식으로 비정상적인 관계를 지속한다는 것 자체가 떳떳치 못한 짓입니다. 그러나 삼손의 경건의 등불은 이미 꺼졌습니다. 그는 이 여자에게 깊이 빠져 버렸습니다.

여자는 삼손의 힘의 비밀이 어디에 있느냐고 대담하게 묻습니다. 이 비밀에는 삼손의 사활이 걸려 있을 뿐 아니라 이스라엘 민족의 생사가 걸려 있습니다. 이것은 삼손의 아킬레스건입니다. 그런데 바로 그 중요한 비밀을 이 이방인 여자가 묻고 있는 것입니다.

실제로 삼손의 힘의 근원은 어디에 있습니까? 머리털에 있지 않습니다. 하나님 앞의 거룩한 열정에 있습니다. 나실인이 머리를 자르지 않고 술을 마시지 않는 것은 이 열정의 표시일 뿐입니다. 그런데 삼손은 이미 거룩한 열정이 식었습니다. 그는 부정한 것도 가까이 했고 술도 마셨습니다. 이제 남아 있는 것은 머리털밖에 없었습니다. 그러나 이 머리털은 힘의 근원이 아니었습니다. 다만 상징적인 의미만 가지고 있었을 뿐입니다.

실제로 삼손에게서는 하나님의 능력이 떠나고 있었습니다. 그러나 하나님은 마지막 순간까지 삼손을 버리지 않고 힘을 주셨습니다. 삼손은 범죄했지만 하나님은 그가 돌아오기를 기다리시며 회개할 기회를 주셨습니다. 그런 만큼 삼손은 여자가 힘의 근원을 물었을 때 그 자리에서 벌떡 일어나 떠나왔어야 했습니다. 그러나 그는 떠나지 않았습니다. 왜냐하면 걸려들지 않을 자신이 있었기 때문입니다.

우리는 삼손이 세 번의 위험한 장난 끝에 자신의 비밀을 거의 내보이기에 이르는 것을 볼 수 있습니다. 처음에는 능청스럽게 거짓말을 합니다. 푸른 칡넝쿨 일곱 가닥으로 묶으면 힘이 없어진다고 한 것입니다. 여자는 거짓말인 줄 알면서도 칡넝쿨로 그를 묶고 소리를 질렀습니다. "삼손, 블레셋 사람들이 왔어요! 구해 주세요!" 마치 올리브가 "도와줘요, 뽀빠이!" 하고 외치는 것 같습니다. 삼손은 자다가 일어나서 기쁜 마음으로 들릴라를 구해 주는 장난을 했습니다.

그러나 이 위험한 장난은 그 다음 날에도 계속되었습니다. 이번에는 한 번도 사용하지 않은 새 줄로 묶으면 힘이 없어진다고 했습니다. 물론 이것도 거짓말이었습니다. 그러나 세번째에는 거의 진실에 근접했습니다. 자기 머리털을 옷 짜는 틀에 함께 넣어 짜면 힘이 없어진다고 말한 것입니다. 아무리 거짓말을 하면서 피했어도 세 번만에 결국 머리털 이야기까지 나와 버렸습니다.

그 다음에는 어떻게 되었습니까? "날마다 그 말로 그를 재촉하여 조르매 삼손의 마음이 번뇌하여 죽을 지경이라"(16:16). 여자가 매일같이 졸라 대니 그야말로 죽을 지경이었을 것입니다. 그러나 그가 이토록 번뇌하며 죽을 지경까지 이르게 된 데에는 또 다른 이유가 있었습니다. 그것은 그의 마음에서 성령이 떠나신 것입니다. 사람의 마음에서 성령이 떠나시면 그렇게 불안하고 답답할 수가 없습니다. 거의 미쳐서 죽을 지경이 되어 버립니다.

이럴 때 어떻게 해야 합니까? 그 자리에서 하나님 앞에 나아가 부르짖어야 합니다. 부르짖기만 하면 곧바로 위험한 상태에서 벗어날 수가 있습니다. 그러나 삼손은 자기 앞에 지옥이 입을 벌리고 있는데도 끝내 부르짖지 않았습니다. 이미 들릴라의 포로가 되어 버렸기 때문입니다.

결국 삼손은 자신의 비밀을 완전히 털어놓습니다. "삼손이 진정을 토하여 그에게 이르되 '내 머리에는 삭도를 대지 아니하였나니 이는 내가 모태에서 하나님의 나실인이 되었음이라. 만일 내 머리가 밀리우면 내 힘이 내게서 떠나고 나는 약하여져서 다른 사람과 같으리라' "(16:17).

지금 거대한 삼손이 무너지고 있습니다. 머리털을 밀리고 눈알을 뽑히는 것은 여기에 자동적으로 따라오는 결과입니다.

영혼의 아킬레스건을 지키라

사람들이 감정의 중요성을 깨닫게 된 것은 불과 얼마 되지 않은 일입니다. 사실 이 세상에서 가장 다루기 힘든 것이 자신의 감정입니다. 그러나 지금까지 사람들은 공부나 성적만 중요하게 생각했지, 우리 안에 도저히 통제할 수 없는 감정이라는 것이 있다는 사실은 잘 알지 못했습니다.

요즘 믿는 사람이든 믿지 않는 사람이든 우울증에 시달리는 이들이 점점 늘어나고 있습니다. 왜 이렇게 우울증이 생깁니까? 화를 자꾸 내기 때문에 생깁니다. 처음에는 화를 낼 만해서 냈습니다. 부모님이 사랑해 주지 않아서 화를 냈고, 남편이 구박해서 화를 냈습니다. 그런데 자꾸 화를 내다 보면 나중에 어떻게 됩니까? 분노가 감정을 다 갉아먹어서 화날 일이 없는데도 저절로 화를 내게 됩니다. 감정이 전혀 통제되지 않습니다. 객관적으로는 불안할 일이 없는데 감정은 자꾸 불안을 느낍니다. 아무리 잠을 자려고 해도 잠이 오지 않습니다.

알코올 중독자가 스스로 술을 끊을 수 있다고 말하는 것은 거짓말입니다. 자기 힘으로는 절대 끊지 못합니다. 끊을 마음을 먹었다가도 금단 현상이 나타나면 다시 입에 술을 대게 되어 있습니다. 본드의 금단 현상은 알콜의 금단 현상보다 훨씬 더 심하다고 합니다.

사람들은 일시적인 기쁨을 얻기 위해 죄를 짓습니다. 그러나 한 번 죄에 빠지고 나면 마음이 자꾸 그쪽으로 기울어지면서 얼마 지나지 않아 그 죄에 길들여지고 만다는 것, 나중에는 빠져 나오고 싶어도 빠져 나올 수 없게 된다는 것을 모릅니다. 한 번 화내는 것으로 끝나는 것이 아닙니다. 한 번 화를 내면 자꾸 자꾸 화를 더 내게 되어 있습니다. 나중에는 화를 내지 않으면 살맛이 안 나요.

삼손에게는 몇 번씩 악마의 소굴에서 빠져 나올 기회가 있었습니다. 가사에 갔다가 죽을 고비를 넘긴 것은 그 소굴에서 빠져 나올 수 있는 좋은 기회였습니다. 또 들릴라가 자신의 아킬레스건인 힘의 근원을 물은 것도 그 여자의 정체를 알아챌 수 있는 기회였습니다. 더 나아가 자기의 마음이 그렇게까지 죽을 지경으로 불안하고 답답해진 것은 하나님이 주신 마지막 회개의 기회였습니다. 그때 뛰쳐나왔어야 합니다. 아니 뛰쳐나올 틈이 없으면 그 자리에서라도 미친 사람처럼 울부짖으면서 여호와의 이름을 불렀어야 합니다. 그랬다면 아마 마귀가 놀라서 도망갔을 것입니다. 그러나 삼손은 자기 감정이 자꾸 죄에 빠져 들어가도록 허용했습니다. 그는 시간이 지나면 지날수록 더 빠져 나오기 어렵다는 것을 몰랐습니다.

신앙생활을 한다는 것은 대단히 불안정한 일입니다. 이것은 마치 자전거를 타는 일과 같습니다. 두발 자전거는 굴러 가는 동안에는 안전합니다. 그러나 제자리에 서면 넘어질 수밖에 없습니다. 마찬가지입니다. 신앙생활을 할 때에도 마치 자전거를 타고 가듯이 계속 자기 감정을 길들이고 경건의 훈련을 해야 합니다. 처음에는 설교가 귀에 잘 들어오지 않습니다. 기도도 잘 되지 않습니다. 자리에 앉아서 눈을 감고 있으면 꼭 한증탕에 들어온 것같이 답답합니다. 그래도 쉬지 않고 자신을 훈련시키다 보면 진리를 향해 조금씩 감정이 움직이기 시작합니다. 잘 안 된다고 자꾸 멈추어 서면 넘어질 수밖에 없습니다.

우리는 어쩔 수 없는 인간이라는 것을 잊지 마십시오. 하나님의 큰 능력에 붙들리면 붙들릴수록 후유증을 조심해야 합니다. 그래서 무조건 큰 역사를 바랄 것이 아니라 자기 분량에 맞는 일을 하는 것이 중요합니다. 우리는 슈퍼맨이 아닙니다. 절대로 자기 자신을 과대평가해서는 안 됩니다. 자기 자신을 과대 평가하는 것은 넘어지는 첩경입니다. 실제로는 아무것도 아니면서 다 된 것처럼 생각하는 사람이 있습니다. 그런 사람은 혹시 강력한 체험을 하더라도 그 후유증을 이겨 내지 못할 것입니다.

힘들면 힘들다고 말해야 합니다. 옛날 어머니들은 아픈데도 아프다는 말을 하지 않아서 병을 키우는 경우가 많았습니다. 힘들면 엄살도 부리고 아이들끼리 알아서 밥 먹으라고도 해야 하는데, 이를 악물고 끝까지 참다가 어느 날 갑자기 쓰러지는 것입니다. 사역자들도 때때로 엄살을 부려야 합니다. 그렇게 하지 않으면 사람들이 슈퍼맨인 줄 알아요. 그것은 자신을 죽이는 길입니다. 우리에게는 휴식이 필요합니다. 자신의 상태가 좋지 않을 때에는 인간적인 방법으로 긴장을 풀려 할 것이 아니라 조용히 쉬면서 성령의 만져 주심을 구해야 합니다.

하나님이 우리에게 이런 약한 부분을 남겨 놓으신 이유가 무엇입니까? 이것을 통해 다시 한 번 자신의 연약함을 깨닫고 겸손해져서 하나님의 은혜를 붙들게 하시기 위해서입니다. 겸손한 사람은 사탄이 넘어뜨리지 못합니다. 자신의 약한 부분에 주의하십시오. 예를 들어 잠이 모자랄 때 영적으로 침체되는 사람이라면 커피를 줄이고 밤에 다른 사람과 지나치게 많은 이야기를 하지 않음으로써 잘 잘 수 있도록 신경을 써야 합니다.

내가 죄를 지음에도 불구하고 하나님의 은혜가 떠나지 않는 것은 계속 죄를 지어도 된다는 뜻이 아니라 회개할 기회를 주시는 것입니다. 아무 일도 생기지 않았다고 해서 방심하지 말고 그 자리에서 빨리 도망쳐 나와야 합니다.

마귀는 흉악하게 생기지 않았다는 것을 기억하시기 바랍니다. 마귀는 내 마음을 사로잡는 멋있는 모습으로 나타납니다. 그런데 특징이 무엇이라고 했습니까? 책임을 지지 않는다는 것입니다. 하나님이 정해 놓으신 한계선을 자꾸 넘어가자고 하는 것입니다. 무엇이든 다 가져가도 좋다는 식으로 무방비 상태에 있는 여자는 위험한 여자입니다. 내가 어떻게 해도 다 따라올 것처럼 전혀 나를 의심하지 않고 무조건 따라오는 여자가 있으면 조심해야 합니다. 또 아내가 있는데도 다른 여자에게 지나치게 친절한 남자는 의심할 필요가 있습니다. 기혼자 뺨치게 잘 챙겨 주고 편하게 대해 주는 총각 역시 조심해야 합니다. 총각은 절대로 온유할 수가 없습니다. 결혼 생활을 10년, 20년씩 하면서 깎여 나가야 겨우 온유해지는 거예요.

사람들이 왜 위험한 장난을 합니까? 자신이 있기 때문입니다. 자기 자신에 대해 일종의 신화를 가지고 있기 때문이에요. '나는 특별한 사람이야. 아무리 위험한 선에 가까이 가도 마음만 먹으면 언제든지 되돌아올 수 있어'라고 생각하다가 결국 덫에 걸리는 것입니다. 사도 바울을 "악은 모든 모양이라도 버리라"(살전 5:22)고 말씀했습니다. 죄에 조금이라도 가까이 갈 기회를 자신에게 주지 않는 것이 가장 안전하다는 뜻입니다.

자신에 대해 신화를 창조하는 사람은 미련한 사람입니다. 그런 사람은 엉뚱한 교만의 덫에 걸려서 넘어질 것입니다. 조금만 잘 생각해도 알아챌 수 있는 유혹에 걸려서 한순간에 자신의 모든 존귀함과 신뢰와 능력을 잃고 말 것입니다. 결국 자기 자신을 위해서 평범하게 사는 것이 좋습니다. 그것이 지혜로운 길입니다. 아예 처음부터 바보스럽게 한 단계 한 단계 착실하게 걸어가는 것이 가장 안

전합니다. 삼손에게 필요한 것은 바로 이런 평범한 삶이었고 평범한 결혼이었습니다.

특히 중요한 것을 가지고 장난치지 마시기 바랍니다. 진리의 말씀이나 사람의 생명이나 성(性)을 두고 장난치는 것은 아주 위험한 짓입니다. 이런 것일수록 안전하게 다루어야 합니다. 삼손은 성령의 능력을 두고 장난을 치다가 결국 비참한 멸망으로 치닫고 말았습니다.

10
마지막 전쟁

> ······ "블레셋 사람과 함께 죽기를 원하노라!" 하고 힘을 다하여 몸을 굽히매 그 집이 곧 무너져 그 안에 있는 모든 방백과 온 백성에게 덮이니 삼손이 죽을 때에 죽인 자가 살았을 때에 죽인 자보다 더욱 많았더라······
> 사사기 16:18-31

높은 자리에 있던 사람이 어느 한순간 인생 밑바닥으로 곤두박질쳐질 때 그 비참한 마음은 말로 다 할 수가 없을 것입니다. 지위도 잃고 명성도 잃고 신뢰도 잃고 모든 것을 잃은 사람이 생각할 수 있는 일은 아마 자살일 것입니다. 죽는 것 외에는 그 비참한 상태에서 빠져 나갈 수 있는 길이 없어 보입니다.

감옥에 가 보지 않은 사람은 그곳이 어떤 곳인지 잘 모릅니다. 그러나 한번 감옥에 들어갔다 나온 분들은 사람이 다시는 갈 곳이 못 된다고 말하곤 합니다. 거기에는 예의나 인격 같은 것이 존재하지 않습니다. 오로지 죄인들만 있을 뿐입니다. 그런 곳에서 견디려면 하루라도 빨리 자존심을 포기하고 자신 또한 죄인임을 인정하는 수밖에 없습니다.

오늘 우리는 하나님께 가장 놀라운 능력을 받았던 삼손이 여자의 꾐에 빠져 몰락한 모습을 보게 됩니다. 그는 머리털을 밀리고 눈알을 뽑힌 채 인생 밑바닥 자리인 블레셋 감옥의 죄수가 되어 거대한 맷돌을 돌리고 있습니다.

하나님이 삼손에게 주신 능력은 절대적인 것이었습니다. 어느 누구도 힘으로는 그를 이길 수가 없었습니다. 요즘 사람들은 누군가의 실력이 월등할 때 '신'이라는 호칭을 붙여 줍니다. 예를 들어 바둑을 가장 잘 두는 사람에게는 '입신'이라는 칭호가 붙습니다. 또 얼마 전 우리나라 여자 골프 선수가 골프를 굉장히 잘 치자 신문에서는 "마치 신들린 듯 티샷을 날렸다"고 칭찬했습니다. 그러나 사람은 신이 아닙니다. 사람은 어디까지나 사람일 뿐입니다.

우리가 성경에서 보게 되는 삼손은 어떤 사람입니까? 그는 정말 신적인 능력을 가졌던 사람입니다. 그에게는 하나님의 영광이 있었고 어느 누구도 흉내 낼 수 없는 능력이 있었습니다. 그러나 그 역시 어디까지나 하나님의 능력을 빌려 쓰고 있는 사람이었습니다. 하나님의 능력이 떠나자, 과거에 영광스러웠던 그만큼 비참한 자리로 떨어지고 말았습니다. 블레셋 사람들은 삼손을 짐승 취급 했습니다. 그는 한순간에 모든 존귀와 신뢰와 능력과 영광을 잃고 인생 밑바닥으로 떨어져 눈알까지 뽑힌 상태로 감옥에서 맷돌을 돌리는 처지가 되었습니다.

그런데 중요한 것은 삼손의 이야기가 여기에서 끝나지 않는다는 것입니다. 만일 그가 감옥에서 너무나도 비참한 느낌이 든 나머지 자살이라도 해 버렸다면 그의 이야기는 그저 평범한 재밋거리로 끝나고 말았을 것입니다. 그러나 그의 이야기는 오히려 이 비참한 인생 밑바닥에서부터 다시 시작되고 있습니다.

하나님은 삼손을 아주 버리지 않으셨습니다. 그가 그 비참한 짐승의 자리에서 철저하게 회개하고 부르짖었을 때, 하나님은 다시 한 번 그에게 능력을 부어 주셨습니다. 그는 바로 그 비참한 자리에서, 자신이 최정상의 위치에 있을 때 했던 일보다 더 큰 일을 이루어 냈습니다. 어떻게 이런 일이 일어날 수 있었을까요? 이것은 삼손이 전적으로 하나님의 능력만 붙들었기 때문에 가능한 일이었습니다.

우리는 오늘 삼손의 낮아짐과 회복을 살펴봄으로써 우리의 능력이 어디에 있는지 다시 한 번 분명히 볼 수 있을 뿐 아니라 그의 실패를 반복하지 않을 수 있을 것입니다.

신화가 깨지다

야구에는 "기록은 깨지기 위해 존재한다"는 말이 있습니다. 어떤 뛰어난 선수가 놀라운 기록을 세우면 사람들은 그를 열렬히 칭송합니다. 그리고 그 선수와 관계되는 것은 무엇이든지 날개 돋친 듯이 팔려 나갑니다. 그러다가 새로운 선수가 나타나서 그 기록을 깨고 새 기록을 세우면, 예전에 그토록 인기 있었던 선수는 한순간에 잊혀지고 이 새 선수에게 모든 관심이 집중됩니다.

우리가 삼손의 생애에서 발견하는 것이 무엇입니까? 아무도 깨뜨릴 수 없는 기록들과 완전한 신화입니다. 턱뼈의 언덕에서 1,000명을 때려죽인 일을 보십시오. 가사에서 매복당했을 때 성문과 기둥과 빗장까지 뽑아서 헤브론 부근의 산꼭대기까지 옮겨 놓은 일을 보십시오. 이것은 아무도 흉내 낼 수 없는 일입니다. 여우 300마리를 풀어 블레셋 사람들의 밭을 불바다로 만든 일은 신화가 되었습니다. 사실은 자신을 도와줄 사람을 찾을 수 없어서 어쩔 수 없이 여우 비슷한 짐승을 잡아서 불을 질렀을 뿐인데, 이것이 엄청난 신화가 되었습니다.

이제는 삼손과 관련되어 있기만 하면 별 시시콜콜한 것들까지 다 신화가 될 지경입니다. 아마 그 당시에 머리가 잘 돌아가는 사람이 그와 관련된 상품을 만들어 팔았다면 굉장한 돈을 벌었을 것입니다. 이를테면 삼손 표 티셔츠 한 장에 5,000원, 삼손이 썼던 것과 비슷한 나귀 턱뼈 한 개에 10,000원, 삼손이 사용했던 여우 박제 하나에 15,000원, 삼손이 목말랐을 때 하나님이 터뜨려 주신 샘물 한 병에 3,000원, 삼손처럼 튼튼한 샘소나이트(Samsonite)가방 한 개에 100,000원, 삼손 같은 힘을 길러 주는 한약 한 첩에 10,000원, 삼손이 숨어 있었던 에담 바위 관광 코스 이박삼일에 500,000원씩 팔아 보십시오. 아마 떼돈을 벌 것입니다.

그러나 우리는 여기에서 도대체 신화가 무엇이냐 하는 점을 생각해 볼 필요가 있습니다. 사람이 놀라운 일을 해냈을 때, 그것은 하나님이 하신 일로 기록되어야 마땅합니다. 어느 누구도 해내지 못하는 일을 해내게 하신 분은 바로 하나님이시기 때문입니다. 그런데 신화란 하나님의 기록을 사람의 기록으로 만드는 것입니다. 삼손의 신화는 사실 인간의 신화가 아닌 하나님의 능력이었습니다. 그는 하나님의 능력을 빌려 썼을 뿐, 그 자신이 그렇게 절대적인 힘을 가졌던 것이 아닙니다. 그러나 삼손의 신화는 자꾸 그것을 그 자신의 능력으로 믿게 만들었습니다.

삼손은 매일같이 조르는 들릴라에게 시달리다 못해 마침내 자신의 비밀을 완전히 털어놓았습니다. "삼손이 진정을 토하여 그에게 이르되 '내 머리에는 삭도를 대지 아니하였나니 이는 내가 모태에서 하나님의 나실인이 되었음이라. 만일 내 머리가 밀리우면 내 힘이 내게서 떠나고 나는 약하여져서 다른 사람과 같으리라"(16:17).

이것은 일부는 맞고 일부는 맞지 않는 말입니다. 왜냐하면 삼손의 능력은 머리털에서 나오는 것이 아니었기 때문입니다. 그의 능력은 하나님에게서 나오는 것이었습니다. 머리털은 그 사실에 대한 하나의 상징이었을 뿐입니다.

나실인은 부정한 것을 접촉했을 때 머리털을 밀고 처음부터 다시 시작해야 합니다. 그러니까 삼손은 사자의 몸에서 꿀을 취했을 때도 머리털을 밀었어야 하고, 술을 마셨을 때나 많은 사람들을 죽였을 때도 머리털을 밀었어야 합니다. 그러나 그는 지금까지 한 번도 머리를 밀지 않았습니다. 왜 밀지 않았습니까? 자기 신화 때문입니다. '나는 특별하다. 그래서 머리를 깎지 않는다. 만약 이 머리를 깎는다면 하나님의 능력이 떠날 것이다' 라는 생각 때문이에요. 삼손은 여러 차례 나실인의 규정을 어겼기 때문에 머리를 밀어도 몇 번은 밀었어야 합니다. 그러나 그는 어느 사이엔가 머리털만 기르고 있으면 하나님의 능력이 늘 머물러 있으리라고 믿게 되었고, 그래서 머리를 밀지 않았습니다. 그러나 이런 신화는 죄 앞에서 전혀 맥을 추지 못했습니다. 몇 번 거짓말을 하면서 피해 보려고 했지만, 결국은 여자의 육탄공격 앞에 비밀을 털어놓고 만 것입니다.

신화와 반대되는 것이 경건입니다. 경건은 언제나 하나님 앞에 벌거벗은 모습으로 서는 것입니다. 내가 가진 능력은 하나님께 빌려 온 것입니다. 절대 내 것이 아니에요. 경건은 다른 사람이 흉내 낼 수 없는 엄청난 능력을 나타내고 난 후에도, 하나님 앞에 여전히 아무것도 없는 빈털터리로 서서 그의 능력을 간구하며 몸부림치는 것입니다.

그런데 주위에 나를 칭찬하며 높이는 사람들이 많아지면 점점 거기에 익숙해지져서 하나님 앞에 벌거벗은 모습으로 무릎꿇게 되기가 쉽지 않습니다. 그러면 자기에 대한 신화가 생기면서 '하나님의 능력은 나를 떠나지 못한다' 는 일종의 자기 최면에 빠지게 됩니다.

그런 자기 최면에 동원되는 것이 상징물입니다. 이를테면 머리털이라든지 과거에 상으로 받은 메달이라든지 애인이 짜 준 조끼 같은 것을 지니고 있기만 하면 행운이 따라 준다고 믿는 식입니다. 이렇게 신화가 생긴 사람은 하나님 앞에서 죽은 사람이나 다름없습니다. 신화는 마약과 같습니다. 신화는 특히 죄에 마비되게 만듭니다.

들릴라는 삼손이 자신에게 진정을 토했다고 말합니다. "들릴라가 삼손의 진정을 다 토함을 보고 보내어 블레셋 사람의 방백들을 불러 가로되 '삼손이 내게 진정을 토하였으니 이제 한 번만 올라오라.' 블레셋 방백들이 손에 은을 가지고 여인에게로 올라오니라" (16:18). 삼손은 자기 비밀을 털어놓으면서 양심의 고통을 느꼈던 것 같습니다. 그럼에도 불구하고 자기 신화 때문에 끝내 그 자리에서 돌아서지 못했습니다.

그는 자기 안에 있는 가장 중요한 비밀을 여자에게 털어놓음으로써 자신의 사랑이 얼마나 진실하고 간절한 것인지 표현하고 싶었을지도 모릅니다. 물론 그는 여자가 적에게 매수된 것도 몰랐고, 자신을 배신하고 있다는 사실도 몰랐습니다. 그러나 삼손의 문제가 무엇입니까? 양심의 고통을 느끼면서도 그것을 중요하게 생각지 않고, 하나님보다 여자를 더 사랑했다는 것입니다. 경건한 사람은 양심의 고통을 굉장히 중요하게 생각합니다. 눈알이 뽑히고 온몸이 쇠사슬에 감기는 고통보다 이 마음의 고통을 훨씬 더 민감하게 느낍니다.

삼손에게 힘은 곧 그의 영혼과 같았습니다. 아무리 여자를 사랑한다고 해도 자기 영혼을 남의 손에 맡기면 되겠습니까? 영혼을 책임질 수 있는 분은 오직 하나님밖에 없습니다. 누가 나를 사랑한다고 하면서 나의 영혼까지 건드리려고 한다면 그것은 사탄의 수작입니다. 누가 나를 출세시켜 주겠다면서 나의 영혼까지 맡기라고 한다면 그것 또한 사탄의 수작입니다.

오늘날 여러 가지 것들을 하나님과 대등한 자리에 놓으려고 하는 사람들이 많이 있습니다. 하나님이냐 공부냐, 하나님이냐 사랑이냐, 하나님이냐 돈이냐, 둘 중에 하나를 택하라는 거예요. 그러나 이것은 마치 하나님을 택하면 공부나 사랑이나 돈 버는 일을 포기해야 할 것처럼 착각하게 만드는 속임수입니다. 공부나 사랑이나 돈은 하나님과 대등한 것들이 아닙니다. 하나님이 공부하게 하시고 하나님이 사랑하게 하시며 하나님이 돈 벌게 하시는 것입니다. 이것들을 하나님과 대등한 자리에 놓는 것은 속임수이고 사기입니다.

자기 신화나 자기 도취는 안개와 같아서 하나님께 빌려 온 것을 자기 것인 양 착각하게 만듭니다. 마치 다른 사람에게 빌린 돈을 자기 돈인 양 착각하는 것과 같습니다. 그런 사람은 남의 돈을 제 것처럼 마구 쓰다가 결국 부도를 내고 파산하게 되어 있습니다. 그리스도인은 모든 권세와 지혜와 능력을 하나님께 빌려 쓰는 사람들입니다. 전부 쓸모없는 죄인들인데 하나님이 불쌍히 여기셔서 그분의 것을 빌려 주신 것입니다. 이것은 쓰고 난 다음에 다시 반납해야 합니다. 그리고 다음 번에 백지 상태에서 다시 빌려 주시기를 간구하는 것이 정직한 태도입니다. 그래서 그리스도인에게는 신화라는 것이 있을 수 없습니다. 아무리 능력이 있어서 세계적인 영향력을 행사하는 사람이라도 하나님께 능력을 빌렸다는 점에서는 다른 그리스도인과 하나도 다를 바가 없기 때문입니다. 그럼에도 불구하고 '나는 특별한 그리스도인이다'라고 생각하는 것은 신화를 만드는 것입니다. 그 사람은 죄에 둔감해지게 되어 있습니다.

사도 바울은 무엇이라고 말씀하고 있습니까? "내가 이미 얻었다 함도 아니요 온전히 이루었다 함도 아니라. 오직 내가 그리스도 예수께 잡힌 바 된 그것을 잡으려고 좇아가노라. 형제들아, 나는 아직 내가 잡은 줄로 여기지 아니하고 오직 한 일 즉 뒤에 있는 것은 잊어버리고 앞에 있는 것을 잡으려고 푯대를 향하여 그리스도 예수 안에서 하나님이 위에서 부르신 부름의 상을 위하여 좇아가노라"(빌 3:12-14).

사도 바울에게도 자기를 자꾸 마비시키는 것이 있었습니다. 그것은 과거에 크게 사용되었던 경험이었습니다. 그 경험이 자꾸 자기를 도취시켜서 현실을 제대로 보지 못하게 만들고 '바울 신화'를 만들게 했습니다. 그리고 다른 한편으로는 과거의 실패가 올무로 작용했습니다. '그때 더 잘할 수도 있었는데. 그때 이러저러하게 했더라면 더 멋있는 성과를 얻을 수 있었을 텐데' 하는 후회가 그를 얽매었습니다. 바울은 과거의 성공과 실패가 모두 현실을 바로 보지 못하게 만든다는 것을 알았습니다.

우리는 모두 하나님의 능력을 빌려 쓰고 있는 사람들입니다. 우리 머리나 학교 성적이나 재산이나 사회적인 직책이나 권세나 재주는 모두 하나님의 것입니다. 이 능력을 지속시키려면 사람들의 말에 귀를 기울이지 말아야 하며 자기 신화를 만들지 말아야 합니다. '난 재주가 있어. 난 잘났어. 난 이 재주, 이 명성, 이 지위를 영원히 가지고 있을 거야.' 이런 신화에 도취되기 시작하면 곧 죄에 빠지게 되어 있습니다. 우리는 과거에 어렵고 보잘것없던 때를 늘 기억하고 있어야 합니다. 그래서 노예 상인이었던 존 뉴턴은 자기가 혹시라도 사람들의 말을 듣고 교만해져서 하나님의 능력으로부터 떨어져 나갈까 봐 "너는 애굽 땅에서 종 되었던 것을 기억하라"(신 24:22)는 말씀을 서재에 붙여 놓고 늘 보았다고 합니다.

오늘 말씀에서 중요한 것은, 삼손의 능력이 머리털에서 나오는 것이 아니었음에도 불구하고 들릴라가 삼손의 머리털을 밀었을 때 정말 능력이 떠났다는 사실입니다. "들릴라가 삼손으로 자기 무릎을 베고 자게 하고 사람을 불러 그 머리털 일곱 가닥을 밀고 괴롭게 하여 본즉 그 힘이 없어졌더라"(16:19).

삼손의 머리털을 밀자 힘이 없어진 것은 그 머리털에 능력이 있었기 때문이 아닙니다. 머리털은 하나님이 그어 놓으신 마지막 한계였습니다. 하나님의 능력은 그 전에 이미 삼손을 떠났어야 마땅했습니다. 그러나 하나님은 삼손의 눈높이에 맞추어 그가 최후의 한계를 넘기 전까지 참고 계셨습니다. 머리털은 바로 그 최후의 마지노선이었습니다.

성경은 삼손이 머리털 때문에 힘을 잃은 것이 아니라 여호와께서 떠나셨기 때문에 힘을 잃었다는 사실을 분명히 밝히고 있습니다. "들릴라가 가로되 '삼손이여, 블레셋 사람이 당신에게 미쳤느니라!' 하니 삼손이 잠을 깨며 이르기를 '내가 전과 같이 나가서 몸을 떨치리라' 하여도 여호와께서 이미 자기를 떠나신 줄을 깨닫지 못하였더라"(16:20).

삼손이 나실인의 규정을 깨뜨렸을 때마다 머리털을 밀었더라면 오히려 회복할 수 있는 기회가 있었을 것입니다. 그러나 그는 한 번도 머리털을 밀지 않고 그것을 의지했기 때문에 회복의 기회를 놓치고 말았습니다.

삼손의 몰락

사람의 가치는 그의 영적인 상태에 있습니다. 일단 영혼이 병들면 망하는 것은 시간 문제입니다. 음란한 생활로 삼손의 영혼이 병들었을 때, 그 영혼의 비참함은 곧 실제로 드러나게 되었습니다. "블레셋 사람이 그를 잡아 그 눈을 빼고 끌고 가사에 내려가 놋줄로 매고 그로 옥중에서 맷돌을 돌리게 하였더라"(16:21).

한번 내리막길로 접어드니 바닥까지 떨어지는 것은 순식간이었습니다. 삼손은 한순간에 모든 것을 잃고 가장 비참한 인생 밑바닥으로 굴러 떨어졌습니다. 블레셋 사람들은 철저히 그를 무력하게 만들었습니다. 눈알을 뽑아서 다시는 대항하지 못하게 한 다음 감옥의 노예로 삼아 맷돌을 돌리게 했습니다.

무엇이 삼손을 이렇게 비참한 자리로 떨어뜨렸습니까? 그것은 죄였습니다. 그의 결정적인 실수는 들릴라를 한 사람으로만 본 것입니다. 죄는 절대로 혼자 움직이지 않습니다. 미끼를 던지기 위해 혼자 있는 것처럼 보이도록 변장하는 것일 뿐입니다. 들릴라의 뒤에는 블레셋 다섯 방백이 있었습니다. 그리고 손짓만 하면 달려올 태세를 갖추고 있는 수만 명의 블레셋 군대가 있었습니다.

오늘날에도 죄를 죄 그 자체로만 보기 때문에 많은 이들이 속아 넘어가고 있습니다. 그러나 죄는 아무리 작은 것이라도 단독적으로 존재하지 않습니다. 항상 엄청난 사탄의 나라와 연결되어 있습니다. 한번 걸려들면 무슨 수를 써도 빠져 나올 길이 없어요. 과수원 옆을 지나가던 아이들이 울타리 밖으로 한두 개 나온 과일을 따 가는 경우가 있습니다. 그러다가 한번 걸리면 어떻게 됩니까? 지금까지 다른 사람들이 따 간 것까지 다 물어 주어야 합니다. 자기 눈에 보인 것은 울타리 밖으로 나온 과일 한두 개 뿐이지만, 사실은 그것이 전부가 아닙니다. 그 안에 수백 개가 달려 있고 그 전에 그것들을 따 간 사람들이 수십 명 있습니다. 그 몫까지 다 내 책임이 되는 것입니다.

삼손이 들릴라 뒤에 블레셋 다섯 방백과 수만 명의 군대가 있다는 것을 알았다면, 그를 만나러 갈 때마다 완전 군장을 하고 갔을 것입니다. 특히 그가 자기 어머니와 함께 이 여자를 만났더라면 이런 비참한 자리까지 떨어지지는 않았을 것입니다.

삼손이 망한 이유가 어디 있습니까? 그가 자기 영혼의 존귀함을 포기했고, 그 결과 하나님이 그를 떠나신 데 있습니다. 그가 지금까지 능력을 가질 수 있었던 것은 하나님이 그와 함께하시면서 지켜 주셨기 때문입니다. 그러나 하나님이 떠나시자 보통 사람들보다 훨씬 못한 처지가 되고 말았습니다. 다른 사람들은 아예 처음부터 능력이 없기 때문에 그 한계 안에서 미리 조심합니다. 그러나 하나님의 능력을 경험했던 삼손은 아직도 그 능력이 자기에게 있는 줄 알고 방심하다가 한순간에 당한 것입니다.

삼손은 눈알이 뽑힌 채 맷돌을 갈면서 무슨 생각을 했을까요? 무엇보다 먼저 '내가 어쩌다가 이처럼 한순간에 몰락하고 말았을까' 하는 생각을 했을 것입니다. 아마 들릴라가 죽이고 싶도록 미웠겠지요. 그러나 그 다음 순간, 이제는 아무도 자신을 도울 수 없다는 데 생각이 미쳤을 것입니다. 이스라엘 사람들은 아무 힘도 없습니다. 그렇다고 눈알까지 뽑힌 자신이 스스로 여기에서 벗어날 수 있는 가능성은 더더욱 없습니다. 하나님마저 자신을 떠나셨습니다.

이것을 깨달은 삼손은 감옥에서 아마 두 가지 일을 했을 것입니다. 하나는 자기 죄를 철저히 회개하는 것입니다. 그는 죄가 얼마나 무서운지 이제야 알았습니다. 설마 설마 했는데 설마가 아니었습니다. 하나님의 말씀은 틀림이 없었습니다. 교만한 자는 망할 수밖에 없었습니다.

삼손이 들릴라와 블레셋 사람들을 연결시키지 못한 것은 죄를 너무 쉽게 생각한 탓입니다. 죄는 전부 한통속입니다. 들릴라와 블레셋 사람들과 눈알이 뽑힌 채 맷돌을 돌리는 지금의 비참한 처지는 전부 하나로 연결되어 있습니다. 삼손은 사랑만 차지하고 얼른 빠져 나오려고 했지만 그렇게 되지 않았습니다. 그래서 성경이 악은 모든 모양이라도 버리라고 말씀하신 것입니다. 아무도 안 보는 곳에서 뇌물을 받았다고 해서 그 일로 끝나는 게 아닙니다. 그것은 무섭게 취조하는 수사관과 감옥 철창으로 연결되어 있습니다. 그 연결의 고리를 볼 수 있어야 합니다. 사람들은 그 고리를 보지 못하고 맨앞에 있는 여자나 뇌물이나 달콤한 꿀만 보기 때문에 죄의 덫에 걸려듭니다. 그러나 어느 누구도 죄의 단맛만 볼 수는 없습니다. 단맛을 보고 나면 쓴맛까지 봐야 합니다. 이것은 자동 코스로 연결되어 있습니다.

삼손은 감옥에서 오히려 놀라운 평안을 얻었을 것입니다. '언젠가 터질 일이었는데 잘 터졌다'는 생각이 들면서 죄의 쾌락을 즐길 때보다 오히려 더 홀가분한 마음이 되었을 것입니다. 지금까지는 양심을 속이며 살았습니다. 그러나 이제는 더 이상 다른 사람을 속일 필요도 없고, 자기 양심을 속여 가면서 위험한 사랑 놀이를 할 일도 없으며, 무언가를 감출 필요도 없습니다. 삼손은 자기 모습을 있는 그대로 인정했습니다. '그래, 눈알을 뽑힌 짐승 같은 이 모습이 나의 진정한 모습이다. 나는 사자 시체에서 꿀을 취해 먹었을 때 이미 머리털이 밀렸어야 했고 눈이 뽑혔어야 했다. 나는 그때부터 이미 소경이었다. 나는 이런 신세가 되어도 싸다.'

이렇게 자신을 인정하게 되자, 그 감옥 안에서도 하나님의 임재가 느껴지기 시작했습니다. 무엇을 통해 느껴졌습니까? 점점 자라나고 있는 머리털을 통해서였습니다. "그의 머리털이 밀리운 후에 다시 자라기 시작하니라"(16:22).

물론 사람의 머리털은 한번 밀렸다 해도 다시 자라나는 것이 정상입니다. 그러나 삼손에게는 이것이 그렇게 쉽게 넘길 문제가 아니었습니다. 삼손은 블레셋 사람들에게 잡혀서 머리가 밀리고 눈알이 뽑혔을 때 하나님이 영원히 자신을 버리신 줄 알았습니다. 아마 처음에는 머리털에 신경 쓸 정신도 없었을 것입니다. 이 감옥에서 벗어날 길은 어디에도 보이지 않고 오직 절망만이 마음을 지배하고 있었기 때문입니다. 그런데 이상하게도 그 비참한 자리에 안식과 평안이 찾아오기 시작했습니다. 그리고 어느 날, 머리털이 다시 자라고 있다는 것을 알게 되었습니다. 자기 같은 죄인에게는 다시는 머리털이 나지 않게 하실 줄 알았는데 다시 머리털이 자라는 것을 보고 그는 미칠 듯이 기뻤을 것입니다. 아무도 찾아와 주지 않는 그 외롭고 비참한 블레셋의 감옥에도 하나님의 은혜는 찾아오고 있었습니다.

이 머리털은 삼손의 눈높이에 맞는 표징이었습니다. 하나님은 삼손을 영원히 버리지 않았다는 사실을 알리고 싶으셨을 것입니다. 그러나 삼손은 그것을 느낄 수도, 볼 수도, 들을 수도 없었습니다. 그런데 어느 날 영영 나지 않을 줄 알았던 머리털이 손에 잡혔습니다. 그때 삼손의 보이지 않는 눈에서는 눈물이 흘러내렸을 것입니다. "아, 하나님, 저를 완전히 버리지 않으셨군요! 머리털이 영원히 나지 않을 줄 알았더니 이 감옥 안에서도 이렇게 자라는군요! 하나님, 이제 느껴집니다. 지금 저와 함께하시는 거지요?"

우리도 하나님이 온몸으로 느끼게 해 주시지 않으면 그 사랑을 믿지 못할 때가 많이 있습니다. 너무 형편이 어렵고 낙심될 때는 하나님이 무언가 구체적으로 사랑을 표현해 주셔야 비로소 믿음이 생깁니다. 이렇게 손에 잡히도록 사랑을 표현해 주시는 것이 이를테면 '하나님의 스킨십' 입니다. 어린아이들은 말로만 사랑한다고 할 때보다 안아 주거나 볼을 비벼 줄 때 사랑을 느낍니다. 우리도 상황이 어려울 때에는 논리적인 추론만으로 극복해 내기가 어렵습니다. 그때 하나님은 나만이 알 수 있는 방식으로 나를 만져 주십니다. 그 손길이 기드온에게는 양털로 나타났고, 삼손에게는 머리털로 나타난 것입니다. 맷돌을 돌리다가 너무 힘들어서 지쳐 쓰러져 있는데, 문득 머리털이 손에 잡히는 거예요. 우리는 '그럼 머리가 나는 게 당연하지, 다시는 안 날 줄 알았단 말이야?' 라고 생각하기 쉽지만, 삼손에게는 이것이 그렇게 단순한 현상이 아니었습니다. 이것은 그만이 알 수 있는 하나님의 사랑의 확인이었고, 다시 한 번 그를 용서하시며 은혜를 주신다는 사인이었습니다.

마지막 전쟁

삼손의 몰락을 본 블레셋 사람들은 아주 자신만만해했습니다. "블레셋 사람의 방백이 가로되 '우리의 신이 우리 원수 삼손을 우리 손에 붙였다' 하고 다 모여 그 신 다곤에게 큰 제사를 드리고 즐거워하고"(16:23).

원래 블레셋은 하나의 나라가 아니라 다섯 개의 도시국가로 이루어진 나라였습니다. 삼손이 잡혔다는 소식은 이들 모두에게 큰 기쁨이 되었습니다. 그래서 다섯 도시국가의 중요한 인물들이 다 모여서 큰 제사를 드리고 축제를 벌이기로 했습니다. 그들의 행정체제는 도시국가별로 독립되어 있었지만, 제사나 축제나 전쟁은 늘 힘을 합해서 같이 치렀습니다. 그런데 삼손이 그들 모두에게 얼마나 큰 두려움의 대상이었던지, 그를 잡아 눈알 뽑은 이 일을 축하하기 위해 다섯 도시국가의 대표들이 전부 모여서 자기들의 신에게 제사를 드리기로 한 것입니다. 이것이 단순한 축제였는지, 아니면 이스라엘 백성들에게 대대적으로 보복하기 위한 출정식의 의미를 가진 행사였는지는 분명치 않습니다. 단지 모든 방백과 남녀 3,000명이 모인 것을 보면 굉장히 대대적인 행사였던 것이 분명합니다.

참 이상합니다. 하나님의 종이나 백성들이 망하면 세상 사람들이 그렇게 기뻐할 수가 없습니다. 그 이유가 무엇일까요? 이것은 그만큼 세상 사람들이 그들을 두려워한다는 뜻입니다. 하나님의 백성에게는 어떤 권력이나 돈으로도 얻을 수 없는 존귀함과 당당함이 있습니다. 어떤 것을 들이밀어도 그것을 당해 낼 길이 없어요. 그래서 세상 사람들은 무엇보다 '하나님의 백성들도 별 수 없다'는 것을 입증하고 싶어합니다. 겉으로는 거룩한 체하고 죄도 안 짓는 것 같지만 그들도 결국은 뇌물 받고 죄를 짓더라, 하나님의 백성이라고 해도 자신들과 다를 바가 전혀 없더라는 것을 확인하고 싶어해요. 이것만 확인되면 세상 사람들에게 두려움을 줄 것이 아무것도 없습니다.

지금 블레셋 사람들이 전부 모여서 기뻐하는 이유가 무엇입니까? 삼손도 별것 아니더라는 것입니다. 삼손의 능력이 대단한 줄 알았는데 머리털을 싹 밀어 놓고 보니 아무것도 아니더라는 것입니다. 생각해 보십시오. 머리털을 다 뽑힌 삼손이 무슨 삼손이며, 눈알이 뽑혀서 더듬거리며 걷는 삼손이 무슨 삼손입니까? 삼손은 더 이상 그들에게 두려움의 대상이 되지 못했습니다. 그저 그들의 노예이자 노리개였을 뿐입니다. 이 사실이 그들을 너무나도 기쁘게 했습니다.

그런데 그들이 모르고 있는 것이 무엇입니까? 삼손이 몰락한 것은 그들이 잘했기 때문이 아니라는 사실입니다. 그가 몰락한 것은 자기 죄 때문입니다. 사실 그들은 삼손의 몰락을 보고 더 두려워했어야 마땅합니다. 그들의 죄에 비하면 삼손의 죄는 죄라고 할 수도 없었기 때문입니다. 세상 사람들은 하나님의 백성이 순결을 지키지 못해서 인생 밑바닥까지 떨어진 것을 보게 될 때 마냥 기뻐하면 안 됩니다. 자신들은 이들보다 훨씬 더 많은 죄를 짓고 있습니다. 삼손이 이 정도의 죄로 눈알을 뽑혀야 한다면 블레셋 사람들은 목이 잘려야 마땅합니다.

그러나 그들은 이미 비참해질 대로 비참해져 있는 삼손에게 더 심한 굴욕감을 안겨 주려 했습니다. "백성들도 삼손을 보았으므로 가로되 '우리 토지를 헐고 우리 많은 사람을 죽인 원수를 우리의 신이 우리 손에 붙였다' 하고 자기 신을 찬송하며 그들의 마음이 즐거울 때에 이르되 '삼손을 불러다가 우리를 위하여 재주를 부리게 하자' 하고 옥에서 삼손을 불러내매 삼손이 그들을 위하여 재주를 부리니라. 그들이 삼손을 두 기둥 사이에 세웠더니"(16:24-25).

이 세상 사람들이 살 수 있는 유일한 길은 고통당하는 하나님의 백성을 불쌍히 여기는 것이며, 하나님이 얼마나 의롭고 공의로우신 분인지 생각하는 것입니다. '삼손의 방탕함을 그냥 넘기지 않고 눈알을 뽑을 정도로 진노하시는 하나님이라면, 매일 죄를 먹고 마시는 우리에게는 얼마나 무섭게 진노하실까'를 생각하고 자신의 삶을 조금이라도 절제하는 것입니다. 그러나 세상 사람들은 그렇게 생각하지 않습니다. 하나님의 백성들이 고통받거나 징계를 받을 때 더 수치와 굴욕을 뒤집어씌워서 자신들의 승리를 자축하려고 합니다.

하나님의 백성이 가장 비참해지는 때가 바로 이런 때입니다. 그동안 믿음으로 온전히 살지 못한 것은 사실이지만, 나 자신의 불순종 때문에 이렇게 어려운 지경에 빠지게 된 것은 틀림없지만, 그래도 거기에서 더 나아가 사람들이 나를 심하게 조롱하고 하나님을 모욕할 때 얼마나 고통스러운지 모릅니다. "그래, 예수 믿는다는 사람이 이게 무슨 꼬라지냐? 그렇게 열심히 교회 다니더니 잘된 일이 뭐가 있느냐고? 너네 하나님은 대체 뭐 하신대냐?" 하면서 비웃는 말을 들으면, '내 잘못 때문에 하나님까지 욕을 먹는구나' 하는 생각에 가슴이 터질 듯이 고통스러워지면서 하나님을 향해 울부짖음이 터져 나옵니다.

지금 삼손은 비참할 대로 비참해져 있습니다. 블레셋 사람들은 이미 그를 짐승으로 만들어 놓았습니다. 그런데도 여기에서 만족하지 못하고 그를 불러내어 재주를 부리게 함으로써 더 비참하게 만들고자 했습니다. 그들이 구체적으로 어떤 재주를 부리게 했는지는 모르겠습니다. 사실 눈먼 삼손이 부릴 수 있는 재주가 뭐가 있었겠습니까? 아마도 재주라기보다는 극도로 하나님의 이름을 훼방하고 삼손을 굴욕스럽게 만드는 짓을 시켰을 것입니다. 여하튼 삼손이 블레셋 사람들 앞에서 재주를 부렸을 때 그들의 교만은 최고조에 달해 있었습니다.

그때 삼손은 하나님께 부르짖으면서 기도했습니다. 그는 전에도 비참한 상황에서 부르짖어 응답을 받았던 적이 있습니다. 목말라 죽게 되었을 때 부르짖으며 기도하자 하나님이 샘물을 터뜨려 그를 구원해 주신 것입니다. 그는 이 비참한 상황에서 다시 한 번 하나님께 부르짖었습니다. 이것은 그의 생애에서 가장 간절한 기도였습니다. "삼손이 여호와께 부르짖어 가로되 '주 여호와여, 구하옵나니 나를 생각하옵소서. 하나님이여, 구하옵나니 이번만 나로 강하게 하사 블레셋 사람이 나의 두 눈을 뺀 원수를 단번에 갚게 하옵소서' 하고"(16:28).

삼손은 "이번만"이라고 기도하고 있습니다. 지금 이 순간을 넘기지 않게 해 달라는 것입니다. 이 순간은 블레셋 사람들이 삼손을 짐승처럼 만들어 놓고 재주를 부리게 하면서 하나님의 이름을 모욕하고 있는 순간입니다. 이 원수를 갚을 수 있도록 이번 한 번만, 자기 평생에 이번 한 번만 더 힘을 달라는 것입니다.

"나의 두 눈을 뺀 원수를 단번에 갚게 하옵소서"라는 말은 삼손이 개인적인 차원에서 복수하려 한다는 오해를 불러일으킬 수 있습니다. 그러나 삼손은 개인적인 복수를 하려는 것이 아닙니다. 그가 참을 수 없었던 것은 자기 잘못 때문에 하나님의 이름이 이방인들 가운데 이토록 비참하게 조롱받고 욕을 먹는다는 그 사실이었습니다. 삼손은 자기 생명을 걸고 울부짖으며 기도합니다. "단 한 번만 더 저에게 힘을 주옵소서! 이 마지막 순간에 블레셋 사람들에게 승리를 주지 마옵소서! 하나님의 거룩한 이름이 저의 죄로 인해 영원히 수치를 당하지 않게 하옵소서! 단 한 번만 더, 저의 생애에 마지막 한 번만 더 힘을 주옵소서!"

하나님은 이 기도에 응답하셨습니다. "집을 버틴 두 가운데 기둥을 하나는 왼손으로, 하나는 오른손으로 껴 의지하고 가로되 '블레셋 사람과 함께 죽기를 원하노라!' 하고 힘을 다하여 몸을 굽히매 그 집이 곧 무너져 그 안에 있는 모든 방백과 온 백성에게 덮이니 삼손이 죽을 때에 죽인 자가 살았을 때에 죽인 자보다 더욱 많았더라"(16:29-30). 삼손이 기둥을 껴안고 힘을 주자 그 거대한 신전이 와르르 무너져 내렸습니다. 그곳에 있던 모든 블레셋 사람이 거기에 깔려 죽었고 삼손도 그들과 함께 죽었습니다.

삼손이 마지막 힘을 다해 외친 말이 무엇입니까? "내가 블레셋 사람들과 함께 죽기를 원하노라!" 어떤 사람은 이 말을 근거로 삼손이 자살한 것이 아닌가 생각하기도 합니다. 그러나 이것은 자살이 아닙니다. 자신의 마지막 생애를 블레셋과의 전쟁에 바친 것입니다. 그는 더 살기를 원치 않았습니다. 하나님께 한 번 더 사용되는 것으로 충분하다고 생각했습니다.

삼손의 생애는 몰락으로 끝나지 않았습니다. 그는 눈이 뽑힌 후에 더 많은 것을 보았습니다. 눈이 있을 때는 오히려 들릴라의 미모에 속아 죄를 보지 못하고 블레셋 사람들의 교만을 보지 못했는데, 눈이 뽑히고 나니 모든 것이 더 선명히 보였습니다. 머리가 길었을 때는 오히려 하나님이 언제 임하시고 언제 떠나시는지 잘 몰랐는데, 머리를 밀리고 나니 빛이 들지 않는 감옥에서도 그의 임재를 느낄 수 있었습니다.

성경은 삼손이 몰락하고 난 후 이스라엘을 위해 더 큰 일을 했으며 특히 자신의 죽음을 통해 큰 구원을 베풀었다고 기록하고 있습니다. 삼손의 몰락은 인생의 끝이 아니었습니다. 그것은 불 같은 연단이었습니다. 그는 이 연단을 통과함으로써 블레셋과 이스라엘의 차이가 무엇인지, 참된 능력의 근원이 무엇인지, 블레셋과 어떻게 싸워야 이길 수 있는지 똑똑히 보게 되었습니다.

삼손이 죽기 전에 블레셋 사람들에게 굴욕을 당한 것이나 죽음을 통해 살았을 때보다 더 큰 구원을 이룬 것은 그리스도의 모습을 부분적으로 보여 주고 있습니다. 그는 그리스도의 예표였지만 자신의 존귀함을 깨닫지 못하고 작은 죄를 용납하는 바람에 그리스도의 모습을 잘 나타내지 못했습니다. 그러나 불 같은 연단을 거쳐 회개한 후 하나님이 원하시는 모습을 회복했습니다.

우리는 하나님의 사랑을 받았다고 해서 자기 신화나 자기 최면에 빠지면 안 됩니다. '내가 예수를 믿는 이상 하나님은 나를 사랑하셔야만 한다. 내가 교회에 봉사하고 있는 이상 하나님은 나를 축복하셔야만 한다. 하나님이 나를 택하셨다면 내가 죄를 지어도 결국에는 돌아오게 하실 것이다. 유명한 인물치고 죄에 빠졌다가 회개하지 않은 사람이 누가 있는가?' 하면서 욕심으로 달려가면 안 됩니다.

우리는 하나님의 능력을 빌려 쓰고 있는 사람들입니다. 잘난 사람이든 못난 사람이든 자기 것으로 사는 사람은 아무도 없습니다. 그리스도인은 모두 똑같습니다. 신화나 개인적인 자랑이 존재할 수 없습니다. 우리가 가지고 있는 직책이나 사회적인 지위나 돈이나 그 밖의 모든 것은 전부 하나님이 빌려 주신 것입니다. 하루라도 차단하고 빌려 주지 않으시면 그 자리에서 바로 부도가 나게 되어 있습니다. 요즘 기업들을 보십시오. 아무리 큰 기업이라도 은행에서 돈을 차단하니까 그냥 넘어지지 않습니까? 우리가 그렇습니다. 하나님이 한순간이라도 은혜를 차단하시면 그 자리에서 망하게 되어 있습니다. 은혜를 받은 만큼 더 바닥으로 떨어지게 되어 있습니다.

그래서 중요한 것이 하나님이 계속 나를 긍휼히 여기시게 만드는 것입니다. 몸에 늘 아픈 부분이 있습니까? 우리 집에 병든 아이가 있습니까? 내 학벌이 내세울 만하지 못합니까? 가족 중에 부끄러운 일이 있습니까? 이것은 나의 진정한 모습을 보고 하나님 앞에 겸손히 나아갈 수 있게 해 주는 거울입니다. 이 약하고 부족한 부분에 대해 감사하며 그분의 긍휼을 구하십시오.

"하나님, 저에게 학벌을 이만큼밖에 주시지 않은 것을 감사합니다. 저의 몸에 이런 약점을 주신 것을 감사합니다. 저에게 이런 열등한 부분을 주신 것을 감사합니다. 제가 늘 이것을 보고 교만해지지 않게 해 주옵소서. 저에게 신화가 생기지 말게 해 주옵소서. 항상 죄에 민감하게 해 주옵소서. 하나님이 한순간이라도 저를 버리시면 저는 망할 수밖에 없습니다. 오, 주여! 제 귀에 사람들의 말이 들어오지 않게 해 주옵소서. 돈이나 권력에 매이지 않게 해 주옵소서. 제가 가진 모든 것은 하나님이 빌려 주신 것이고 언제든지 도로 가져가실 수 있는 것입니다."

삼손이 나실인의 언약을 어겼을 때 그것을 은폐하지 않고 머리를 깎았더라면, 하나님의 능력은 머리털에 있는 것이 아니라 경건에 있다는 것을 알 수 있었을 것입니다. 그랬다면 머리털에 그렇게 연연해하지도 않았을 것이며 영적인 위기도 빨리 알아차렸을 것입니다. 나쁜 결과가 나타나야 비로소 깨닫는 사람은 미련한 사람입니다. 마음이 불안하고 양심이 고통스러울 때 하나님께 무릎을 꿇는 사람이 지혜로운 사람입니다.

삼손의 생애에서 중요한 점은 그의 삶이 몰락으로 끝나지 않았다는 것입니다. 그의 삶은 인생 밑바닥에서부터 다시 시작되었습니다. 그는 블레셋 사람들에게 눈알을 뽑히고 짓밟혔을 때 오히려 훨씬 더 많은 것을 보고 느꼈습니다. 옛날같이 치렁치렁한 머리는 아니지만 손에 잡히는 짧은 머리를 통해 하나님의 긍휼이 회복되고 있다는 것과 하나님의 역사는 감옥에서도 진행되고 있다는 것을 온몸으로 깨달았습니다.

죄는 절대로 단독으로 존재하지 않는다는 것을 잊지 마십시오. 죄는 절대로 혼자 움직이지 않습니다. 눈에 보이는 것은 미끼일 뿐입니다. 그 뒤에 얼마나 엄청난 사탄의 세력이 숨어 있는지 모릅니다. 그래서 죄는 하나라도 건드리면 안 됩니다. 떨어진 거라도 주우면 안 돼요. 이런 죄의 속성을 모르기 때문에 작은 죄를 자꾸 용납하다가 남의 죄까지 뒤집어쓰게 되는 것입니다. 하나님의 백성은 모든 것에 조심해야 합니다. 남의 돈, 남의 사람, 좋지 못한 취미 등 모든 것에 조심해야 합니다.

주위 사람들이 나의 실패를 기뻐하고 나 때문에 하나님의 이름을 욕할 때는 곧 하나님의 무서운 진노가 임할 때인 줄 아십시오. 우리는 그 교만한 가족이나 주위 사람들이 이 진노에 멸망하지 않도록 기도해 주어야 합니다. 그러나 악의 세력은 절대로 용납하면 안 되며 죄와는 절대로 타협하면 안 됩니다. 사탄의 세력 그 자체는 철저히 멸망당해야 합니다.

삼손이 절망적인 순간에 자신의 눈도 믿지 않고 머리털도 믿지 않고 오직 하나님 한 분만 붙들고 부르짖었을 때, 하나님은 엄청난 힘을 주심으로써 그의 최후를 영광스럽게 하셨습니다. 그의 이름은 히브리서에 열거된 믿음의 영웅들의 기록에 당당하게 등장하고 있습니다.

내가 비록 눈알이 뽑히고 사회적인 불구자가 되었다 해도 하늘은 열려 있다는 것을 잊지 마시기 바랍니다. 절대적인 위기 가운데서도 머리털은 다시 자라고 있으며 하나님은 내 기도에 귀를 기울이고 계십니다. 그러므로 우리는 부르짖어야 합니다. 악의 세력이 득세하고 있을 때, 나의 힘이 고갈되었을 때, 내가 망하게 되었을 때,

사탄의 세력이 기뻐하고 있을 때, 다른 데서 도움을 구할 생각 하지 말고 오직 하나님께 나아가 생명을 걸고 부르짖어야 합니다. "하나님, 한 번만 나에게 힘을 주소서. 이 중요한 순간을 사탄에게 내어주지 마소서. 나에게 다시 한 번 힘을 주셔서 잃어버린 하나님의 영광을 되찾게 하옵소서!" 그때, 하나님이 역사하실 것입니다.

부록

차례에 따른 성경본문

1. 왜 변하지 않는가? (10:1-16)

아비멜렉의 후에 잇사갈 사람 도도의 손자 부아의 아들 돌라가 일어나서 이스라엘을 구원하니라. 그가 에브라임 산지 사밀에 거하여 이스라엘의 사사가 된 지 23년 만에 죽으매 사밀에 장사되었더라. 그 후에 길르앗 사람 야일이 일어나서 22년 동안 이스라엘의 사사가 되니라. 그에게 아들 30이 있어 어린 나귀 30을 탔고 성읍 30을 두었었는데 그 성들은 길르앗 땅에 있고 오늘까지 '하봇 야일'이라 칭하더라. 야일이 죽으매 가몬에 장사되었더라. 이스라엘 자손이 다시 여호와의 목전에 악을 행하여 바알들과 아스다롯과 아람의 신들과 시돈의 신들과 모압의 신들과 암몬 자손의 신들과 블레셋 사람의 신들을 섬기고 여호와를 버려 그를 섬기지 아니하므로 여호와께서 이스라엘에게 진노하사 블레셋 사람의 손과 암몬 자손의 손에 파시매 그들이 그 해부터 이스라엘 자손을 학대하니 요단 저편 길르앗 아모리 사람의 땅에 거한 이스라엘 자손이 18년 동안 학대를 당하였고 암몬 자손이 또 요단을 건너서 유다와 베냐민과 에브라임 족속을 치므로 이스라엘의 곤고가 심하였더라. 이스라엘 자손이 여호와께 부르짖어 가로되 "우리가 우리 하나님을 버리고 바알들을 섬김으로 주께 범죄하였나이다."

여호와께서 이스라엘 자손에게 이르시되 "내가 애굽 사람과 아모리 사람과
암몬 자손과 블레셋 사람에게서 너희를 구원하지 아니하였느냐? 또 시돈
사람과 아말렉 사람과 마온 사람이 너희를 압제할 때에 너희가 내게
부르짖으므로 내가 너희를 그들의 손에서 구원하였거늘 너희가 나를 버리고
다른 신들을 섬기니 그러므로 내가 다시는 너희를 구원치 아니하리라. 가서
너희가 택한 신들에게 부르짖어서 너희 환난 때에 그들로 너희를 구원하게
하라." 이스라엘 자손이 여호와께 여짜오되 "우리가 범죄하였사오니 주의
보시기에 좋은 대로 우리에게 행하시려니와 오직 주께 구하옵나니 오늘날
우리를 건져 내옵소서" 하고 자기 가운데서 이방 신들을 제하여 버리고
여호와를 섬기매 여호와께서 이스라엘의 곤고를 인하여 마음에
근심하시니라.

2. 입다의 등장 (10:17 - 11:28)

그때에 암몬 자손이 모여서 길르앗에 진쳤으므로 이스라엘 자손도 모여서
미스바에 진치고 길르앗 백성과 방백들이 서로 이르되 "누가 먼저 나가서
암몬 자손과 싸움을 시작할꼬? 그가 길르앗 모든 거민의 머리가 되리라."
하니라. 길르앗 사람 큰 용사 입다는 기생이 길르앗에게 낳은 아들이었고
길르앗의 아내도 아들들을 낳았더라. 아내의 아들들이 자라매 입다를
쫓아내며 그에게 이르되 "너는 다른 여인의 자식이니 우리 아버지 집 기업을
잇지 못하리라" 한지라. 이에 입다가 그 형제를 피하여 돕 땅에 거하매
잡류가 그에게로 모여와서 그와 함께 출입하였더라. 얼마 후에 암몬 자손이
이스라엘을 치려 하니라. 암몬 자손이 이스라엘을 치려 할 때에 길르앗
장로들이 입다를 데려오려고 돕 땅에 가서 입다에게 이르되 "우리가 암몬

자손과 싸우려 하나니 당신은 와서 우리의 장관이 되라." 입다가 길르앗 장로들에게 이르되 "너희가 전에 나를 미워하여 내 아버지 집에서 쫓아내지 아니하였느냐? 이제 너희가 환난을 당하였다고 어찌하여 내게 왔느냐?" 길르앗 장로들이 입다에게 대답하되 "이제 우리가 당신을 찾아온 것은 우리와 함께 가서 암몬 자손과 싸우게 하려 함이니 그리하면 우리 길르앗 모든 거민의 머리가 되리라." 입다가 길르앗 장로들에게 이르되 "너희가 나를 데리고 본향으로 돌아가서 암몬 자손과 싸우게 할 때에 만일 여호와께서 그들을 내게 붙이시면 내가 과연 너희 머리가 되겠느냐?" 길르앗 장로들이 입다에게 이르되 "여호와는 우리 사이의 증인이시니 당신의 말대로 우리가 반드시 행하리이다." 이에 입다가 길르앗 장로들과 함께 가니 백성이 그로 자기들의 머리와 장관을 삼은지라. 입다가 미스바에서 자기의 말을 다 여호와 앞에 고하니라. 입다가 암몬 자손의 왕에게 사자를 보내어 이르되 "네가 나와 무슨 상관이 있기에 내 땅을 치러 내게 왔느냐?" 암몬 자손의 왕이 입다의 사자에게 대답하되 "이스라엘이 애굽에서 올라올 때에 아르논에서부터 얍복과 요단까지 내 땅을 취한 연고니 이제 그것을 화평히 다시 돌리라." 입다가 암몬 자손의 왕에게 다시 사자를 보내어 그에게 이르되 "입다가 말하노라. 이스라엘이 모압 땅과 암몬 자손의 땅을 취하지 아니하였느니라. 이스라엘이 애굽에서 올라올 때에 광야로 행하여 홍해에 이르고 가데스에 이르러서는 이스라엘이 사자를 에돔 왕에게 보내어 이르기를 '청컨대 나를 용납하여 네 땅 가운데로 지나게 하라' 하였으나 에돔 왕이 이를 듣지 아니하였고 또 그같이 사람을 모압 왕에게 보내었으나 그도 허락지 아니하므로 이스라엘이 가데스에 유하였더니 그 후에 광야를 지나 에돔 땅과 모압 땅을 둘러 행하여 모압 땅 동편에서부터

와서 아르논 저편에 진쳤고 아르논은 모압 경계이므로 그 경내에는 들어가지 아니하였으며 이스라엘이 헤스본 왕 곧 아모리 왕 시혼에게 사자를 보내어 그에게 이르되 '청컨대 우리를 용납하여 당신의 땅으로 지나 우리 곳에 이르게 하라' 하였으나 시혼이 이스라엘을 믿지 아니하여 그 지경으로 지나지 못하게 할 뿐 아니라 그 모든 백성을 모아 야하스에 진치고 이스라엘을 치므로 이스라엘의 하나님 여호와께서 시혼과 그 모든 백성을 이스라엘의 손에 붙이시매 이스라엘이 쳐서 그 땅 거민 아모리 사람의 온 땅을 취하되 아르논에서부터 얍복까지와 광야에서부터 요단까지 아모리 사람의 온 지경을 취하였었느니라. 이스라엘 하나님 여호와께서 이같이 아모리 사람을 자기 백성 이스라엘 앞에서 쫓아내셨거늘 네가 그 땅을 얻고자 하는 것이 가하냐? 네 신 그모스가 네게 주어 얻게 한 땅을 네가 얻지 않겠느냐? 우리 하나님 여호와께서 우리 앞에서 어떤 사람이든지 쫓아내시면 그 땅을 우리가 얻으리라. 이제 네가 모압 왕 십볼의 아들 발락보다 나은 것이 있느냐? 그가 이스라엘로 더불어 다툰 일이 있었느냐? 싸운 일이 있었느냐? 이스라엘이 헤스본과 그 향촌들과 아로엘과 그 향촌들과 아르논 연안에 있는 모든 성읍에 거한 지 300년이어늘 그동안에 너희가 어찌하여 도로 찾지 아니하였느냐? 내가 네게 죄를 짓지 아니하였거늘 네가 나를 쳐서 내게 악을 행하고자 하는도다. 원컨대 심판하시는 여호와는 오늘날 이스라엘 자손과 암몬 자손의 사이에 판결하시옵소서" 하나 암몬 자손의 왕이 입다의 보내어 말한 것을 듣지 아니하였더라.

3. 입다의 서원 (11:29 - 40)

이에 여호와의 신이 입다에게 임하시니 입다가 길르앗과 므낫세를 지나서 길르앗 미스베에 이르고 길르앗 미스베에서부터 암몬 자손에게로 나아갈 때에 그가 여호와께 서원하여 가로되 "주께서 과연 암몬 자손을 내 손에 붙이시면 내가 암몬 자손에게서 평안히 돌아올 때에 누구든지 내 집 문에서 나와서 나를 영접하는 그는 여호와께 돌릴 것이니 내가 그를 번제로 드리겠나이다" 하니라. 이에 입다가 암몬 자손에게 이르러 그들과 싸우더니 여호와께서 그들을 그 손에 붙이시매 아로엘에서부터 민닛에 이르기까지 20성읍을 치고 또 아벨 그라밈까지 크게 도륙하니 이에 암몬 자손이 이스라엘 자손 앞에 항복하였더라. 입다가 미스바에 돌아와 자기 집에 이를 때에 그 딸이 소고를 잡고 춤추며 나와서 영접하니 이는 그의 무남독녀라. 입다가 이를 보고 자기 옷을 찢으며 가로되 "슬프다, 내 딸이여! 너는 나로 참담케 하는 자요 너는 나를 괴롭게 하는 자 중의 하나이로다. 내가 여호와를 향하여 입을 열었으니 능히 돌이키지 못하리로다." 딸이 그에게 이르되 "나의 아버지여, 아버지께서 여호와를 향하여 입을 여셨으니 아버지 입에서 낸 말씀대로 내게 행하소서. 이는 여호와께서 아버지를 위하여 아버지의 대적 암몬 자손에게 원수를 갚으셨음이니이다." 아비에게 또 이르되 "이 일만 내게 허락하사 나를 두 달만 용납하소서. 내가 나의 동무들과 함께 산에 올라가서 나의 처녀로 죽음을 인하여 애곡하겠나이다." 이르되 "가라" 하고 두 달 위한하고 보내니 그가 그 동무들과 함께 가서 산 위에서 처녀로 죽음을 인하여 애곡하고 두 달 만에 그 아비에게로 돌아온지라. 아비가 그 서원한 대로 딸에게 행하니 딸이 남자를 알지 못하고 죽으니라. 이로부터 이스라엘 가운데 규례가 되어 이스라엘 여자들이 해마다

가서 길르앗 사람 입다의 딸을 위하여 나흘씩 애곡하더라.

4. 입다와 에브라임의 전쟁 (12:1 - 15)

에브라임 사람들이 모여 북으로 가서 입다에게 이르되 "네가 암몬 자손과 싸우러 건너갈 때에 어찌하여 우리를 불러 너와 함께 가게 하지 아니하였느냐? 우리가 반드시 불로 너와 네 집을 사르리라." 입다가 그들에게 이르되 "나와 나의 백성이 암몬 자손과 크게 다툴 때에 내가 너희를 부르되 너희가 나를 그들의 손에서 구원하지 아니한 고로 내가 너희의 구원치 아니하는 것을 보고 내 생명을 돌아보지 아니하고 건너가서 암몬 자손을 쳤더니 여호와께서 그들을 내 손에 붙이셨거늘 너희가 어찌하여 오늘날 내게 올라와서 나로 더불어 싸우고자 하느냐?" 하고 입다가 길르앗 사람을 다 모으고 에브라임과 싸웠더니 길르앗 사람들이 에브라임을 쳐서 파하였으니 이는 에브라임의 말이 "너희 길르앗 사람은 본래 에브라임에서 도망한 자로서 에브라임과 므낫세 중에 있다" 하였음이라. 길르앗 사람이 에브라임 사람 앞서 요단 나루턱을 잡아 지키고 에브라임 사람의 도망하는 자가 말하기를 "청컨대 나로 건너게 하라" 하면 그에게 묻기를 "네가 에브라임 사람이냐?" 하여 그가 만일 "아니라" 하면 그에게 이르기를 "십볼렛이라 하라" 하여 에브라임 사람이 능히 구음을 바로 하지 못하고 "씹볼렛"이라 하면 길르앗 사람이 곧 그를 잡아서 요단 나루턱에서 죽였더라. 그때에 에브라임 사람의 죽은 자가 42,000명이었더라. 입다가 이스라엘 사사가 된 지 6년이라. 길르앗 사람 입다가 죽으매 길르앗 한 성읍에 장사되었더라. 그의 뒤에는 베들레헴 입산이 이스라엘의 사사이었더라. 그가 아들 30과 딸 30을 두었더니 딸들은 타국으로 시집

보내었고 아들들을 위하여는 타국에서 여자 30을 데려왔더라. 그가 이스라엘
사사가 된 지 7년이라. 입산이 죽으매 베들레헴에 장사되었더라. 그의
뒤에는 스불론 사람 엘론이 이스라엘의 사사가 되어 10년 동안 이스라엘을
다스렸더라. 스불론 사람 엘론이 죽으매 스불론 땅 아얄론에 장사되었더라.
그의 뒤에는 비라돈 사람 힐렐의 아들 압돈이 이스라엘의 사사이었더라.
그에게 아들 40과 손자 30이 있어서 어린 나귀 70필을 탔었더라. 압돈이
이스라엘의 사사가 된 지 8년이라. 비라돈 사람 힐렐의 아들 압돈이 죽으매
에브라임 땅 아말렉 사람의 산지 비라돈에 장사되었더라.

5. 삼손의 출생 예고 (13:1 - 14)

이스라엘 자손이 다시 여호와의 목전에 악을 행하였으므로 여호와께서
그들을 40년 동안 블레셋 사람의 손에 붙이시니라. 소라 땅에 단 지파의
가족 중 '마노아'라 이름하는 자가 있더라. 그 아내가 잉태하지 못하므로
생산치 못하더니 여호와의 사자가 그 여인에게 나타나시고 그에게 이르시되
"보라, 네가 본래 잉태하지 못하므로 생산치 못하였으나 이제 잉태하여
아들을 낳으리니 그러므로 너는 삼가서 포도주와 독주를 마시지 말며 무릇
부정한 것을 먹지 말지니라. 보라, 네가 잉태하여 아들을 낳으리니 그 머리에
삭도를 대지 말라. 이 아이는 태에서 나옴으로부터 하나님께 바치운
나실인이 됨이라. 그가 블레셋 사람의 손에서 이스라엘을 구원하기
시작하리라." 이에 그 여인이 가서 그 남편에게 고하여 가로되 "하나님의
사람이 내게 임하였는데 그 용모가 하나님의 사자의 용모 같아서 심히
두려우므로 어디서부터 온 것을 내가 묻지 못하였고 그도 자기 이름을 내게
이르지 아니하였으며 그가 내게 이르기를 '보라, 네가 잉태하여 아들을

낳으리니 포도주와 독주를 마시지 말며 무릇 부정한 것을 먹지 말라. 이 아이는 태에서 나옴으로부터 죽을 날까지 하나님께 바치운 나실인이 됨이라' 하더이다." 마노아가 여호와께 기도하여 가로되 "주여, 구하옵나니 주의 보내셨던 하나님의 사람을 우리에게 다시 임하게 하사 그로 우리가 그 낳을 아이에게 어떻게 행할 것을 우리에게 가르치게 하소서." 하나님이 마노아의 목소리를 들으시니라. 여인이 밭에 앉았을 때에 하나님의 사자가 다시 그에게 임하셨으나 그 남편 마노아는 함께 있지 아니한지라. 여인이 급히 달려가서 그 남편에게 고하여 가로되 "보소서! 전일에 내게 임하였던 사람이 또 내게 나타났나이다!" 마노아가 일어나 아내를 따라가서 그 사람에게 이르러 그에게 묻되 "당신이 이 여인에게 말씀하신 사람이니이까?" 가라사대 "그로라." 마노아가 가로되 "당신의 말씀대로 되기를 원하나이다. 이 아이를 어떻게 기르오며 우리가 그에게 어떻게 행하오리이까?" 여호와의 사자가 마노아에게 이르시되 "내가 여인에게 말한 것들을 그가 다 삼가서 포도나무의 소산을 먹지 말며 포도주와 독주를 마시지 말며 무릇 부정한 것을 먹지 말아서 내가 그에게 명한 것은 다 지킬 것이니라."

6. 임재의 경험 (13:15 - 25)

마노아가 여호와의 사자에게 말씀하되 "구하옵나니 당신은 우리에게 머물러서 우리가 당신을 위하여 염소 새끼 하나를 준비하게 하소서." 여호와의 사자가 마노아에게 이르시되 "네가 비록 나를 머물러나 내가 너의 식물을 먹지 아니하리라. 번제를 준비하려거든 마땅히 여호와께 드릴지니라" 하니 이는 마노아가 여호와의 사자인 줄 알지 못함을

인함이었더라. 마노아가 또 여호와의 사자에게 말씀하되 "당신의 이름이
무엇이니이까? 당신의 말씀이 이룰 때에 우리가 당신을 존숭하리이다."
여호와의 사자가 그에게 이르시되 "어찌하여 이를 묻느냐? 내 이름은
기묘니라." 이에 마노아가 염소 새끼 하나와 소제물을 취하여 반석 위에서
여호와께 드리매 사자가 이적을 행한지라. 마노아와 그 아내가 본즉 불꽃이
단에서부터 하늘로 올라가는 동시에 여호와의 사자가 단 불꽃 가운데로 좇아
올라간지라. 마노아와 그 아내가 이것을 보고 얼굴을 땅에 대고 엎드리니라.
여호와의 사자가 마노아와 그 아내에게 다시 나타나지 아니하니 마노아가
이에 그가 여호와의 사자인 줄 알고 그 아내에게 이르되 "우리가 하나님을
보았으니 반드시 죽으리로다!" 그 아내가 그에게 이르되 "여호와께서 우리를
죽이려 하셨다면 우리 손에서 번제와 소제를 받지 아니하셨을 것이요 이
모든 일을 보이지 아니하셨을 것이며 이제 이런 말씀도 우리에게 이르지
아니하셨으리이다" 하였더라. 여인이 아들을 낳으매 이름을 '삼손'이라
하니라. 아이가 자라매 여호와께서 그에게 복을 주시더니 소라와 에스다올
사이 마하네단에서 여호와의 신이 비로소 그에게 감동하시니라.

7. 삼손의 결혼식 (14:1 - 20)

삼손이 딤나에 내려가서 거기서 블레셋 딸 중 한 여자를 보고 도로 올라와서
자기 부모에게 말하여 가로되 "내가 딤나에서 블레셋 사람의 딸 중 한
여자를 보았사오니 이제 그를 취하여 내 아내를 삼게 하소서." 부모가
그에게 이르되 "네 형제들의 딸 중에나 내 백성 중에 어찌 여자가 없어서
네가 할례 받지 아니한 블레셋 사람에게 가서 아내를 취하려 하느냐?"
삼손이 아비에게 이르되 "내가 그 여자를 좋아하오니 나를 위하여 그를

데려오소서" 하니 이때에 블레셋 사람이 이스라엘을 관할한 고로 삼손이 틈을 타서 블레셋 사람을 치려 함이었으나 그 부모는 이 일이 여호와께로서 나온 것인 줄은 알지 못하였더라. 삼손이 그 부모와 함께 딤나에 내려가서 딤나의 포도원에 이른즉 어린 사자가 그를 맞아 소리지르는지라. 삼손이 여호와의 신에게 크게 감동되어 손에 아무것도 없어도 그 사자를 염소 새끼를 찢음같이 찢었으나 그는 그 행한 일을 부모에게도 고하지 아니하였고 그가 내려가서 그 여자와 말하며 그를 기뻐하였더라. 얼마 후에 삼손이 그 여자를 취하려고 다시 가더니 돌이켜 그 사자의 주검을 본즉 사자의 몸에 벌 떼와 꿀이 있는지라. 손으로 그 꿀을 취하여 행하며 먹고 그 부모에게 이르러 그들에게 그것을 드려서 먹게 하였으나 그 꿀을 사자의 몸에서 취하였다고는 고하지 아니하였더라. 삼손의 아비가 여자에게로 내려가매 삼손이 거기서 잔치를 배설하였으니 소년은 이렇게 행하는 풍속이 있음이더라. 무리가 삼손을 보고 30명을 데려다가 동무를 삼아 그와 함께하게 한지라. 삼손이 그들에게 이르되 "이제 내가 너희에게 수수께끼를 하리니 잔치하는 7일 동안에 너희가 능히 그것을 풀어서 내게 고하면 내가 베옷 30벌과 겉옷 30벌을 너희에게 주리라. 그러나 그것을 능히 내게 고하지 못하면 너희가 내게 베옷 30벌과 겉옷 30벌을 줄지니라." 그들이 이르되 "너는 수수께끼를 하여 우리로 듣게 하라." 삼손이 그들에게 이르되 "먹는 자에게서 먹는 것이 나오고 강한 자에게서 단 것이 나왔느니라." 그들이 3일이 되도록 수수께끼를 풀지 못하였더라. 제7일에 이르러 그들이 삼손의 아내에게 이르되 "너는 네 남편을 꾀어 그 수수께끼를 우리에게 알리게 하라. 그렇지 아니하면 너와 네 아비의 집을 불사르리라. 너희가 우리의 소유를 취하고자 하여 우리를 청하였느냐? 그렇지 아니하냐?" 삼손의

아내가 그의 앞에서 울며 가로되 "당신이 나를 미워할 뿐이요 사랑치
아니하는도다! 우리 민족에게 수수께끼를 말하고 그 뜻을 내게 풀어 이르지
아니하도다." 삼손이 그에게 대답하되 "보라, 내가 그것을 나의 부모에게도
풀어 고하지 아니하였거든 어찌 그대에게 풀어 이르리요?" 하였으나 7일
잔치할 동안에 그 아내가 앞에서 울며 강박함을 인하여 제7일에는 그가 그
아내에게 수수께끼를 풀어 이르매 그 아내가 그것을 그 민족에게
고하였더라. 제7일 해지기 전에 성읍 사람들이 삼손에게 이르되 "무엇이
꿀보다 달겠으며 무엇이 사자보다 강하겠느냐?" 한지라. 삼손이 그들에게
대답하되 "너희가 내 암송아지로 밭갈지 아니하였더면 나의 수수께끼를
능히 풀지 못하였으리라" 하니라. 여호와의 신이 삼손에게 크게 임하시매
삼손이 아스글론에 내려가서 그곳 사람 30명을 쳐죽이고 노략하여 수수께끼
푼 자들에게 옷을 주고 심히 노하여 아비 집으로 올라갔고 삼손의 아내는
삼손의 친구 되었던 그 동무에게 준 바 되었더라.

8. 삼손의 전쟁 (15:1 - 20)

얼마 후 밀 거둘 때에 삼손이 염소 새끼를 가지고 그 아내에게로 찾아가서
가로되 "내가 침실에 들어가 아내를 보고자 하노라." 장인이 들어오지
못하게 하고 가로되 "네가 그를 심히 미워하는 줄로 내가 생각한 고로 그를
네 동무에게 주었노라. 그 동생이 그보다 더욱 아름답지 아니하냐? 청하노니
너는 그의 대신에 이를 취하라." 삼손이 그들에게 이르되 "이번은 내가
블레셋 사람을 해할지라도 그들에게 대하여 내게 허물이 없을 것이니라"
하고 삼손이 가서 여우 300을 붙들어서 그 꼬리와 꼬리를 매고 홰를 취하고
그 두 꼬리 사이에 한 홰를 달고 홰에 불을 켜고 그것을 블레셋 사람의 곡식

밭으로 몰아들여서 곡식단과 아직 베지 아니한 곡식과 감람원을 사른지라. 블레셋 사람이 가로되 "누가 이 일을 행하였느냐?" 혹이 대답하되 "딤나 사람의 사위 삼손이니 장인이 삼손의 아내를 취하여 그 동무 되었던 자에게 준 연고니라." 블레셋 사람이 올라가서 그 여인과 그의 아비를 불사르니라. 삼손이 그들에게 이르되 "너희가 이같이 행하였은즉 내가 너희에게 원수를 갚은 후에야 말리라" 하고 블레셋 사람을 크게 도륙하고 내려가서 에담 바위 틈에 거하니라. 이에 블레셋 사람이 올라와서 유다에 진을 치고 레히에 편만한지라. 유다 사람들이 가로되 "너희가 어찌하여 올라와서 우리를 치느냐?" 그들이 대답하되 "우리가 올라오기는 삼손을 결박하여 그가 우리에게 행한 대로 그에게 행하려 함이로라." 유다 사람 3,000명이 에담 바위 틈에 내려가서 삼손에게 이르되 "너는 블레셋 사람이 우리를 관할하는 줄을 알지 못하느냐? 네가 어찌하여 우리에게 이같이 행하였느냐?" 삼손이 그들에게 이르되 "그들이 내게 행한 대로 나도 그들에게 행하였노라." 그들이 삼손에게 이르되 "우리가 너를 결박하여 블레셋 사람의 손에 붙이려고 이제 내려왔노라." 삼손이 그들에게 이르되 "너희는 친히 나를 치지 않겠다고 내게 맹세하라." 그들이 삼손에게 일러 가로되 "아니라. 우리가 다만 너를 단단히 결박하여 그들의 손에 붙일 뿐이요 우리가 결단코 너를 죽이지 아니하리라" 하고 새 줄 둘로 결박하고 바위틈에서 그를 끌어내니라. 삼손이 레히에 이르매 블레셋 사람이 그에게로 마주 나가며 소리지르는 동시에 여호와의 신의 권능이 삼손에게 임하매 그 팔 위의 줄이 불탄 삼과 같아서 그 결박되었던 손에서 떨어진지라. 삼손이 나귀의 새 턱뼈를 보고 손을 내밀어 취하고 그것으로 1,000명을 죽이고 가로되 "나귀의 턱뼈로 한 더미, 두 더미를 쌓았음이여. 나귀의 턱뼈로 내가 1,000명을 죽였도다." 말을 마치고 턱뼈를 그 손에서 내어던지고 그곳을 '라맛 레히'라 이름하였더라. 삼손이 심히 목마르므로 여호와께 부르짖어 가로되 "주께서 종의 손으로 이 큰 구원을 베푸셨사오나 내가 이제 목말라 죽어서 할례 받지 못한 자의 손에 빠지겠나이다." 하나님이 레히에 한 우묵한 곳을 터치시니 물이 거기서 솟아나오는지라. 삼손이 그것을 마시고 정신이 회복되어 소생하니 그러므로 그 샘 이름은 '엔학고레'라. 이 샘이 레히에 오늘까지 있더라. 블레셋 사람의 때에 삼손이 이스라엘 사사로 20년을 지내었더라.

9. 삼손의 위험한 장난 (16:1 - 17)

삼손이 가사에 가서 거기서 한 기생을 보고 그에게로 들어갔더니 혹이 가사 사람에게 고하여 가로되 "삼손이 여기 왔다!" 하매 곧 그를 에워싸고 밤새도록 성문에 매복하고 밤새도록 종용히 하며 이르기를 "새벽이 되거든 그를 죽이리라" 하였더라. 삼손이 밤중까지 누웠다가 그 밤중에 일어나 성문짝들과 두 설주와 빗장을 빼어 그것을 모두 어깨에 메고 헤브론 앞산 꼭대기로 가니라. 이 후에 삼손이 소렉 골짜기의 '들릴라'라 이름하는 여인을 사랑하매 블레셋 사람의 방백들이 그 여인에게로 올라와서 그에게 이르되 "삼손을 꾀어서 무엇으로 말미암아 그 큰 힘이 있는지 우리가 어떻게 하면 그를 이기어서 결박하여 곤고케 할 수 있을는지 알아보라. 그리하면 우리가 각각 은 1,100을 네게 주리라." 들릴라가 삼손에게 말하되 "청컨대 당신의 큰 힘이 무엇으로 말미암아 있으며 어떻게 하면 능히 당신을 결박하여 곤고케 할 수 있을는지 내게 말하라." 삼손이 그에게 이르되 "만일 마르지 아니한 푸른 칡 일곱으로 나를 결박하면 내가 약하여져서 다른 사람과 같으리라." 블레셋 사람의 방백들이 마르지 아니한 푸른 칡 일곱을

여인에게로 가져오매 그가 그것으로 삼손을 결박하고 이미 사람을 내실에
매복시켰으므로 삼손에게 말하되 "삼손이여, 블레셋 사람이 당신에게
미쳤느니라!" 하니 삼손이 그 칡 끊기를 불탄 삼실을 끊음같이 하였고 그
힘의 근본은 여전히 알지 못하니라. 들릴라가 삼손에게 이르되 "보라,
당신이 나를 희롱하여 내게 거짓말을 하였도다. 청컨대 무엇으로 하면
당신을 결박할 수 있을는지 이제는 내게 말하라." 삼손이 그에게 이르되
"만일 쓰지 아니한 새 줄로 나를 결박하면 내가 약하여져서 다른 사람과
같으리라." 들릴라가 새 줄을 취하고 그것으로 그를 결박하고 그에게 이르되
"삼손이여, 블레셋 사람이 당신에게 미쳤느니라!" 하니 삼손이 팔 위의 줄
끊기를 실을 끊음같이 하였고 그때에도 사람이 내실에 매복하였었더라.
들릴라가 삼손에게 이르되 "당신이 이때까지 나를 희롱하여 내게 거짓말을
하였도다. 내가 무엇으로 하면 당신을 결박할 수 있을는지 내게 말하라."
삼손이 그에게 이르되 "그대가 만일 나의 머리털 일곱 가닥을 위선에 섞어
짜면 되리라." 들릴라가 바디로 그 머리털을 단단히 짜고 그에게 이르되
"삼손이여, 블레셋 사람이 당신에게 미쳤느니라!" 하니 삼손이 잠을 깨어
직조틀의 바디와 위선을 다 빼어내니라. 들릴라가 삼손에게 이르되 "당신의
마음이 내게 있지 아니하면서 당신이 어찌 나를 사랑한다 하느뇨? 당신이 이
세 번 나를 희롱하고 당신의 큰 힘이 무엇으로 말미암아 있는 것을 내게
말하지 아니하였도다" 하며 날마다 그 말로 그를 재촉하여 조르매 삼손의
마음이 번뇌하여 죽을 지경이라. 삼손이 진정을 토하여 그에게 이르되 "내
머리에는 삭도를 대지 아니하였나니 이는 내가 모태에서 하나님의 나실인이
되었음이라. 만일 내 머리가 밀리우면 내 힘이 내게서 떠나고 나는
약하여져서 다른 사람과 같으리라."

10. 마지막 전쟁 (16:18 - 31)

들릴라가 삼손의 진정을 다 토함을 보고 보내어 블레셋 사람의 방백들을
불러 가로되 "삼손이 내게 진정을 토하였으니 이제 한 번만 올라오라."
블레셋 방백들이 손에 은을 가지고 여인에게로 올라오니라. 들릴라가
삼손으로 자기 무릎을 베고 자게 하고 사람을 불러 그 머리털 일곱 가닥을
밀고 괴롭게 하여 본즉 그 힘이 없어졌더라. 들릴라가 가로되 "삼손이여,
블레셋 사람이 당신에게 미쳤느니라!" 하니 삼손이 잠을 깨며 이르기를
"내가 전과 같이 나가서 몸을 떨치리라" 하여도 여호와께서 이미 자기를
떠나신 줄을 깨닫지 못하였더라. 블레셋 사람이 그를 잡아 그 눈을 빼고
끌고 가사에 내려가 놋줄로 매고 그로 옥중에서 맷돌을 돌리게 하였더라.
그의 머리털이 밀리운 후에 다시 자라기 시작하니라. 블레셋 사람의 방백이
가로되 "우리의 신이 우리 원수 삼손을 우리 손에 붙였다" 하고 다 모여
그 신 다곤에게 큰 제사를 드리고 즐거워하고 백성들도 삼손을 보았으므로
가로되 "우리 토지를 헐고 우리 많은 사람을 죽인 원수를 우리의 신이 우리
손에 붙였다" 하고 자기 신을 찬송하며 그들의 마음이 즐거울 때에 이르되
"삼손을 불러다가 우리를 위하여 재주를 부리게 하자" 하고 옥에서 삼손을
불러내매 삼손이 그들을 위하여 재주를 부리니라. 그들이 삼손을 두 기둥
사이에 세웠더니 삼손이 자기 손을 붙든 소년에게 이르되 "나로 이 집을
버틴 기둥을 찾아서 그것을 의지하게 하라" 하니라. 그 집에는 남녀가
가득하니 블레셋 모든 방백도 거기 있고 지붕에 있는 남녀도 3,000명
가량이라. 다 삼손의 재주 부리는 것을 보더라. 삼손이 여호와께 부르짖어
가로되 "주 여호와여, 구하옵나니 나를 생각하옵소서. 하나님이여,
구하옵나니 이번만 나로 강하게 하사 블레셋 사람이 나의 두 눈을 뺀 원수를

단번에 갚게 하옵소서" 하고 집을 버틴 두 가운데 기둥을 하나는 왼손으로, 하나는 오른손으로 껴 의지하고 가로되 "블레셋 사람과 함께 죽기를 원하노라!" 하고 힘을 다하여 몸을 굽히매 그 집이 곧 무너져 그 안에 있는 모든 방백과 온 백성에게 덮이니 삼손이 죽을 때에 죽인 자가 살았을 때에 죽인 자보다 더욱 많았더라. 그의 형제와 아비의 온 집이 다 내려가서 그 시체를 취하여 가지고 올라와서 소라와 에스다올 사이 그 아비 마노아의 장지에 장사하니라. 삼손이 이스라엘 사사로 20년을 지내었더라.

믿음의 글들

NO.	제목	저자	NO.	제목	저자
1	낮은 데로 임하소서	이청준	47	기도해 보시지 않을래요?	미우라 아야꼬/김갑수
2	재를 남길 수 없습니다	김 훈	48	십자가의 증인들	임영천
3	사랑의 벗을 찾습니다	최창성	49	이들을 보소서	이재철
4	그분이 홀로서 가듯	구 상	50	새롭게 하소서 ② (전2권)	고은아 엮음
5	당신의 날개로 날으리라	D.C. 윌슨/정철하	51	거지들의 잔치	도날드 비셸리/송용필
6	새벽을 깨우리로다	김진홍	52	내 경우의 삼청교육	임석근
7	사랑이여 빛일레라	구상 · 김동리 외	53	목사님, 대답해 주세요	박종순
8	나 여기에 있나이다 주여	박두진	54	위대한 신앙의 사람들	제임스 로슨/김동순
9	침 묵	엔도 슈사꾸/공문혜	55	두번째의 사형선고	김 훈
10	새롭게 하소서 ①	기독교 방송국	56	구약의 길잡이	쟈끄 뮈쎄/심재율
11	생명의 전화 (절판)	생명의 전화 편	57	신약의 길잡이	쟈끄 뮈쎄/심재율
12	울어라 사랑하는 조국이여	앨런 페이튼/최승자	58	이상구 박사의 복음과 건강	이상구
13	제2의 엑소더스	신시아 프리만/이종관	59	이 민족을 주소서	한국기독여성문인회
14	기탄잘리 (절판)	R. 타고르/박희진	60	믿음의 육아일기	나연숙
15	성녀 줄리아	모리 노리꼬/김갑수	61	전도, 하면 된다	박종순
16	마음의 마음	김남조	62	영혼의 기도	이재철
17	이제와 우리 죽을 때에	김남조	63	주 예수 나의 당신이여	이인숙
18	위대한 몰락	엔도 슈사꾸/김갑수	64	뒷골목의 전도사	김성일
19	예수의 생애	엔도 슈사꾸/김광림	65	내 집을 채우라	김인득
20	그리스도의 탄생	엔도 슈사꾸/김광림	66	보니파시오의 회심 ①	권오석
21	너희에게 이르노니 (절판)	B.S.라즈니쉬/김석환	67	보니파시오의 회심 ② (전2권)	권오석
22	땅끝에서 오다	김성일	68	빛을 위한 콘체르토 ①	신상언
23	당신은 원숭이 자손인가	김석길	69	빛을 위한 콘체르토 ② (전2권)	신상언
24	세계를 변화시킨 13인	H.S. 비제베노/백도기	70	사랑은 죽음같이 강하고	김성일
25	어디까지니이까? (절판)	김 훈	71	너 하나님의 사람아 ①	서대운
26	주여 알게 하소서 (절판)	테니슨/이세순	72	너 하나님의 사람아 ② (전2권)	서대운
27	고통의 하나님	필립 얀시/안정혜	73	속, 빛을 마셔라	김유정
28	각설이 예수	이천우	74	구원에 이르는 신음	신혜원
29	라브리	에디드 셰퍼/박정관	75	엄마, 난 하나님의 선물이에요	이건숙
30	땅끝으로 가다	김성일	76	홍수 以後 ①	김성일
31	광야의 식탁 ①	오성춘	77	홍수 以後 ②	김성일
32	광야의 식탁 ② (전2권)	오성춘	78	홍수 以後 ③	김성일
33	어머니는 바보야	윤 기 · 윤문지	79	홍수 以後 ④ (전4권)	김성일
34	벌거벗은 임금님 (절판)	백도기	80	히말라야의 눈꽃 — 썬다 싱의 생애	이기반
35	여자의 일생	엔도 슈사꾸/공문혜	81	여섯째 날 오후	정연희
36	이 땅에 묻히리라	전택부	82	주부편지 ①	한국기독여성문인회
37	말씀의 징검다리	정장복 · 김수중	83	하나님을 사랑한다는 것은	찰스 콜슨/안정혜
38	해령(海嶺) 上	미우라 아야꼬/김혜강	84	거듭나기 ①	찰스 콜슨/이진성
39	해령(海嶺) 下 (전2권)	미우라 아야꼬/김혜강	85	거듭나기 ② (전2권)	찰스 콜슨/이진성
40	우찌무라 간조 회심기 (개정판)	우찌무라 간조/양혜원	86	이 때를 위함이 아닌지	임영수
41	지금은 사랑할 때	엔도 슈사꾸/김자림	87	가정, 그 선한 싸움의 현장	이근호
42	두려움을 떨치고	애블린 해넌/박정관	88	땅끝의 시계탑 ①	김성일
43	빛을 마셔라	김유정	89	땅끝의 시계탑 ② (전2권)	김성일
44	제국과 천국 上	김성일	90	하나님 하나님, 사랑의 하나님	이상구
45	제국과 천국 下 (전2권)	김성일	91	손바닥만한 신앙수필	김호식
46	천사의 앨범	하마다 사끼/김갑수	92	부부의 십계명	전택부 · 윤경남

NO.	제 목	저 자	NO.	제 목	저 자
93	저녁이 되며 아침이 되니	정연희	139	미팅 지저스 (절판)	마커스 보그/구자명
94	임영수 목사의 나누고 싶은 이야기	임영수	140	내 인생, 내 마음대로 할 수 있나요	김석태
95	사해(死海)의 언저리	엔도 슈사꾸/김자림	141	마음의 야상곡	엔도 슈사꾸/정기현
96	다가오는 소리	김성일	142	예수의 道	이기반
97	질그릇 속의 보화	낸시 죠지/ 김애진	143	청정한 빛	서중석
98	그 그을음 없는 촛불의 밤에	이혜자	144	사랑은 스스로 지치지 않는다	샤를르 롱삭/정미애
99	주부편지 ②	한국기독여성문인회	145	빛으로 땅끝까지 ①	김성일
100	「믿음의 글들」, 나의 고백	이재철	146	빛으로 땅끝까지 ② (전2권)	김성일
101	양화진	정연희	147	평양에서 서울까지 47년	김선혁
102	무엇을 믿으며 어떻게 살 것인가	임영수	148	예수에 관한 12가지 질문	마이클 그린/유선명
103	실존적 확신을 위하여	구 상	149	내 잔이 넘치나이다	정연희
104	맹집사 이야기	맹천수	150	천사 이야기	빌리 그레이엄/편집부
105	무거운 새	김광주	151	도사님, 목사님	김해경
106	성탄절 아이	멜빈 브랙/손은경	152	이것이 교회다	찰스 콜슨/ 김애진 외
107	삶, 그리고 성령	임영수	153	현대인에게도 하나님이 필요한가	해롤드 쿠시너/유선명
108	왜, 일하지 않는가	찰스 콜슨·잭 액커드/김애진	154	배신자	스탠 텔친/김은경
109	겸손의 송가	문흥수	155	잊혀진 사람들의 마을 (절판)	김요석
110	김수진 목사의 일본 개신교회사	김수진	156	사이비종교	위고 슈탐/송순섭
111	산 것이 없어진다	이재왕	157	하나님이 고치지 못할 사람은 없다	박효진
112	기독교 성지순례와 역사	박용우	158	열린 예배 실습보고서	에드 답슨/박혜영·김호영
113	주여, 사탄의 왕관을 벗었나이다	김해경	159	죽음, 가장 큰 선물	헨리 나웬/홍석현
114	꼴찌의 간증	이건숙	160	우리는 낯선 땅을 밟는다	김호열
115	노년학을 배웁시다	윤경남	161	나의 세계관 뒤집기	성인경
116	일터에 사랑	토니 캄폴로/이승희	162	행동하는 사랑, 헤비타트	밀라드 풀러/김선형
117	시인의 고향	박두진	163	아브라함 ①	김성일
118	사도일기	나연숙	164	아브라함 ② (전2권)	김성일
119	믿는 까닭이 무엇이냐	임영수	165	회복의 목회	이재철
120	내게 오직 하나 사랑이 있다면	전근호	166	아가(雅歌)-부부의 성에 관한 솔로몬의 지혜	조셉 딜로우/김선형·김유교
121	땅끝의 십자가 ①	김성일	167	대천덕 자서전-개척자의 길	대천덕/양혜원
122	땅끝의 십자가 ② (전2권)	김성일	168	예수원 이야기-광야에 마련된 식탁	현재인/양혜원
123	가정의 뜻, 금혼잔치 베품의 뜻	전택부	169	희망의 문	장 바니에/김은경
124	너의 남자를 진정으로 사랑하려면	린다 딜로우/양은순	170	친구에게-우정으로 양육하는 편지	유진 피터슨/양혜원
125	사랑은 언제나 오래 참고	김성일 신앙간증집 ②	171	회복의 신앙	이재철
126	썬글라스를 끼고 나타난 여자	조연경 꽁트집	172	사랑으로 조국은 하나다	박세록
127	회개하소서, 십자가의 원수된 교회여	허 성	173	열 동안 배우는 주기도문 학교	임영수
128	남자의 성(性), 그 감추어진 이야기	아취볼드 디 하트/유선명	174	성령의 능력으로 사역하라	쳄 브레드로드 통·더글러스 맥머리
129	새신자반	이재철	175	시편으로 드리는 매일 기도	유진 피터슨/이철민
130	아바 ①	정문영 전작장편소설	176	스크루테이프의 편지	C. S. 루이스/김선형
131	아바 ② (전2권)	정문영 전작장편소설	177	청년아, 울더라도 뿌려야 한다	이재철
132	즐거운 아프리카 양철교회	파벨찍/추태화	178	책읽기를 통한 치유	이영애
133	공중의 학은 알고 있다 ①	김성일 전작장편소설	179	아름다운 빈손 한경직	김수진
134	공중의 학은 알고 있다 ② (전2권)	김성일 전작장편소설	180	거룩한 십대, 거룩한 십대	유진 피터슨/양혜원
135	이 또한 나의 생긴 대로	김유심	181	성경, 흐름을 잡아라	존 팀머/박혜영·이석열
136	들의 꽃 공중의 새	이기반	182	복음서로 드리는 매일기도	유진 피터슨/이종태
137	아이에게 배우는 아빠 (개정판)	이재철	183	정말 쉽고 재미있는 평신도 신학 1	송인규
138	공짜는 없다	정구영	184	정말 쉽고 재미있는 평신도 신학 2	송인규

(다음 면에 계속)

NO.	제 목	저 자	NO.	제 목	저 자
185	순전한 기독교	C. S. 루이스/장경철·이종태	231		
186	2주 동안 배우는 사도신경 학교	임영수	232		
187			233		
188			234		
189			235		
190			236		
191			237		
192			238		
193			239		
194			240		
195			241		
196			242		
197			243		
198			244		
199			245		
200			246		
201			247		
202			248		
203			249		
204			250		
205			251		
206			252		
207			253		
208			254		
209			255		
210			256		
211			257		
212			258		
213			259		
214			260		
215			261		
216			262		
217			263		
218			264		
219			265		
220			266		
221			267		
222			268		
223			269		
224			270		
225			271		
226			272		
227			273		
228			274		
229			275		
230			276		

설교집 / 어린이를 위한 책 / 기타

NO.	제 목	저 자	NO.	제 목	저 자
	설 교 집			예수님은 재판을 받으셨어요	프랜 쌔취 그림
	하나님의 형상, 사람의 모습 (창1-3장)	김서택		첫 번 부활절	
	대홍수, 그리고 무지개 언약 (창4-11장)	김서택		쌔미와 숨바꼭질 (전4권)	다니엘 제이 혹스타터 그림
	약속의 땅에도 기근은 오는가 (창12-17장)	김서택		걱정많은 참새 투덜이	메릴 드니
	불의한 시대를 사는 의인들 (창18-21장)	김서택		음치 종달새 딱구	캐롤라인 나이스트롬
	죽음의 한계를 넘어선 신앙 (창22-25장)	김서택		보물나무	트렌트·스몰리/주디 러브
	팥죽 한 그릇의 거래 (창25-28장)	김서택		만화 성서대전 (전4권)	리비 위드·짐 파게트
	천사와 씨름한 사람 (창29-32장)	김서택		성경전과 – 구약	셀리나 헤이스팅즈·에릭토마스
	꿈을 가진 자의 연단 (창33-39장)	김서택		성경전과 – 신약	셀리나 헤이스팅즈·에릭토마스
	은잔의 테스트 (창40-44장)	김서택		어린이 낮은 데로 임하소서	조성자 글/신가영 그림
	열두 아들이 받은 축복 (창45-50장)	김서택		니느와 하나님이 궁금해요	안젤리카 슈밤퍼·페티나 풋쩬베에크
				오늘 우리 아이에게 무슨 일이 일어났을까?	볼프강 가이스·임케 쾨닉셴
	하나님의 불붙는 사랑 (호세아/전2권)	김서택			
	가시 같은 이웃 (오바댜)	김서택		**시 집**	
	건축술로서의 강해설교	김서택		실낙원의 연인들	최일도·김연수
	강해설교의 기초	김서택		기탄잘리	R. 타고르/박희진
	위대한 부흥의 불꽃, 이스라엘의 사사들 1	김서택		박두진 유고 시집 당신의 사랑 앞에	박두진
	위대한 부흥의 불꽃, 이스라엘의 사사들 2	김서택			
	요한과 더불어–여섯 번째 산책 (요13-15장)	이재철		**역 사 서**	
	요한과 더불어–일곱 번째 산책 (요16-17장)	이재철		독일사	앙드레 모로아/전영애
	요한과 더불어–여덟 번째 산책 (요18-19장)	이재철		소련사	제프리 호스킹/김영석
	요한과 더불어–아홉 번째 산책 (요20장)	이재철		중국사	구즈마/윤혜영
	요한과 더불어–열 번째 산책 (요21장)	이재철		중국 개신교회사	김수진
	요한과 더불어 에센스 ⑩, ⑨, ⑧	이재철			
	2001 예배와 설교 핸드북	정장복		**기 타**	
				예수꾼의 놀이꺼리–겨울편	전국재
	어 린 이			묵상의 숲 속에서	이기반
	꼬마성경 구약 (전8권)	프랜 쌔취 그림		스위트필그림의 기적	클레이튼 설리번
	노아			실베스트르, 나의 어린 왕자	프랑스와즈 르페브르
	요셉			그 어느 날, 한 마리 개는	모니끄 마르땡 그림
	모세			세상에서 가장 멋진 프로포즈	조연경·조소희
	여호수아			여호와는 나의 목자시니	곽제명 그림
	룻			앗호! 군대 간다	문현덕 글·그림
	다윗			대학생활 길잡이	학원복음화협의회 편
	다니엘			인생의 사계절	임영수
	요나			청년 사역자 핸드북	학원복음화협의회 편
	꼬마성경 신약 (전8권)	프랜 쌔취 그림		동방 (전5권)	김성일
	첫 번 크리스마스			오디오북 낮은 데로 임하소서	설영범 읽음
	예수님은 특별한 아이였어요			메시지북 비전의 사람	이재철
	예수님은 가르쳐 주셨어요			메시지북 하나님의 영으로	한경직
	예수님은 놀라운 일을 하셨어요				
	예수님은 고쳐 주셨어요				
	예수님은 이야기해 주셨어요